刑事诉讼
案外人财产权保护研究

Research on the Protection of
the Property Rights of Outsiders in Criminal Litigation

李　胥 ——————— 著

法律出版社
LAW PRESS·CHINA
——— 北京 ———

图书在版编目(CIP)数据

刑事诉讼案外人财产权保护研究 / 李胥著. -- 北京:法律出版社, 2024

ISBN 978-7-5197-8858-2

Ⅰ. ①刑… Ⅱ. ①李… Ⅲ. ①刑事诉讼－财产权－法律保护－研究－中国 Ⅳ. ①D925.204

中国国家版本馆 CIP 数据核字(2024)第 037798 号

刑事诉讼案外人财产权保护研究
XINGSHI SUSONG ANWAIREN CAICHANQUAN BAOHU YANJIU

李 胥 著

策划编辑 张 颖
责任编辑 张 颖
装帧设计 贾丹丹

出版发行 法律出版社
编辑统筹 法律应用出版分社
责任校对 王晓萍
责任印制 刘晓伟
经　　销 新华书店
开本 A5
印张 12.125 **字数** 310 千
版本 2024 年 11 月第 1 版
印次 2024 年 11 月第 1 次印刷
印刷 北京建宏印刷有限公司

地址:北京市丰台区莲花池西里 7 号(100073)
网址:www.lawpress.com.cn
投稿邮箱:info@lawpress.com.cn
举报盗版邮箱:jbwq@lawpress.com.cn
销售电话:010-83938349
客服电话:010-83938350
咨询电话:010-63939796

书号:ISBN 978-7-5197-8858-2　**定价**:58.00 元

凡购买本社图书,如有印装错误,我社负责退换。电话:010-83938349

目　录

导　论

一、问题的提出

案外人本来是民事诉讼领域的一个重要概念,在刑事诉讼中很少被采用。但随着近年来公安司法机关[①]不当干预甚至侵害刑事诉讼当事人之外的与刑事案件没有直接关系之人的合法权益这一现象的不断发生,在刑事诉讼中是否应当像民事诉讼领域那样采用案外人这个概念,开始成为一个重要的理论课题和实践问题。尽管刑事诉讼是由控辩审三方构成的,但刑事司法活动的进程和结果可能不仅涉及双方的利益,还会对控辩双方以外的第三人的利益造成影响,其中最为突出的体现为涉案财物的处置对案外人财产权的干预。例如,刑事诉讼过程中,国家专门机关不仅可以对被追诉人的财产进行查封、扣押、冻结,还可以对案外人的财产采取相同的干预措施。没收裁判的作出,不仅

① 司法机关通常指人民法院和人民检察院,鉴于公安机关的双重性质,本书使用公安司法机关。

会对被追诉人的财产产生影响,还可能使案外人面临丧失对没收财产的合法权益的危险。基于此,在刑事诉讼的过程中如何对案外人的财产权进行合理保护,是人们不得不面对的重要问题。近年来,针对刑事诉讼案外人财产权保护的问题,相关国家和地区先后制定了具有针对性的法律法规,相关理论研究也不断丰富。例如,日本于1963年出台了《关于刑事案件中没收第三人所有物的程序的应急措施法》。欧盟《2014年关于冻结和没收犯罪工具和犯罪所得的指令》(2014 Directive on the Freezing and Confiscation of Instrumentalities and Proceeds of Crime)在欧盟地区设置了冻结、管理和没收资产的统一规则。该指令第8条对可能受没收命令影响的人的程序保障问题进行了详细规定。从国内来看,刑事诉讼案外人的财产权保护是一个亟待解决的重要课题。这不仅在于理论界缺乏对刑事诉讼案外人财产权保护的系统研究,而且在于我国刑事诉讼法对于这个问题的规定不够完善,进而导致刑事司法机关在处理这个问题时无所适从。

(一)理论层面:案外人财产权保护研究滞后

从国内现有的资料来看,对刑事诉讼中财产权保护问题的研究,主要以被追诉人和被害人财产权保护为视角。与域外国家相比,我国对案外人财产权保护的研究相对起步较晚。近十年来,我国刑法学及刑事诉讼法学领域才零星出现一些有关案外人财产权保护的论文。尽管在2012年《刑事诉讼法》增加"犯罪嫌疑人、被告人逃匿、死亡案件违法所得的没收程序"(又称独立没收程序)一章后,理论界和实务界对利害关系人财产权保障问题的探讨略有增加,但大多集中于独立没收程序,对普通刑事诉讼程序中案外人财产权保障问题的系统研究仍然较为少见。现有的文献中,涉及刑事诉讼案外人财产权保护问题的论文有李小华的硕士学位论文《刑事涉案财物处理中对第三人财产的保护》，陈卫东教授、李响的《论违法所得没收特别程序中的利害关系人》，谢丽珍教授的《论我国特别没收程序利害关系人救济程序的不足及完善》，吴光升教授的《论未定罪没收利害关系人的抗辩事由》，李蓉教授、邹啸弘的《涉案财物异议人诉讼地位探析》，学者郭甜的《论建立被扣押财产的第三人异议制度》，吴光升教授的《案外第三人定罪没收参与模式：比较、反思与重构》，以及学者董文的《第三人涉案财产没收制度正当程序之构建——以日本—第三者所有物没收违宪判决为视角》等。

总体来说，我国学者对相关问题的研究主要集中在以下几个方面：

第一，刑事诉讼案外人的抗辩事由。学者普遍认为，案外人抗辩事由的明确化，对于案外人财产权的保障具有重要作用，但对于抗辩事由范围的划分，学者却存在不同的认识。吴光升教授认为，我国应当将案外人的抗辩事由限制于财产权益的基础上，借鉴美国联邦无辜所有者抗辩事由，将案外人的抗辩事由以取得财产权益的时间为标准分为事前取得抗辩事由与善意取得抗辩事由两种，并明确规定这两种抗辩事由的成立条件。[①] 这一观点获得了大多数学者的支持。但另有一部分学者认为，为使所有与案件存在利害关系的人均得到充分的保障，应当允许案外人以合法债权为基础进行抗辩。[②]

第二，刑事诉讼案外人财产权保护的主要问题。就独立没收

---

① 参见吴光升：《美国民事没收的无辜所有者抗辩：历史、现状与启示》，载《法治研究》2015 年第 4 期。

② 参见陈卫东、李响：《论违法所得没收特别程序中的利害关系人》，载《政法论坛》2015 年第 1 期。

程序中案外人财产权保护的主要问题而言,学者普遍认为,我国独立没收程序对利害关系人的权利保护存在诸多不足。例如,谢丽珍教授通过梳理相关法律规范指出,我国《刑事诉讼法》就独立没收程序的规定没有明确利害关系人的范围,缺乏有关法律援助的内容,对利害关系人申诉权、异议权、上诉权的保障不到位。[①] 陈卫东教授指出,现有关于独立没收程序的规定存在利害关系人范围过窄、告知程序效果欠佳、案外人审前准备程序缺乏、没收程序法律援助缺失、证明问题规定不完善等缺陷。[②] 就普通刑事诉讼程序中案外人的财产权保护问题来说,相关论述较为有限。在现有的文献资料中,学者普遍认为由于我国第三人缺乏对普通刑事诉讼程序的实质参与权,其财产权也难以得到有效保障。例如,吴光升教授在比较域外案外第三人定罪没收的参与模式过程中,指出我国案外人对定罪没收程序的参与是一种完全分离模式,其在救济的公正性和时效性上均无法满足案外人权利保障的需求。[③] 学者方柏兴认为,案外人在审前阶段和审判阶段均缺乏参与刑事涉案财物处置程序的权利和机会,现有《刑事诉讼法》规定的救济机制对案外人的实际效果是极为有限的。[④] 李小华通过整理近年来影响力较大的案件指出,现阶段司法实践中存在公安司法机关对涉案财物权属审查不到位、赃物是否适用善意

---

① 参见谢丽珍:《论我国特别没收程序利害关系人救济程序的不足及完善》,载《温州大学学报(社会科学版)》2017 年第 5 期。

② 参见陈卫东、李响:《论违法所得没收特别程序中的利害关系人》,载《政法论坛》2015 年第 1 期。

③ 参见吴光升:《案外第三人定罪没收参与模式:比较、反思与重构》,载《中国刑事法杂志》2015 年第 4 期。

④ 参见方柏兴:《论刑事诉讼中的"对物之诉"——一种以涉案财物处置为中心的裁判理论》,载《华东政法大学学报》2017 年第 5 期。

取得无统一标准、案外人财产权程序保障不足等问题。[①]

第三,刑事诉讼中案外人财产权的程序保护。针对刑事诉讼案外人财产权保护在实践中存在的种种问题,我国学者普遍认为应当完善案外人的刑事诉讼参与机制,并为案外人诉讼权利的行使提供制度保障。就独立没收程序而言,学者谢丽珍认为,《刑事诉讼法》及相关司法解释应明确利害关系人的范围,完善利害关系人的知情权、上诉权、执行回转、程序回转等权益保障措施。[②] 陈卫东教授认为,独立没收程序中利害关系人的范围应进一步扩展,利害关系人进行诉讼准备的时间和手段应得到保障,法律援助的覆盖面应进一步扩大,相关的证据制度也应予以完善。[③] 就普通刑事诉讼中案外人财产权保护问题,吴光升教授认为,应通过赋予案外人异议资格、明确案外人参与诉讼的时间、限定案外人的参与事项范围等方式,完善我国案外人定罪没收参与模式的基本构架。[④] 学者方柏兴主张通过刑事涉案财物处置程序的诉讼化,为案外人财物的公正处理提供充分保障。[⑤]

总体来看,我国学者虽然对案外人财产权保护的研究在范围上不断拓宽,相关论文也逐年增多,但现有研究无论是深度还是广度均存在一定的不足。一方面,现有研究缺乏深入性。有些对

---

① 参见李小华:《刑事涉案财物处理中对第三人财产的保护》,西南政法大学 2018 年硕士学位论文,第 3 ~ 17 页。

② 参见谢丽珍:《论我国特别没收程序利害关系人救济程序的不足及完善》,载《温州大学学报(社会科学版)》2017 年第 5 期。

③ 参见陈卫东、李响:《论违法所得没收特别程序中的利害关系人》,载《政法论坛》2015 年第 1 期。

④ 参见吴光升:《案外第三人定罪没收参与模式:比较、反思与重构》,载《中国刑事法杂志》2015 年第 4 期。

⑤ 参见方柏兴:《论刑事诉讼中的"对物之诉"——一种以涉案财物处置为中心的裁判理论》,载《华东政法大学学报》2017 年第 5 期。

刑事诉讼案外人的财产权保障缺乏实践的考察、整体的把握和宏观的建构。对于影响刑事诉讼案外人财产权保障的一些根本性问题，如制度架构、诉讼构造、刑民关系等，缺乏深入探讨。另一方面，现有研究缺乏全面性。首先，就诉讼阶段来说，对刑事诉讼案外人财产权保护的研究主要集中于审判阶段，对于审前阶段和执行阶段案外人的财产权保护问题缺少研究。其次，就案外人的权利种类来说，现阶段学者的研究主要集中于对案外人的物权保护，而对案外人的债权保护较少论及。再次，就研究的整体方向来说，现有研究主要集中于制度性的论证，但对于基础概念的界定仍较为欠缺。例如，案外人、利害关系人、第三人的关系是什么？三者之间的概念应当如何界定？我国《刑事诉讼法》并未对这一问题作出统一规定，而是在第117条以及“犯罪嫌疑人、被告人逃匿、死亡案件违法所得的没收程序”（以下简称独立没收程序）一章中，使用了“利害关系人”和“案外人”的概念。这些概念称谓并未通过司法解释实现统一化和规范化。学术讨论也未对这一问题予以深入探讨，而是在相关论述中将这些概念混用。最后，就比较法研究来说，我国现阶段对于域外国家相关制度的研究仍集中于“就事论事”的阶段。相关论述往往局限于域外国家对某一问题的具体规定，缺乏整体的把握和宏观的论述，难以展现域外制度的整体面貌，也不利于研究的继续深入。

（二）立法层面：案外人权利保障不足

在我国，与刑事诉讼当事人权利保障相比，《刑事诉讼法》对案外人权利保障的规定少之又少。我国有关案外人财产权保护的规定主要集中于《刑法》、《刑事诉讼法》以及相关的司法解释和部门规章中。整体来看，我国对刑事诉讼案外人财产权保护无论是在实体法的规定方面，还是在程序法的制度创设方面，均存在保障不足的问题。

实体法层面，我国《刑法》仅于第64条对涉案财物的实体性处置作出了原则性的规定。[①] 对于如何协调涉案财物处置与案外人财产权保护之间的关系，如何界定案外人财产权保护的范围，《刑法》并没有予以明确。现阶段，我国有关刑事诉讼案外人财产权保障范围的规定散见于一些司法解释、部门规章，以及最高人民法院、最高人民检察院的批复文件之中，整体的法律位阶较低，且缺乏必要的统一性。无论是在对供犯罪所用之物、违法所得之物、替代物没收与案外人的关系的界定方面，还是在民事诉讼程序、破产程序与刑事诉讼程序的协调方面，我国均没有一定之规，难以为实践提供准确的指引。

程序法层面，无论是1979年《刑事诉讼法》还是1996年《刑事诉讼法》，均未对案外人财物的查控、处置等程序作独立规定。案外人财产权保障的相关程序性规定混同在《刑事诉讼法》关于当事人财产权保障的相关规定之中。2012年修正的《刑事诉讼法》新增了独立没收程序。该程序的出台为案外人保障自己的财产权提供了一条司法途径。尽管如此，我国刑事诉讼程序对案外人财产权的保障仍存在一些缺陷。一方面，独立没收程序只解决了未定罪没收的案外人的财产权保障问题，而难以触及普通刑事诉讼程序中案外人财产权保障的问题。在审前阶段，尽管案外人的财产权极有可能受到刑事涉案财物处置程序的干预，案外人却没有发表意见的有效途径。在审判阶段，尽管最高人民法院

---

① 我国《刑法》第64条规定："犯罪分子违法所得的一切财物，应当予以追缴或者责令退赔；对被害人的合法财产，应当及时返还；违禁品和供犯罪所用的本人财物，应当予以没收。"

《关于适用〈中华人民共和国刑事诉讼法〉的解释》第279条赋予了案外人就涉案财物向法院提出权属异议的权利，但由于规定过于简单，司法实践中案外人对审判程序的参与往往流于形式。在执行阶段，虽然最高人民法院《关于适用〈中华人民共和国刑事诉讼法〉的解释》规定案外人可以就执行行为和执行标的提出异议，[①]但由于执行程序构造不完善、执行异议程序与审判监督程序的关系不明确等问题，实践中案外人通过执行异议的手段获得救济的效果极为有限。另一方面，独立没收程序本身也存在案外人权利体系不健全、配套机制不完善等问题，难以为案外人的财产权提供充分保障。近年来，随着经济犯罪案件日趋增多，刑事诉讼效力范围不断扩大，刑事诉讼中涉及案外人合法权益的情况也越来越多，但法律层面对该问题却没有给予充分的回应。

（三）实践层面：我国案外人财产权保护的现实困境

在2015年“私募一哥”徐某操纵证券市场案（以下简称徐某案）中，公安司法机关对包括泽熙公司的资产、徐某父母名下以及夫妻名下所有资产在内的约210亿元财产进行查封、扣押和冻结。而在法院追缴违法所得后，至少有约120亿元夫妻共同财产仍待继续甄别处理。这些财产包括股票、现金、房屋、车辆、私人物品等。2017年8月，法院在徐某妻子应某已提出执行异议申请的情况下，仍拍卖了部分涉及执行异议的扣押车辆。2018年1月，应某及其委托代理律师邀请了9位国内权威的刑法和刑事诉

---

① 最高人民法院《关于适用〈中华人民共和国刑事诉讼法〉的解释》第528条规定：“执行刑事裁判涉财产部分、附带民事裁判过程中，当事人、利害关系人认为执行行为违反法律规定，或者案外人对被执行标的书面提出异议的，人民法院应当参照民事诉讼法的有关规定处理。”

讼法专家对徐某案财产执行问题进行法律论证，专家一致认为“罚金刑的执行与违法所得的没收均应只针对徐某个人财产进行，不能涉及配偶及其家庭成员的财产”。此后，应某及其代理律师多次申请听证、国家赔偿均无果而终。2019 年 3 月，应某向法院提出离婚。但由于相关财产甄别、处理尚未完成，徐某家族合法财产无法有效分割，离婚案的宣判两次延期。在徐某的刑期将满之际，案件涉及的财产甄别才有所进展，但由于时间间隔过长，股权等资产已严重缩水。[①] 2021 年 7 月 9 日徐某已出狱。

在 2015 年备受关注的苗某、丁某合同诈骗、非法经营案（以下简称苗某、丁某案）中，淇滨区公安分局在没有立案也没有通知的情况下，将石某军存在银行的存款 800 万余元进行了冻结。不仅如此，石某军之子李某石名下的小轿车、房产也遭到冻结、查封。石某军多次向办案机关主张权利，但办案机关均以“待庭审结果作出后再予处理”为由拒绝解冻、解封。

无论是徐某案还是苗某、丁某案的处理均仅折射出我国刑事诉讼案外人财产权保障难题的冰山一角。受“重人身、轻财产”理念的影响，我国对刑事诉讼中公民财产权的保障本身关注不足。与诉讼当事人相比，刑事司法活动中案外人的财产权保障就更显得无足轻重。实践中，案外人财产权保障的缺位主要体现在以下两个方面：一是国家公权力的行使缺乏限制。随着 2012 年《刑事诉讼法》的修正，以及 2015 年中共中央办公厅、国务院办公厅印发了《关于进一步规范刑事诉讼涉案财物处置工作的意见》，司法机关在办案过程中逐渐认识到涉案财物处理的重要性，但由于缺乏实体法上对涉案财物范围的明确限制、程序法上

---

① 参见李小平：《徐翔 200 亿资产甄别进入尾声 波及多家上市公司》，载《证券时报》2020 年 6 月 1 日，A3 版。

对权力行使的程序规制，以及“罚没返还”机制的变相激励，实践中，办案机关违法扣押、超期扣押、概括性没收等问题屡禁不止。这不仅对被追诉人财产权造成不利影响，也可能使案外人的合法财产受到难以弥补的损害。二是案外人缺乏主张权利的合法途径。案外人并非刑事诉讼的法定诉讼参与人。相比于犯罪嫌疑人、被告人、被害人，案外人在刑事诉讼中不仅地位尴尬，而且知情权、参诉权、律师代理权等权利的行使也缺乏法律依据。笔者通过与实务工作者访谈发现，现阶段，案外人通常难以进入刑事诉讼程序，对于案外人的合法财产，法院往往也不会直接处理，而是将其退回检察院，再由检察院退回公安机关，最终由公安机关进行处理。由于案外人的参与可能导致庭审的混乱，且对被告人犯罪事实的查明并没有很大帮助，法官及其他办案人员对于案外人的参与持抵触态度。即使案外人提出权利主张，也难以及时获得有关机关的回应。

“在一个利益分化和利益主体多元化的社会中，一个好的制度往往并不是表现为其中没有或少有矛盾或冲突，而是表现为它能够容纳矛盾与冲突，在矛盾和冲突面前不至于显得束手无策或过于脆弱，同时，能够表现出很强的解决冲突与纠纷的能力。和谐社会决不是一个没有利益冲突的社会，相反，和谐社会是一个有能力解决和化解利益冲突，并由此实现利益大体均衡的社会。”①但显然，我国的刑事诉讼程序具有一定的封闭性。刑事诉讼的运作均主要围绕被告人的定罪量刑展开，而与涉案财物存在利害关系的案外人则处于刑事司法的边缘地带，其权利既无法获得国家专门机关的足够重视，也无法通过法定的渠道获得有效的

---

① 孙立平：《和谐社会：用制度规范利益表达》，载《学习月刊》2005 年第 8 期。

救济。在这种意义上,我国的刑事司法制度在利益冲突的容纳能力和处理能力方面是有限的。

二、研究方法

根据选题的特点,本书拟采用的研究方法包括以下几种:

第一,文献分析法。随着刑事没收制度的改革和没收案件的激增,从20世纪50年代开始,刑事诉讼案外人财产权保护问题开始受到域外国家和地区的关注,相关理论研究成果也不断涌现。虽然我国对这一问题的研究起步较晚,但近年来也出现了一些专门论述。这些研究成果为本书的研究奠定了一定的理论基础。本书将通过阅读大量文献,探析刑事诉讼案外人财产权保护的理论基础、立法沿革,以及现有的程序机制。在对已有的数据资料进行归纳、总结、反思的基础上,提炼出自己的观点,并通过相关的材料支撑自己的论述。

第二,比较分析法。对刑事诉讼案外人财产权保护问题的探索在我国尚处于萌芽阶段。近年来,针对刑事诉讼案外人财产权保护的问题,域外国家和地区先后制定了具有针对性的法律法规,相关理论研究也不断丰富。因此,对域外国家和地区的立法和司法实践进行深入分析就成为本书研究的必由之路。本书拟结合相关理论成果对域外国家和地区(尤其是美国、德国、日本、澳大利亚)刑事诉讼案外人财产权保护的基本结构进行比较分析,以为我国刑事诉讼案外人财产权保护机制的重构和完善提供参照和基础。

第三,历史考察法。法律规范或制度的产生与发展路径是对其进行研究必须涉及的问题。我国刑事诉讼案外人财产权保护的立法沿革以及各国相关制度的发展轨迹和趋向是对刑事诉讼案外人财产权保护问题进行理论研究必须涵盖的内容。本书将通过历史考察法,为本书的研究夯实理论和史实基础。

第四,实证研究法。实证研究法是对法律制度进行研究和完善的重要依托。一方面,本书将对涉及案外人财物处理的相关裁判文书、新闻报道进行搜索、筛选和分析,考察刑事诉讼案外人财产权保护的现状及主要问题,归纳这些问题产生的主要原因。另一方面,本书以北京市的人民法院为考察单位进行实证研究。通过访谈等实证方法,了解有关诉讼主体对刑事诉讼案外人财产权保护情况的评价,发现司法实践中存在的突出问题。

三、研究内容

本书拟在深刻比较各国刑事诉讼法及司法实践的基础上,从不同的维度对案外人财产权保护机制的内容和基本原理进行较为全面的归纳和阐释。尽可能运用类型化的分析方式,对不同类型程序保护机制的形成机理、共同要素、优缺点等内容进行深入的比较分析。此外,本书将从不同的角度对我国刑事诉讼案外人财产权保护存在的主要问题及其面临的深层次困境进行深入分析,在比较分析现有程序性保护规范的基础上,对案外人财产权保护的强化进行有针对性的探讨。

除导论和结语外,本书主要分为六个部分。

第一部分为“刑事诉讼案外人的由来与界定”。概念界定是开展研究首先需要解决的问题。刑事诉讼案外人的概念界定以及相关概念的区分是本书的立论基础。明晰刑事诉讼案外人概念的内涵、划定案外人的范围、明确案外人的基本特征,为准确揭示刑事诉讼案外人财产权保护存在的问题,深入研究相关的制度体系奠定基础。基于此,这一部分将主要对案外人的基本概念加以介绍,进而结合本书的研究目的和现阶段的主要问题,对本书涉及的案外人的具体范围进行划定。

第二部分为"刑事诉讼案外人财产权的干预与保护"。现代公民财产权在强调个人对财产支配权利的同时,也强调财产所有人的社会职能。财产权的干预与保护构成了财产权理论的一体两面,也架构起刑事诉讼案外人财产权保护的理论框架。该部分主要分为两个方面:一是本书将以财产权的基本理论为切入点,分析刑事诉讼对案外人财产权干预的形式和理论基础。二是本书基于刑事司法场域不断扩张的大背景,尝试提出一种"扩张性正义"的司法理论,该理论强调在传统"以被告人为中心"的司法场域突破的情况下,在实体和程序双重面向上满足权利人最低限度的正义要求。本书以该理论为视角对刑事诉讼案外人财产权保护的基本指导原则进行归纳,指出刑事诉讼中对案外人财产权进行保护应当指明案外人财产权干预的范围、对案外人财产权救济进行平等保障、对公权力行使进行合理限制、采取公私法协同的财产权保护方式。

第三部分为"刑事诉讼案外人财产权保护的基本结构"。这一部分主要通过比较法学和模式化研究的方法对刑事诉讼中案外人财产权保护的三个维度进行详细分析。现代法治国家和地区为切实保障案外人的财产权,已经在刑事司法体系中构建了一个相对严密而完备的案外人财产权保护机制。本书对域外国家和地区的案外人财产权保护体系进行了三个维度的考察,包括案外人财产权的保护范围、国家公权力的行使界限以及案外人财产权的救济机制,进而总结出了刑事诉讼程序制度保护案外人财产权的普适性经验。在案外人财产权保护范围方面,本书主要考察了刑事诉讼对案外人财产权的干预范围、对案外人物权的干预范围和对案外人债权的干预范围。在国家公权力限制方面，本书指出域外国家和地区对公权力的限制包括司法审查原则的限制、比例原则的限制，以及明确性原则的限制。在案外人财产权救济机制方面，本书通过考察域外相关法律规定和实践经验，概括出法院主导的"单一型案外人救济模式"和检察官主导的"复合型案外人救济模式"，并在分析两种模式主要特点的基础上，着重分析两种模式的共同点，主要包括案外人在诉讼过程中都享有广泛的诉权、案外人的参与使原有的诉讼结构发生变化、案外人的救济具有限制性、民法及民事诉讼规则的引入，以及完善的案外人救济保障机制。

第四部分为"我国刑事诉讼案外人财产权保护的主要问题"。目前来看，相对于域外国家和地区近年来对有关案外人财产权保护的高度关注和研究热忱，我国在立法层面、司法层面和理论层面稍显落后。但揆诸实践，我国刑事诉讼活动中对案外人财产权保护的关注实际上已呈萌芽态势。本部分主要通过分析裁判文书、访谈、调研等方式，从不同的角度对我国刑事诉讼案外人财产权保护问题展开研究，并概括出我国案外人财产权保护存在的突出问题，主要包括案外人财产权保护范围模糊、国家专门机关权力行使缺乏限制，以及案外人财产权救济机制缺失。

第五部分为"我国刑事诉讼案外人财产权保护的问题成因"。我国刑事司法本身存在的观念性和制度性问题往往是立法粗疏和司法无序的深层次动因。在这一部分，本书在总结我国相关立法与司法缺陷的基础上，站在观念、诉讼构造、实际操作等维度，挖掘我国刑事诉讼案外人财产权保护不力现状的背后原因，指出传统"以人为中心""以被告人为中心""以实体正义为中心”“先刑后民”的刑事司法观念、行政化的刑事司法体制存在漏洞。政法经费拨付体制对我国案外人财产权保护产生了一定的不利影响。

第六部分为“强化我国刑事诉讼案外人财产权保护的基本设想”。本部分围绕刑事诉讼案外人财产权保护范围的界定、国家专门机关权力行使的限制、案外人财产权救济机制的完善、配套机制完善四个维度，提出强化我国刑事诉讼案外人财产权保护的基本设想，以使本书在具有理论深度的同时，也具有实践意义。

第一章

刑事诉讼案外人的由来与界定

对于刑事诉讼案外人财产权保护问题,我们的研究应始于——案外人这一概念为何受到刑事司法的关注?如何界定这一实践中约定俗成但又相对模糊的概念?案外人有何具体特点?本书涉及的案外人包含哪些种类?这不仅是进行刑事诉讼案外人财产权保护研究的逻辑起点,更关乎刑事诉讼案外人权利保护机制的整体构建。在这一部分,笔者将着力对刑事诉讼案外人的基本范畴进行探讨。

第一节 案外人刑事司法地位的历史演进

在对研究对象的概念进行界定之前,对这一概念的历史背景进行考察是十分必要的。案外人概念并非刑法和刑事诉讼法的传统关注对象。案外人对刑事司法场域的介入,源于社会经济和法律关系的日益复杂多样，是顺应刑事司法活动现实需求的必然结果。这并非一蹴而就，而是经历了较为曲折的发展历程。

一、案外人：被传统刑事司法遗忘的人

传统的刑事司法主要围绕被告人的责任追究和权利保护展开。西方有则法谚："刑事司法就是对罪犯的公正。"（Criminal justice is justice for criminal.）其意思主要是，私权利和公权力之间的强烈冲突是刑事司法活动的重要特征，处于天然弱势地位的犯罪嫌疑人和被告人极易受到国家权力的侵犯，因而对被追诉人基本权利保护的程度是刑事司法公正最重要的衡量指标。这种司法哲学深刻地影响和形塑了现代的刑事法律制度——现代刑法被誉为"犯罪人的大宪章"，而现代刑事诉讼法则被誉为"被告人的大宪章"。在这种思维模式下，刑事司法活动均围绕刑事被告人的定罪量刑展开。尽管刑事诉讼时常需要对被追诉人与被害人以外的案外人的权利进行干预或剥夺，但案外人一直被视为刑事诉讼的"局外人"，难以在刑事诉讼中获得一席之地。近现代以来的刑事司法改革（如无罪推定原则的确立、辩护机制的完善、刑事诉讼主体的变革），均是围绕被追诉人的人权保护和诉讼地位的提升。可以说，被追诉人的人权保护在刑事司法中始终处于核心地位，而被害人、案外人的权利保护却难以得到立法者和司法者的足够重视。

具体到案外人权利保障层面，在"以被告人为中心"的刑事司法模式下，对案外人的权利保障存在以下方面的不足：第一，案外人诉讼地位较低。在传统的刑事司法模式下，案外人并非刑事诉讼程序的法定参与主体。与犯罪嫌疑人、被告人、被害人相比，案外人的边缘化特征极为明显，其权利保障难以受到刑事立法和

司法的重视。第二，案外人的参与范围受到限制。在传统的刑事司法模式下，案外人缺乏参与诉讼的法定、独立的途径。在涉及案外人权利的诉讼程序中，案外人难以有效介入诉讼活动，并提出主张。第三，案外人的诸多程序性权利得不到保障，如知情权、律师代理权、赔偿权等，致使其既对诉讼活动的进程及自身权利的状态缺乏了解，也难以获得足够手段维护自己的合法权利。第四，案外人权利保护范围缺乏明确界定。传统刑事司法主要关注被追诉人权利的保护，而对案外人的权利保护缺乏重视。刑事诉讼中，国家权力机关的相关干预措施在哪些情况下可以及于案外人，如何在公权力行使与案外人权利保护之间划定明确的“楚汉边界”，均缺乏实体法和程序法层面的明确界定。可以说，在“以被告人为中心”的传统刑事司法模式下，案外人处于司法活动的阴影地带。即使其权利极有可能受到刑事诉讼程序的干预、侵害，案外人也难以获得刑事诉讼程序的有效保障。

二、国际视野：案外人刑事司法地位的变迁

从国际范围来看，域外国家和地区对于案外人在刑事诉讼程序中的权利保护规定早已有之。例如，英国《1984 年警察与刑事证据法》守则 B 第 6A 条指导性注释指出：“任何一个对被警察扣押的财产宣称权利的人，可以依据《1897 年警察法（财产）》，向治安法院申请对财产的所有权，并且在适当的时候，应被建议采取这一程序。”[①] 美国《联邦刑事诉讼规则》（Federal Rules of Criminal Procedure）第 41（e）条针对财产遭受非法搜查、扣押或剥夺的人，规定了其向法院申请返还财产的途径。德国、日本等

---

① 中国政法大学刑事法律研究中心编译：《英国刑事诉讼法（选编）》，中国政法大学出版社 2001 年版，第 417 页。

大陆法系国家的刑事诉讼法也均在搜查、扣押程序中，对财物所涉及人的受告知权、申请法院裁定权等权利进行了规定。但在这一阶段，法律有关案外人权利的规定均依附于有关刑事诉讼当事人权利保障的规定，并没有形成独立的权利体系和救济机制。案外人在刑事司法活动中的地位也极为尴尬，尽管其合法权利极有可能受到刑事诉讼程序的不当干预，但其参与刑事诉讼活动的途径却极为有限。随着刑事没收制度的变革和没收案件的激增，从20世纪50年代开始，案外人保护的问题开始受到域外国家和地区的关注。美国、澳大利亚等不少国家和地区都陆续建立了案外人的诉讼参与机制和财产权保护机制。案外人的权利不断扩大，在刑事司法活动中的地位得到空前加强。

在日本，没收是一种将与犯罪相关的物品收归国库的附加刑。依据日本《1907年刑法典》第19条的规定，除非第三人在犯罪行为发生后知情取得，没收原则上不能及于犯人以外的第三人财物。与实体法形成鲜明对比的是，日本的《刑事诉讼法》并没有案外人参与诉讼程序的规定。对此，日本理论界存在强烈的质疑，认为在案外人并未参与的刑事诉讼程序中作出剥夺其财产权的宣告，难以符合日本《宪法》第31条的正当法律程序规定。为解决这一问题，日本学者提出了至少三种可能的解决方案：第一，在对本案被告的刑事审判程序中，让第三人以证人的身份到法院陈述意见，以就其是否具有《1907年刑法典》第19条规定的没收情形进行辩解和防御；第二，依日本《刑事诉讼法》第497条有关执行阶段检察官返还没收物的规定，保护受没收宣告效力波及的第三人的财产权；[①]第三，由对没收物享有财产权的第三人向法

① 日本《刑事诉讼法》第497条规定：在执行没收后3个月内，有权利的人请求交还没收财物时，除应当毁损、废弃的物体外，检察官必须交还没收财物。

院提起民事诉讼主张自己的权利。[①] 在司法实务上，由于缺乏相应的财产权保护程序机制，日本最高法院先后于1957年、1960年、1962年对第三人所有物没收制度进行了三次违宪审查。1960年后，日本法务省以从实体法与程序法两方面重新完善没收制度为目标，展开检讨工作，并确认了立法的必要性与急迫性。立法当局认为，依据《宪法》有关正当程序的规定，第三人应当在事前就参与刑事诉讼程序，并享有广泛的诉讼权利。[②] 在这样的立法方针下，1963年《关于刑事案件中没收第三人所有物的程序的应急措施法》出台。该法的中心思想在于，对于刑事案件中被告人以外的第三人所有物的没收，尽量充分保障该第三人参与本案诉讼并主张自己正当权利的机会。[③]

在美国，对案外人权利的实体性规定和程序性规定均经历了相当漫长的演变过程。实体性规定层面，20世纪70年代以前，美国并不存在无辜所有者的规定。如果案外人对没收财物存在权利主张，其只能通过没收减免程序（remission or mitigation of forfeiture）寻求政府的"宽大处理"。[④] 1974年 *Calero-Toledo* v. *Pearson Yacht Leasing Co.* [⑤]案，法官在判决中对案外人的权利范围作出了初步界定。该判决虽然并未将无辜所有者抗辩提升到宪法性抗辩（constitutionally mandated defense）的范畴，但其为案

---

① 参见黄士轩：《概观日本"关于刑事案件中没收第三人所有物程序之应急对策法"》，载《月旦法学杂志》第259期（2016年）。

② 参见董文：《第三人涉案财产没收制度正当程序之构建——以日本—第三者所有物没收违宪判决为视角》，载《理论学刊》2018年第5期。

③ 参见黄士轩：《概观日本"关于刑事案件中没收第三人所有物程序之应急对策法"》，载《月旦法学杂志》第259期（2016年）。

④ *Asset Forfeiture Law and Practice Manual* (3), Washington, D. C., 1998, p. 9 – 1.

⑤ *Calero-Toledo v. Pearson Yacht Leasing Co.*, 416 US 663 (1974).

外人提供了有限的抗辩条件。[①]此后,联邦没收法规开始普遍规定有关无辜所有者的保护条款,但这些条款在语言表述上含混不清,适用的犯罪范围也存在不一致的情况。立法规定的模糊也导致了实践的混乱。在根据同一法规提起的没收案件中,法院对存在相似情形的案外人主张作出了不同的裁判。[②] 1996 年 *Bennis v. Michigan*[③] 案,引发了美国关于无辜所有者抗辩是否充分的辩论。同年,美国司法部制定了一项统一的无辜所有者抗辩提案,并拟将其适用于根据联邦法律采取的几乎所有民事没收诉讼。经过多次辩论和修正,该提案最终被规定于 2000 年 8 月 23 日生效的《民事资产没收改革法》(CAFRA)之中。[④] 虽然该规定只适用于联邦没收案件,但其也逐渐成为州没收法规的典范。程序性规定层面,在相当长的一段时间里,联邦执法机构都是依靠民事没收程序(civil forfeiture)对犯罪收益和犯罪工具进行追缴的。民事没收程序在处理利害关系人的权利时非常简单直接:任何对涉案财物享有权利的人,均可以就没收程序提出权利申请,并享有参与法庭审理的权利。事实上,对任何与被告人财产存在利害关系的人的权利主张进行同时审理,是民事没收程序的一大特

---

① See Michael F. Zeldin, Roger G. Weiner, *Innocent Third Parties and Their Rights in Forfeiture Proceedings*, American Criminal Law Review, Vol. 28, p. 844 (1991).

② See Stefan D. Cassella, *The Uniform Innocent Owner Defense to Civil Asset Forfeiture: The Civil Asset Forfeiture Reform Act of 2000 Creates a Uniform Innocent Owner Defense to Most Civil Forfeiture Cases Filed by the Federal Government*, Kentucky Law Journal, Vol. 89, p. 653 (2000 - 2001).

③ *Bennis v. Michigan*, 516 US 442 (1996).

④ See Stefan D. Cassella, *The Uniform Innocent Owner Defense to Civil Asset Forfeiture: The Civil Asset Forfeiture Reform Act of 2000 Creates a Uniform Innocent Owner Defense to Most Civil Forfeiture Cases Filed by the Federal Government*, Kentucky Law Journal, Vol. 89, p. 653 (2000 - 2001).

点。但刑事没收有很大不同。在美国,刑事没收被普遍认为是刑罚的一部分。因此,在刑事没收程序中,只有那些属于已定罪的被告人的财产(包括犯罪所得、被告转让给案外人的财产)可被没收。《联邦刑事诉讼规则》第31(e)条规定,法官在发出没收令之前必须对被告人没收财物的权利范围作出认定。处理刑事没收案件的诉讼程序完全是在政府与被告之间进行的,并不存在案外人参与的空间。刑事没收的特殊性质在概念上很容易理解,但在实践中却很难落实。如何保证政府没有将属于案外人的财产列入刑事起诉书或没收令中?如何确定被告将其财产转让给案外人的行为是出于合法交易的目的,还是试图阻止他的财产被没收?如果案外人被排除在法庭审理之外,法院如何保护那些对被告人财产享有合法利益的人?在20世纪70年代首次颁布有关刑事没收的法律时,立法并没有对这些问题作出回应。20世纪90年代中期以前,美国也几乎没有关于刑事没收案件中案外人权利保护的判例法。因此,在这一阶段,仅凭《联邦刑事诉讼规则》第31(e)条的规定显然不足以防止对案外人合法财产的没收。同时随着刑事没收案件激增,案外人权利保护的问题逐渐受到美国立法和司法实践的关注。1984年,美国国会作出了附属听证程序(ancillary proceeding)规定,以为案外人的权利主张提供一个平台。附属听证程序的唯一目的是确定案外人是否对没收财物享有合法权益,其并不会对财物的可没收性进行重新审理。通过附属听证程序,案外人可以主张刑事案件中相关的没收命令是无效的,因为财产属于他们而不是刑事被告人。2000年修改生效的《联邦刑事诉讼规则》第32.2(c)条对刑事没收案件中的附属听证程序、最终没收决定的作出,以及附属听证程序与被告人上诉程序的关系作出了更为系统的规定。[①]

在澳大利亚,1998 年澳大利亚正式加入了《联合国禁止非法贩运麻醉药品和精神药物公约》(United Nations Convention Against Illicit Traffic in Narcotic Drugs and Psychotropic Substances)以及1990 年欧洲委员会《关于洗钱、搜查、扣押和没收犯罪收益的公约》(Convention on Laundering, Search, Seizure and Confiscation of Proceeds from Crime)。基于这些公约规定的义务,澳大利亚需要制定关于洗钱和没收犯罪所得的法律。为履行这一义务,澳大利亚联邦会议于 1987 年通过了《犯罪收益法》(Proceeds of Crime Act)。澳大利亚各州也颁布了类似的法律。虽然这些法律的相关规定尚不成熟,但所有法律都包括关于案外人财产权的保障措施。此后,为促进没收在对抗犯罪方面的实际效果,澳大利亚的没收制度逐渐与刑事定罪程序相分离,但对案外人财产权的保护却始终存在于联邦与各州的相关法律之中。[②]

在德国,刑事没收分为狭义没收与利得没收。[③] 自 1975 年以来实行的没收制度即一般性地承认狭义没收和利得没收的效力在一定条件下可以扩张至第三人。[④] 在利得没收方面,德国联邦最高法院为了具化"利得关联性"要件的概念,提出了"代理型案例"、"挪移型案例"以及"履行型案例"三种下位概念,并成为司法实务的判断基准。德国自 2017 年 7 月 1 日起实行的没收新制,不但将上述三种类型明文化,还增加了"继承型案例",其性

---

① See Stefan D. Cassella, *Criminal Forfeiture Procedure: An Analysis of Developments in the Law Regarding the Inclusion of a Forfeiture Judgment in the Sentence Imposed in a Criminal Case*, American Journal of Criminal Law, Vol. 32, p. 83 (2004).

② See *Permanent Trustee Co. Ltd. v. Western Australia*, (2002) 127 A Crim R 171.

③ 狭义没收是对犯罪(所用、所生)之物的没收,利得没收是对犯罪所得的没收。

④ 参见德国《刑事诉讼法》第 74a 条和第 73 条。

质属于一种“特殊的挪移型案例”。[①] 此外，因为第三人并非犯罪行为人，无法如同被告人一样附随于刑事诉讼而受程序保障，因此，德国《刑事诉讼法》于第六编第三章创设了相应的第三人权利保障机制，以确保第三人在相应的诉讼程序中能够获得听审权和救济权。该章规定的程序大致可以分为三类：第一，没收参与程序；第二，事后撤销程序；第三，单独宣告没收程序。

总体来说，域外国家和地区对案外人权利和司法地位的关注主要体现在以下三个层面：第一，对案外人基本权干预的实体范围界定。域外国家和地区对案外人受宪法保障权利的干预处分普遍坚持法律保留原则。对案外人基本权采取相应的干预措施，必须有相应的明确的法律授权。据此，域外国家和地区均在实体法层面对案外人的权利范围作出明确界定，并为案外人权利保护创立了法定的程序规则。第二，扩大案外人权利，使案外人的诉讼地位得到提高。在传统刑事司法活动中，案外人被排除于刑事司法的场域。尽管其权利很有可能受到国家公权力机关的侵害，但案外人却无法有效介入刑事诉讼之中提出相关的权利主张。随着刑事没收制度的大范围运用，是否应当赋予案外人刑事程序主体地位，是否应当保护案外人参与诉讼的权利，成为域外国家和地区普遍关注的问题。在这一背景下，域外国家和地区普遍通过刑事诉讼法的修改或专门法律的颁布，在程序上设置独立的案外人诉讼参与机制，并赋予受到干预的案外人符合正当程序要求的程序性权利，如听审权、上诉权、撤销权、获得告知权、律师代理权等。第三，国家公权力的行使受司法审查原则、比例原则的限制。基于宪法优先性的原则，刑事司法活动中，国家权力机关对

① 参见林钰雄：《第三人利得没收》，载《月旦法学教室》第199期(2019年)。

公民基本权的干预需要遵守司法审查原则、比例原则等合宪性正当化事由,否则即属于违法、违宪的基本权干预。对此,域外国家和地区对可能影响案外人权利的搜查、扣押、没收等国家权力的行使规定了极为严格的实体和程序条件,以防止权力的不当扩张。

三、中国语境:案外人概念的初现

我国《刑法》和《刑事诉讼法》对案外人这一概念的关注起步较晚。虽然1979年《刑事诉讼法》对案外人的相关问题有所涉及,但在2012年《刑事诉讼法》出台前,我国尚未形成独立于当事人的"案外人"或"利害关系人"的概念。相关法律及司法解释对案外人的相关规定通常混同在《刑事诉讼法》关于当事人财产权保障的相关规定之中,且极为有限、模糊。例如,1979年《刑事诉讼法》第85、[①]87条[②]分别对扣押物持有人获取扣押清单、扣押物品退还原主等问题作出规定。2006年《人民检察院扣押、冻结款物工作规定》(已失效)第23条进一步规范了权利人申请出售扣押、冻结股票的程序。[③] 其中"被扣押物品持有人"、"原主"和"权利人"的概念似乎自然应包括案外人的范畴。基于此,这些程序性规定对于案外人也应同等适用。

2012年《刑事诉讼法》进行了大幅度的修改。其中,在有关

---

① 1979年《刑事诉讼法》第85条规定,对于扣押的物品和文件,应当会同在场见证人和被扣押物品持有人查点清楚,当场开列清单一式二份,由侦查人员、见证人和持有人签名或者盖章,一份交给持有人,另一份附卷备查。

② 1979年《刑事诉讼法》第87条规定,对于扣押的物品、文件、邮件、电报,经查明确实与案件无关的,应当迅速退还原主或者原邮电机关。

③ 2006年《人民检察院扣押、冻结款物工作规定》(已失效)第23条规定,对于扣押、冻结的股票,权利人申请出售并且不损害国家利益、被害人利益的,经检察长批准或者检察委员会讨论决定,可以依法出售,所得价款由管理部门保管。

案外人的相关规定方面,2012 年《刑事诉讼法》作出了两方面的修改:第一,增加了第 115 条(现《刑事诉讼法》第 117 条)的“申诉、控告”规定,赋予利害关系人就查封、扣押、冻结措施提出申诉、控告的权利。[①] 第二,增加了“犯罪嫌疑人、被告人逃匿、死亡案件违法所得的没收程序”一章,并在该程序中赋予利害关系人参与诉讼的权利。由此,《刑事诉讼法》层面逐渐出现独立于当事人和诉讼参与人的“利害关系人”概念,司法解释及相关规范性文件针对“利害关系人”“案外人”的权利构建也逐渐起步。

2012 年最高人民法院《关于适用〈中华人民共和国刑事诉讼法〉的解释》在《刑事诉讼法》的基础上,分别于第 364、371、440 条(现《关于适用〈中华人民共和国刑事诉讼法〉的解释》第 279、451、528 条)进一步赋予案外人参与法庭审理、提起审判监督程序,以及提出执行异议的权利。[②] 2012 年《人民检察院刑事诉讼规则(试行)》第 574 条(现《人民检察院刑事诉讼规则》第 555 条)也对案外人申诉、控告的处理程序予以细化。2015 年,为响应十八届三中、四中全会的号召,规范刑事涉案财物处置工作,中共中央办公厅、国务院办公厅发布了《关于进一步规范刑事诉讼涉案财物处置工作的意见》。该意见一方面明确了案外人的诉讼权利,规定了与涉案财物存在利害关系的案外人获得告知、参

---

① 2012 年《刑事诉讼法》第 115 条(现第 117 条)规定,司法机关及其工作人员对与案件无关的财物采取查封、扣押、冻结措施的,或者应当解除查封、扣押、冻结不解除的,当事人和辩护人、诉讼代理人、利害关系人有权向该机关申诉或者控告。

② 依据规定,法庭审理过程中,案外人对查封、扣押、冻结的财物及其孳息提出权属异议的,人民法院应当审查并依法处理。当案外人认为已经发生法律效力的判决、裁定侵害其合法权益时,其有权自行或委托律师提出申诉,人民法院对其申诉应当审查处理。在执行过程中,案外人对被执行财产提出权属异议的,人民法院应当裁定中止执行,并参照民事诉讼有关执行异议的规定对案外人异议作出处理。

加诉讼、发表意见、请求抗诉的权利;[①]另一方面畅通了案外人权利行使渠道,要求国家专门机关及时受理并反馈对利害关系人异议、复议、申诉等的处理结果。[②] 2014 年最高人民法院印发的《关于刑事裁判涉财产部分执行的若干规定》专门就刑事执行阶段案外人财产权救济机制进行规定,并对法院处理案外人异议的程序适用等问题作出详细指引。[③] 2015 年最高人民检察院和公安部先后印发《人民检察院刑事诉讼涉案财物管理规定》和《公安机关涉案财物管理若干规定》。这两个规定在《刑事诉讼法》及相关规范性文件的基础上,进一步完善了案外人权利行使的信息保障机制,厘清了案外人的权利行使途径。2019 年《人民检察院刑事诉讼规则》承继了 2012 年《人民检察院刑事诉讼规则(试行)》有关案外人救济机制的相关规定,并于第 645 条增加人民检察院对人民法院执行裁判涉财产部分损害案外人合法权益提出纠正意见的规定。另外,最高人民法院、最高人民检察院以及

---

① 《关于进一步规范刑事诉讼涉案财物处置工作的意见》规定,善意第三人等案外人与涉案财物处理存在利害关系的,公安机关、国家安全机关、人民检察院应当告知其相关诉讼权利,人民法院应当通知其参加诉讼并听取意见。案外人对涉案财物处理决定不服的,可以请求人民检察院抗诉。

② 《关于进一步规范刑事诉讼涉案财物处置工作的意见》规定,人民法院、人民检察院、公安机关、国家安全机关对于当事人、利害关系人提出异议、复议、申诉、投诉或者举报的,应当依法及时受理并反馈处理结果。

③ 最高人民法院《关于刑事裁判涉财产部分执行的若干规定》第 14 条指出,执行过程中,当事人、利害关系人认为执行行为违反法律规定,或者案外人对执行标的主张足以阻止执行的实体权利,向执行法院提出书面异议的,执行法院应当依照 2012 年《民事诉讼法》第 225 条有关执行异议的规定处理。人民法院审查案外人异议、复议,应当公开听证。该规定第 15 条进一步对案外人就涉案财物性质认定提出异议的处理程序作出规定,指出案外人认为涉案财物是否属于赃款赃物认定错误或应予认定而未认定,向执行法院提出书面异议,可以通过裁定补正的,执行机构应当将异议移送刑事审判部门处理,无法通过裁定补正的,应当告知异议人通过审判监督程序处理。

公安部印发的有关各具体犯罪(如毒品犯罪、黑社会性质组织犯罪等)的意见和批复中,也对案外人的权利保障和救济问题作出了一些细化。

可以说,随着诉讼理论和司法实践的不断发展,我国相关法律和司法解释已经逐渐形成了独立的案外人概念。案外人的主体地位和权利保护已经受到我国刑事司法的一定关注。这主要表现在:第一,案外人独立于当事人和诉讼参与人的刑事诉讼地位逐渐受到认可。针对刑事诉讼程序对其权利可能产生的侵害,法律及相关司法解释赋予案外人申诉、控告、参与法庭审理、上诉、提起审判监督程序、提出执行异议等权利。案外人对刑事诉讼程序的参与逐渐广泛而深刻。第二,案外人诉讼权利保障机制逐渐受到重视。相关规范性文件就涉案财物处置信息公开、律师代理制度等关系案外人权利行使的保障性机制的规定,不断细化、完善。但总体而言,我国有关案外人的制度体系建设尚处于萌芽阶段。一方面,立法层面,案外人的称谓混乱且内涵界定并不统一。相关法律和司法解释中经常将利害关系人、第三人、案外人等概念不加区分地混用,而这些称谓各自所指代的主体范围却难以辨明。另一方面,相关立法规定零散化。《刑事诉讼法》对案外人的规定较为有限,且大都是原则性的规定。由此,案外人权利的创设、救济机制的细化,主要是通过公、检、法三机关制定的司法解释和部门规章实现的。这在一定程度上使不同机关就案外人权利保护的规范呈现一种“各自为政”的状态,难以形成协调统一的机制规范。

第二节　刑事诉讼案外人的含义和特征

“概念乃是解决法律问题所必需和必不可少的工具。”①一个科学的内涵,是明确研究对象的重要前提。刑事诉讼案外人的概念为何?通过哪些因素界定其概念边界?案外人应具备哪些性质和特点?这些是本书研究必须首先梳理的基本问题。

一、刑事诉讼案外人的含义

受语言环境的影响,域外国家和地区的相关理论和实务中习惯使用涉及权利人、第三人、third parties 等术语指代与案外人相同或相近的意思。我国立法及相关理论研究中一般将案外人、利害关系人、第三人等概念混用,并不加以区分。总体而言,采用利害关系人、案外人、第三人均可以在一定程度上涵盖本书所要研究的主体范围。尽管如此,笔者仍主张采用“案外人”这一概念,理由是:第一,第三人是我国民法、民事诉讼法普遍使用的一个概念,而在刑事诉讼法及相关司法解释中,这一概念并没有得到普遍认可。使用第三人这一称谓进行论述,可能导致概念混淆,使读者产生误解。相反,案外人是基于司法解释和司法实践形成的经验性概念,在理论和实务中使用较多,对这一传统没有必要加以改变。第二,利害关系人的概念虽然为我国《刑事诉讼法》和相关司法解释广泛使用,但由于“利害关系”一词有较强的包容性和灵活性,这一概念在司法实践中的运用范围过于广泛,甚至可以涵盖被害人在内的

---

① [美]E. 博登海默:《法理学——法律哲学与法律方法》,邓正来译,中国政法大学出版社 1999 年版,第 486 页。

任何与案件存在利害关系的人，而这显然超越了本书的研究范畴，也与本书的研究目的不符。

那么，应当如何界定案外人的含义呢？案外人并不是我国《刑事诉讼法》所规定的概念。因此，难以通过法律条文的体系解释对这一名词进行明确的界定。案外人的概念，主要是基于司法解释和司法实践而形成的一种“经验性概念”。在我国的理论研究中，仅有极少数学者对案外人的概念作出明确界定。学者翟云龙认为：“案外人是指刑事诉讼当事人以及其他诉讼参与人以外的与涉案财物存在某种直接或间接联系的人。”[①]学者周继业将“案外人”限定为善意取得赃款赃物的人、没收财产前对被告人享有合法债权的人、对犯罪不知情的犯罪工具所有人或共有人。[②] 在域外国家和地区，学者对刑事诉讼案外人财产权保护的问题研究较多，虽然这些论述大多采用第三人这一称谓，但其对第三人的概念界定仍对本书论述具有一定的借鉴意义。我国台湾地区学者陈重言认为，第三人是指未参与犯罪或刑事不法行为的人。[③]我国台湾地区学者林钰雄认为，第三人是指犯罪行为人（含正犯、共犯）以外之任何自然人、法人或非法人团体。[④] 日本学者臼井滋夫、铃木义男认为，所谓第三人，是指被告以外的人。[⑤] 加拿大学

---

① 翟云龙：《刑事诉讼中案外人财产权保障研究》，中国人民公安大学2019年硕士学位论文，第4页。

② 参见周继业：《刑事诉讼中第三人的财产权利保障》，载《法律适用》2009年第3期。

③ 参见陈重言：《第三人利得没收之立法必要及其基础轮廓——源自德国法规范与实务之启发》，载《月旦法学杂志》第3期（2015年）。

④ 参见林钰雄：《第三人利得没收》，载《月旦法学教室》第199期（2019年）。

⑤ 参见黄士轩：《概观日本“关于刑事案件中没收第三人所有物程序之应急对策法”》，载《月旦法学杂志》第259期（2016年）。

者凯文·E. 大卫将第三人定义为没有被怀疑参与犯罪活动的人，具体包括涉案财物的原始所有人、受让人，以及其他对财物享有担保物权的人。[①] 在美国，第三人普遍指称被告人之外，对涉案财物享有权利的人。总体来看，虽然现阶段相关研究对案外人的称谓不一，定义各异，但其普遍认为案外人应当是被追诉主体外与案件处理存在利害关系的人。

笔者认为，在理解和界定案外人的含义时，一方面要抓住案外人的本质特征，另一方面要厘清案外人同其他概念的界限。

从字面意义上来看，案外人应当是指刑事案件之外的人。基于此，界定案外人的两个关键词或两个关键因素，一是"案"，二是"外"。如果将案外人的范围比作一个圆环，则"案"的范围划定了作为内环的"案内人"的对象类别，"外"所指涉的延展范围划定了外环的边界，而两环之间的阴影部分则是案外人的概念区间(见图1-1)。

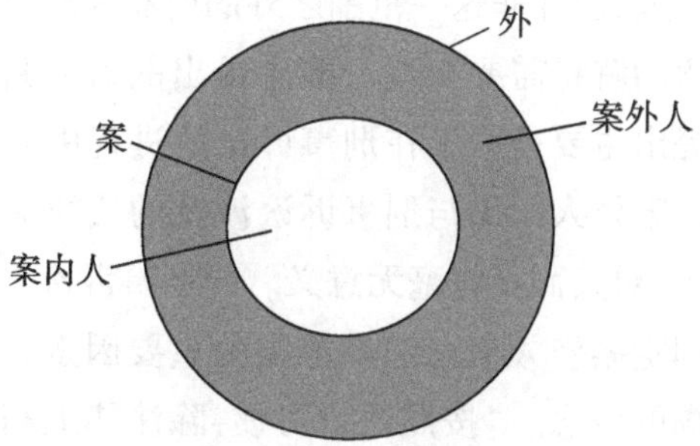

图1-1　案外人概念示意

关于"案"的范围。刑事案件，即指被指控的被告人的犯罪事

---

① See Kevin E. Davis, *The Effects of Forfeiture on Third Parties*, McGill Law Journal, Vol. 48, p. 183 (2003).

实,其构成要素有两个:一是主体要素,即何人实施了犯罪行为,是一人单独实施还是数人共同实施,何人的合法权益遭受犯罪行为的直接侵害;二是客体要素,即该人实施了什么样的犯罪行为,实施了一个还是数个犯罪行为。[①] 案外人要排除的是刑事案件所涉及的主体范围。基于此,案外人应当指因实施犯罪行为而受到刑事追诉的被追诉人与被害人之外的人。[②] 需要指出的是,此处的“案”仅指称刑事案件,而不包含附带民事案件。附带民事诉讼在本质上属于民事诉讼的范畴,其责任认定、程序适用在很大程度上受民法和民事诉讼法调整。基于此,附带民事案件的主体范围与刑事案件本身并不相同。例如,未参与犯罪活动,但对被害人的物质损失依法应当承担赔偿责任的其他单位和个人并不属于刑事案件所涉及的主体范围,但却可以成为附带民事诉讼的被告人。如果将二者混淆,将导致案外人范围的混乱。

关于“外”的边界。虽然案外人指的是刑事诉讼被追诉人与被害人之外的人,但并非这一范围之外的所有人均可纳入案外人的范畴。概念的解释需要与这一概念提出的目的紧密相连。案外人概念的提出主要是为了在刑事诉讼的进程中对案外人的权益加以保障。案外人如果与刑事诉讼涉及的法律关系无任何牵连,这样的诉讼对其而言将毫无意义。与刑事诉讼之间存在利害关系无疑是划定案外人概念边界范围的重要因素。利害关系是一个较为模糊的概念。“按照语言习惯,除法律上利害关系尚包

---

① 参见李晓:《涉众型经济犯罪案件当事人权利保障问题研究——以审判程序为视角》,中国法制出版社 2019 年版,第 22 页。

② 需要指出的是,虽然在域外国家和地区的相关论述中,被害人并没有被明确排除于第三人的范围之外,但通观相关论述的内容和立法体系,笔者认为,相关立法和理论研究中所谓的“第三人”应当是与被害人相并列的概念。例如,我国台湾地区“刑事诉讼法”第 142 条规定,扣押物系赃物而无第三人主张权利者,应发还被害人。

括经济上、社会上甚至是情感上利害关系。”[①]刑事诉讼案外人应仅指与刑事诉讼存在法律上利害关系，其法定权益可能受到刑事诉讼程序影响的人。

综上所述，笔者认为，案外人应当是指本案当事人之外的，因其合法权益受到来自刑事诉讼程序的干预或侵害，而与刑事诉讼存在利害关系的人。

二、刑事诉讼案外人的基本特征

综合以上概念梳理，笔者认为，案外人具有以下几个明显的特征：

第一，个体性。案外人应当为能够识别的个体，既包括自然人，也包括法人和非法人团体。国家和社会不包括在案外人的范围之内。

第二，关联性。如果刑事诉讼的进程和结果根本不牵涉案件以外的人，则案件以外的人的权利保护问题也无须受到刑事诉讼的关注。只有当案件以外的人的法定权益可能受到刑事案件当事人的权利处分、国家专门机关权力行使、刑事诉讼结果的影响时，才会涉及本书研究的案外人范畴。基于此，案外人必须与刑事诉讼的进程和结果具有法律上的关联性。这种关联性不以直接关联性为必要，只要其法定的权利可能受到刑事诉讼程序的影响，皆可纳入本书探讨的案外人范围。

第三，被动性。案外人本身并非刑事追诉的对象，案外人是在被动的情况下被牵涉案件中。由于犯罪人的犯罪行为使国家专门机关开启刑事诉讼程序或违法所得财产的没收程序，案外人的财产被牵涉为涉案财物后，案外人不得不花费时间、精力和金钱去维护自己的财产权利。

---

① 张卫平、任重：《案外第三人权益程序保障体系研究》，载《法律科学（西北政法大学学报）》2014年第6期。

第四,复杂性。案外人是本案犯罪行为人以外的人,但这并不意味着案外人必然是无辜的人。例如,案外人可能与犯罪行为存在某种关联(如居间介绍等),只是因为情节显著轻微,或者其行为并未被实体法规定为犯罪而未被国家专门机关纳入追诉对象范畴。又如,案外人虽然非本案犯罪行为的实施者,但其行为可能构成其他犯罪,从而成为其他案件的当事人。例如,行为人A将窃得的财物藏匿于B处,此时,B为A所犯盗窃罪的案外人,但其自身可能因掩饰、隐瞒犯罪所得的行为,成为掩饰、隐瞒犯罪所得罪的被追诉人。

三、刑事诉讼案外人与相关概念的辨析

案外人并非《刑事诉讼法》中的专有名词,相关司法解释也未统一采用案外人的概念,而是分别采用利害关系人、案外人和第三人表示相同或相近的意思。对于这一类人,理论界也有多种称谓,有学者称其为"案外人",有学者称其为"案外第三人"或直接称为"第三人",有实务工作者认为应当将其统称为利害关系人。为使论述更加清晰,对相关的概念进行界定划分是极为必要的。

(一)案外人与利害关系人

2012年修改后的《刑事诉讼法》,分别在第115条(现第117条[①])和"犯罪嫌疑人、被告人逃匿、死亡案件违法所得的没收

① 现行《刑事诉讼法》第117条第1款规定,当事人和辩护人、诉讼代理人、利害关系人对于司法机关及其工作人员有下列行为之一的,有权向该机关申诉或者控告:(1)采取强制措施法定期限届满,不予以释放、解除或者变更的;(2)应当退还取保候审保证金不退还的;(3)对与案件无关的财物采取查封、扣押、冻结措施的;(4)应当解除查封、扣押、冻结不解除的;(5)贪污、挪用、私分、调换、违反规定使用查封、扣押、冻结的财物的。

程序”[①]一章中，首次引入了利害关系人这一概念，以强化对可能受刑事诉讼程序影响的当事人以外其他人的权益保护。从字面意义上来看，利害关系人是指在刑事诉讼中有自身利益，或者刑事诉讼程序及结果可能会对其有某种影响的人。但如上所述，利害关系是一个包容性和开放性很强的概念，其不仅包括法律上的利害关系，也包括经济上、社会上甚至是情感上的利害关系。正是基于利害关系人范围的灵活性，我国《刑事诉讼法》及相关的司法解释似乎并未将利害关系人的概念严格限定于与刑事诉讼存在法律上的利害关系的范畴。例如，2019 年《人民检察院刑事诉讼规则》第 517 条第 1 款规定，《刑事诉讼法》第 299 条第 3 款规定的利害关系人包括犯罪嫌疑人、被告人的近亲属和其他对申请没收的财产主张权利的自然人和单位。如果说“其他对申请没收的财产主张权利的自然人和单位”是基于与诉讼程序存在法律上的利害关系而被纳入利害关系人的范畴，那么“犯罪嫌疑人、被告人的近亲属”作为利害关系人参与诉讼程序的情况则更为复杂，其既有可能是出于维护自己的财产权而参与诉讼，也可能仅是为了维护犯罪嫌疑人或被告人的合法权利而参与诉讼。[②]对于后一种情况，近亲属的法定权利显然未受到刑事诉讼的影响，其作为利害关系人参与诉讼仅是出于与被追诉人的亲属关系。在司法实践中，利害关系人的应用范围显得更为广泛，其甚至可以包含同案犯、被害人、近亲属、职工、朋友在内的一切与诉

① 《刑事诉讼法》第 299 条第 3 款中规定，利害关系人参加诉讼的，人民法院应当开庭审理。《刑事诉讼法》第 300 条第 2 款规定，对于人民法院依照本条前款规定作出的裁定，犯罪嫌疑人、被告人的近亲属和其他利害关系人或者人民检察院可以提出上诉、抗诉。

② 参见谢丽珍：《论我国特别没收程序利害关系人救济程序的不足及完善》，载《温州大学学报（社会科学版）》2017 年第 5 期；陈卫东、李响：《论违法所得没收特别程序中的利害关系人》，载《政法论坛》2015 年第 1 期。

讼当事人、诉讼程序或诉讼结果存在利害关系的人。①

笔者认为,案外人的概念包含于利害关系人的范围之内,仅指与刑事诉讼存在法律上利害关系的人,而本书的案外人仅指财产权可能受到刑事诉讼影响或干预的人(见图1-2)。基于此,我国有关利害关系人的部分规定,同样可以适用于案外人。

图1-2 案外人与利害关系人关系示意

(二)案外人与第三人

第三人是我国司法解释偶尔使用的概念之一。例如,2014年最高人民法院《关于刑事裁判涉财产部分执行的若干规定》第11条规定,第三人通过恶意方式取得涉案财物的,人民法院应予追缴。2015年《人民检察院刑事诉讼涉案财物管理规定》第32条对善意第三人的受告知权作出规定。②

作为一个法律术语,第三人的概念在我国其他部门法,尤其是民法和民事诉讼法中应用广泛。总体来说,我国的第三人概念有两个层面的解读。从实体层面来讲,第三人是指诉讼法律关系双方之外的人,如善意第三人。这一层面的第三人与案外人的含

① 参见安徽省高级人民法院执行裁定书,(2019)皖执复60号。

② 该条中规定,善意第三人等案外人与涉案财物处理存在利害关系的,人民检察院办案部门应当告知其相关诉讼权利。

义基本相同。从程序层面来讲，第三人是指参与已经开始的诉讼，以该诉讼的原、被告为被告提出独立的诉讼请求，或辅助该诉讼一方当事人进行辩论的诉讼参加人。① 其更加强调与案件存在利害关系的人在诉讼程序中的诉讼地位。或者说，第三人本身就指代某一种类的诉讼主体，即诉讼第三人。与此相对，案外人则更倾向于对当事人之外与案件存在利害关系的人的事实状态的描述。基于此，笔者认为，第三人的概念与案外人的概念是一种包含关系（见图 1－3）。本书所说的案外人仅指代实体层面的第三人概念，而不涉及程序层面的第三人内容。

图 1－3　案外人与第三人关系示意

以上的梳理也有利于对我国的第三人概念与域外国家和地区的第三人概念进行区分。在日本《刑事诉讼法》和美国的相关法律规定中均存在第三人或 third parties 的表述，但与我国不同的是，这些概念都只涉及实体层面对第三人与刑事案件关系的描述，而不涉及程序层面的内容。如果第三人参与诉讼程序，则其诉讼地位可称为参与人或权利申请人（claimant）。

（三）案外人与诉讼参与人

诉讼参与人，是指在诉讼过程中，除公安机关、人民检察院和

---

① 参见李为民：《民事诉讼第三人新论》，载《法学评论》2005 年第 3 期。

人民法院以外所有参与诉讼活动,并在诉讼中享有一定诉讼权利、承担一定诉讼义务的人。[①] 根据我国《刑事诉讼法》的规定,刑事案件的诉讼参与人包括当事人、法定代理人、诉讼代理人、辩护人、证人、鉴定人和翻译人员。诉讼参与人与案外人强调的是两个层面的内容。无论是当事人还是其他诉讼参与人,都属于刑事诉讼的程序主体,强调的都是参与人在刑事诉讼中的地位。案外人则仅指指控的犯罪事实之外与案件存在利害关系的人,其强调的是一种事实状态。经过法律层面的制度设计,案外人可以作为诉讼参与人参加刑事诉讼活动。例如,在《刑事诉讼法》增加"犯罪嫌疑人、被告人逃匿、死亡案件违法所得的没收程序"一章后,案外人可以作为利害关系人参与特定的诉讼活动。而诉讼参与人也并不完全都是"案内人"。例如,未参与犯罪活动的证人虽然属于刑事诉讼中的诉讼参与人,但其本身仍可能是刑事案件的"案外人"。

第三节　刑事诉讼案外人的范围界定

行文至此,笔者已对作为本书研究对象的案外人的基本概念作出了大致界定。但须注意的是,这一定义虽然已经对案外人的内涵、特征作出限定,但其概念外延仍然是较为模糊的。如果案外人的范围过宽,不仅极有可能导致论述的复杂化,而且可能侵蚀到其他制度调整的领域。基于此,结合本书的研究目的,具体限定案外人的范围是非常必要的。

---

① 参见宋英辉、甄贞主编:《刑事诉讼法学》(第5版),中国人民大学出版社2016年版,第65页。

一、刑事诉讼案外人的分类

根据不同的标准,可以对案外人作不同的分类。当然,区分刑事诉讼案外人的不同种类并非目的,目的是更方便、更明确地圈定本书探讨的案外人范围。

一方面,以受到影响的权利种类进行划分,可以将案外人大致分为隐私权受到影响的案外人、生存权受到影响的案外人,以及财产权受到影响的案外人。案外人之所以需要受到刑事诉讼的关注,是因为其权利或利益可能受到刑事诉讼的影响,而在司法实践中,可能受到影响的权利主要包括隐私权、生存权和财产权。隐私权是指公民享有的私人生活安宁与私人信息依法受到保护,不被他人非法侵扰、知悉、搜集、利用和公开的一种人格权。[①] 在刑事诉讼中,侦查机关基于查明犯罪事实的需要,可能会对被追诉人或被害人以外的人采取技术侦查措施或搜查措施,侦查机关对被追诉人采取的相关措施可能会对其他人的隐私权产生影响。此时的案外人即属隐私权受到影响的案外人。生存权是指在一定社会关系和历史条件下,人们应当享有的维持正常生活所必需的基本条件的权利。[②] 实践中,生存权受到影响的案外人主要是指被追诉人或被害人扶养的家属。当被害人因犯罪行为重伤或死亡、被追诉人被国家专门机关采取强制措施或判处刑罚时,其扶养的家属可能面临生活难以为继的局面,这时他们便成为生存权受到影响的案外人。财产权是指具有一定物质内

---

① 参见张云燕:《人工智能与数据安全的矛盾统一》,载《上海法学研究》2020 年第 15 卷。

② 参见吕杰:《体面劳动与人的发展》,载《江汉大学学报(社会科学版)》2011 年第 4 期。

容的,直接体现为经济利益的权利。[①] 财产权受到影响的案外人主要是指对国家专门机关采取搜查、扣押、冻结、没收等措施的涉案财物享有法定权利的被追诉人与被害人之外的人。

另一方面,以利害关系的种类进行划分,可以将案外人分为直接利害关系人和间接利害关系人。一般来说,案外人与刑事诉讼存在两种形态的利害关系:直接利害关系和间接利害关系。直接利害关系即诉讼主体(尤其是国家专门机关)的诉讼行为直接针对案外人进行,并可能对案外人的合法权益产生直接干预,如对案外人及其财产进行搜查和扣押,或者直接剥夺案外人在涉案财物上的财产性权利。与刑事诉讼存在直接利害关系的案外人为直接利害关系人。间接利害关系是指诉讼主体的诉讼行为并未直接施加于案外人之上,但由于案外人与刑事诉讼当事人存在特殊关系或现实状态,使刑事诉讼的进程对案外人造成了不利后果。比如,国家专门机关对生活不能自理的人的唯一扶养人采取的羁押措施,必然会威胁被扶养人的正常生活。与刑事诉讼存在间接利害关系的案外人为间接利害关系人。

二、刑事诉讼案外人的具体范围

笔者认为,对案外人范围的界定既应当符合本书的研究目的,同时还应当结合现阶段的主要问题和法治发展需要。第一,从本书的研究目的出发进行界定。本书研究的主要目的在于对刑事诉讼案外人财产权保护机制和基本原理进行探索,并以此为基础加强刑事诉讼程序对案外人合法权利的关注,提升案外人在刑事司法活动中的主体地位。基于此,本书的案外人应指财产权

---

① 参见林发新:《"产权"概念的法学思考》,载《福建政法管理干部学院学报》2004 年第 2 期。

受到影响的案外人，且其范围既应包括财产权受刑事诉讼直接影响的案外人，也应包括财产权受刑事诉讼间接影响的案外人。但间接影响的范围极为广泛，例如，当刑事判决对相关事实的认定可能影响其他民事案件的审理时，其他民事案件的当事人也在一定程度上与刑事诉讼存在间接的利害关系。若不对间接性进行必要限制，极易导致论述范围过大，相关制度体系相互杂糅，无益于本书研究目的的实现。为使论述清晰化，本书仅涉及与刑事诉讼进程和结果存在足够紧密的利害关系，以至于刑事诉讼程序需要对其权利保护给予足够重视的案外人。第二，从现阶段的主要问题出发进行界定。如上所述，案外人权利保护问题主要是随着刑事诉讼中涉案财物处置模式的变革而提出和发展的。司法实践中，刑事诉讼对案外人财产权的干预也主要集中于对涉案财物的查封、扣押、冻结、处置等程序中。基于此，本书将案外人限定为"被追诉人、被害人之外，对查封、扣押、冻结的涉案财物及其孳息存在某种直接或间接联系的人"。

以司法实践为基础，本书所指的案外人具体包括以下几种类型。

（一）涉案财物所有权人

刑事诉讼涉及案外人所有权可能包括两种情况：一是案外人为涉案财物的共同所有权人。共有是两个以上权利主体对同一物共享所有权。司法实践中，刑事诉讼当事人往往基于共同生活、共同劳动等方式，与其他人对同一涉案财物产生共同共有或按份共有的关系，如实践中常见的就是涉案财物或执行标的物为被追诉人与其配偶、家庭成员共同共有，或者为公司合伙人按份共有。刑事诉讼中，国家专门机关对这类财产采取强制措施或进行处置的时候，往往会影响共有人的财产权。例如，在陈某亮案中,办案机关依法查封、冻结的相关涉案存款、房产、汽车等财产,不仅包括陈某亮通过犯罪行为获得的资产及孳息,还包括大量与家庭成员共有的财产。办案机关采取的强制措施及对涉案财物的处置,对家庭成员的共有财产权产生极大影响。[①] 又如,在四川省高级人民法院办理的一起国家赔偿案件中,四川省自贡市公安局以所涉资产为犯罪所得为由,对上海境泽股权投资基金合伙企业(有限合伙)的3000万元资金进行冻结,由此导致该合伙企业巨额资金无法使用,正常经营发生严重困难,企业其他合伙人的财产权受到影响。[②] 如何认定共有人对涉案财物所享有的财产权,如何处理涉及共有财产分割以及共有份额补偿的问题,对共有人财产权具有重要影响。二是案外人为涉案财物的实际所有权人。在一些情况下,犯罪行为人并非涉案财物的所有人。例如,行为人将从案外人处获取的财物作为犯罪工具,实施犯罪行为。此时,办案机关对于该犯罪工具进行处理或采取强制性措施,必然会影响案外人的财产权益。又如,许多行为人在实施犯罪行为之后,会将相关的涉案财物出售、赠与他人。为防止被追诉人为了逃避刑事追缴将涉案财物转让给朋友、亲属或其他人,许多国家和地区都将案外人纳入刑事没收的对象范围之内。

(二)涉案财物担保物权人和用益物权人

担保物权,是指为了担保债权的实现,由债务人或第三人提供特定的物或权利作为标的物而设定的限定物权,具体包括抵押

---

① 参见周远征:《重庆"打黑"千亿资产处置问题凸显》,载《中国经营报》2012年12月10日,A9版。

② 参见赔偿请求人上海境泽股权投资基金合伙企业(有限合伙)申请四川省自贡市公安局刑事违法查封、扣押、冻结、追缴赔偿案,四川省高级人民法院国家赔偿决定书(2016)川委赔11号。

权、质权、留置权等。[①] 用益物权,是指以一定范围内使用、收益为目的而在他人之物上设立的限定物权。刑事诉讼中,涉案财物可能存在属于案外人的担保物权和用益物权。一方面,在犯罪行为发生前,案外人即对财产享有权利。如在进行犯罪之前,行为人将作为犯罪工具的汽车抵押给银行,则作为案外人的银行在犯罪行为发生之前即对该汽车享有抵押权。如果该汽车系以所有权保留的方式购买,则可能存在所有权保留的非典型担保方式,另外也不能排除让与担保的可能。[②] 另一方面,在犯罪行为发生后,案外人在涉案财物上设定相关的财产性权利。如在犯罪分子利用犯罪所得建设、购置的不动产之上,极可能存在建筑商的法定优先权、抵押权,家庭成员的居住权,他人的租赁权等担保物权、用益物权或类似用益物权的权利。[③] 刑事诉讼中,国家专门机关对涉案财物采取的限制性措施或对涉案财物进行的处置必然与案外人的权利产生冲突,这就涉及如何在刑事诉讼中对这些案外人的保护与否进行界分的问题。

(三)一般债权人

刑事诉讼对案外人债权的影响体现在两个方面:一是在刑事诉讼中,涉案财物的查封、扣押、冻结以及处置,均有可能导致被追诉人偿债能力的下降,进而影响债权人债权的实现。二是在债权人已经取得执行依据的情况下,刑事诉讼程序的启动也极有可能导致民事执行的中止,以及侵权人期待利益的丧失。与对涉案

---

① 参见陈新开:《我国优先权立法的几点思考》,载《浙江工贸职业技术学院学报》2005 年第 4 期。

② 参见朱铁军、姜燕:《论刑事特别没收过程中对物权的保护》,载《山东审判》2015 年第 1 期。

③ 参见朱铁军、姜燕:《论刑事特别没收过程中对物权的保护》,载《山东审判》2015 年第 1 期。

财物享有所有权、抵押权、租赁权等权利的案外人不同,一般债权人属于与刑事诉讼存在间接利害关系的案外人,其对涉案财物并不享有排他的支配性权利,刑事诉讼对一般债权人的影响往往是间接的。

第二章

刑事诉讼案外人财产权的干预与保护

作为一种基本权利，财产权是“消极的防御性权利”，但纵观财产权观念的发展历程，财产权的排他性并不绝对，其本身也内含权利的限制。“现代公民财产权已经不再是法国民法典定义的‘以最绝对的方式支配事物的权利’的个人主体权利，不再是绝对的权利，而趋向于成为财产所有人的社会职能。”①财产权的干预与保护构成了财产权理论的一体两面，也架构起了刑事诉讼案外人财产权保护的理论框架。在这一部分，笔者将以财产权的基本理论为切入点，对刑事诉讼案外人财产权干预与保护的理论基础进行分析论述。

---

① 肖金明、李卫华：《全面财产权观念》，载中国法学会行政法学研究会编：《财产权与行政法保护——中国法学会行政法学研究会 2007 年年会论文集》，武汉大学出版社 2008 年版，第 203 页。

第一节 财产权的基本理论

“人类的进步从发展阶梯的底层开始,有两种政治方式,其一为氏族性的和社会性的,它产生了社会;另一为政治性的,这产生了国家。前者以人身和氏族制度为基础;后者以地域和财产为基础。”[①]可以说,人类社会在很大程度上是随着财产的富足和财产权制度的发展逐渐趋向文明的。近现代以来,财产权普遍被视为“人与生俱来、不可剥夺的权利”[②]。但对于财产权的基本概念和性质,学者们却众说纷纭。基于此,厘清财产权的理论蕴含和历史演化,是探讨刑事诉讼案外人财产权干预与保护的前提和基础。

一、财产权的理论蕴含

在法学研究中,对财产权概念的阐释往往与财产的概念相伴而生。财产是物质财富,表现为由一定价值构成的物质实体。在不同的经济时代,财产的内容也有所不同。在原始社会,奴隶和家畜是最早的私有财产。在农业社会,土地的价值日益凸显,并逐渐取代家畜成为主要的财产。此后,随着商业活动的逐渐发展,一种与实体意义上的财产(有体物)完全不同的财产逐渐产生。这种财产的价值并不取决于它的自然性质,而取决于它的法

---

① [美]路易斯·亨利·莫尔根:《古代社会》(上册),杨东莼等译,商务印书馆 1995 年版,第 3 页。

② [英]洛克:《政府论》(下篇),瞿菊农、叶启芳译,商务印书馆 2009 年版,第 10 页。

律性质。[①] 这些财产主要指无形的有体物，如债、知识产品、商誉、货币[②]等。总体来说，财产具有三个方面的特征。第一，供给的有限性。休谟指出："若是一种东西预期会非常丰裕，人人可以取得，不必请求任何人或政府的同意，它就不成为任何人的财产。若是供给有限，它就成为私有的或公有的财产。"[③]基于此，能够无限供给的物品（如空气），不构成财产。第二，自身的有用性。具有一定的使用价值是财产的基本特征之一。凡是对人类生产生活没有用处的物品，不能成为财产。例如，在农业文明产生之前，由于土地的价值并未为人们发觉，其自身的财产属性也无法充分体现。第三，流通领域的可交易性。英国经济学家约翰·穆勒指出，财产应可以储藏并具有一定的交换价值。[④] 财产的可交易性使其与空气、火、光等物质相分离，这些物质虽然同样为人类生存的必需品，但取之不竭、用之不尽，既不可储藏也无法交易，因而不能成为真正的财产。

财产上的权利是财产权。依据《中国大百科全书》的解释，作为法律概念的财产权，是"人身权的对称，即民事权利主体所享有的具体经济利益的权利……财产权包括以所有权为主的物权、债权、继承权以及知识产权……财产权是一定社会的物质资

---

① 参见赵廉慧：《财产权的概念——从契约的视角分析》，知识产权出版社 2005 年版，第 67 页。

② 货币一般被定义为物、动产、代替物、消耗物，但也有一些学者从债的角度来理解，认为货币在本质上体现的是以国家为最终承兑人的一种债权，由于国家的信用是强大的，因此，承兑人违约是极其罕见的事。体现在货币上的债权是具有确定性的。参见赵廉慧：《财产权的概念——从契约的视角分析》，知识产权出版社 2005 年版，第 67 页。

③ ［美］康芒斯：《制度经济学》（上），于树生译，商务印书馆 1997 年版，第 298 页。

④ 参见蒋勇甫：《西方宪政视野中的财产权研究》，中国社会科学出版社 2008 年版，第 20 页。

料的占有、支配、流通和分配关系的法律表现"[①]。财产权是一项排他性的权利,其主要强调权利人所拥有的,为公共权力所承认的,可以排他性地利用和处置财产的权利。

在两大法系中,财产权体系是沿着不同的路径发展的。大陆法系的财产权体系受到罗马法深刻的影响。罗马法并没有形成现代意义上的财产权概念,而是转用物这一概念表示各种财产,既包括有体物,也包括无体物;既包括动产,也包括不动产。以物这一概念为基础,罗马法中所有可用货币进行估算的权利均被纳入物法的范畴。[②] 财物法(相当于物权法)、继承法和债法均为物法的下属概念。这一立法传统为以法、德为代表的大陆法系国家所继承。这些大陆法系国家的民法典中普遍建立了以所有权为主导、物权和债权二元划分的财产权体系。[③] 大陆法系财产权体系重视权利秩序的稳定和法律形式的完整,强调"物权法定"、"一物一权"以及所有权的不可分割。可以说,大陆法系的财产权体系是一个以物权为中心,按照一定等级归纳整合的权利系统。

相较而言,罗马法对英美法系财产权体系的影响则显得微乎其微。英美法系国家普遍采用"财产"的概念,而"财产"又代表着一种"权利束"(bundle of rights),即一组权利。这些权利包括占有权、占据权、使用权、滥用权、用尽权、出租权、出借权、担保转

---

① 中国大百科总编辑委员会编:《中国大百科全书·法学》,中国大百科全书出版社1984年版,第33页。

② 参见[英]巴里·尼古拉斯:《罗马法概论》,黄风译,法律出版社2000年版,第100页。

③ 参见汪进元、高新平:《财产权的构成、限制及其合宪性》,载《上海财经大学学报》2011年第5期。

让权、销售权、交易权、赠与权等。[①] 由此看来,在英美法系国家,财产权和财产权客体统一于"财产"这一概念中。"财产"是指所有具有交换价值的客体事物以及所有具有财产价值的权利形态。[②] 需要指出的是,英美法系国家不存在像大陆法系国家一样的以物权为中心的财产权体系,也不存在物权优于债权、所有权高于其他物权的原则。所有权纯粹作为占有的对应词存在,没有任何特别的意义。[③] 所有权和债权的区别,只在于所有权体现的是对财产的多方面权利(multital right),而债权体现的是对财产的少量权利(paucital right)。与大陆法系相比,英美法系更加强调"人"本身权利和价值的实现。在这一观念的指引下,英美法系的财产权体系冲破了财产人身属性的桎梏,显得更为灵活。财产权体现的是人与人之间各种法律关系的集合,财产只不过是人与人之间发生这种关系的纽带。一物之上有多个占有的情况,为英美法系财产法观念所认可。英美法系财产权的概念外延更为宽广,权利更为碎片化,可以包含复杂的法律和经济关系,而且这样的财产权概念能被切割,财产权上的权能由此可以让渡给不同的权利人。应当说,英美法系的财产权体系已经由"对物的绝对统治"转变为"一组人之间的法律关系"。[④]

西方社会中存在不同财产权体系二元并立的现实。尽管随着时代的发展,英美法系的财产权体系的灵活性和延展性更能满

---

① 参见[英]戴维·M.沃克:《牛津法律大词典》,光明日报出版社1988年版,第659页。

② 参见汪进元、高新平:《财产权的构成、限制及其合宪性》,载《上海财经大学学报》2011年第5期。

③ 参见[英]F.H.劳查、B.拉登:《财产法》,施天涛等译,中国大百科全书出版社1998年版,第114页。

④ 参见薛姣:《论所有权的限制》,中国政法大学出版社2017年版,第161页。

足现实中财产权所应具备的复杂性要求,但这两种财产权体系在本质上并无二致。无论是"物权体系"还是"权利束体系",其所调整的社会关系的范围都是相似的。两种财产权体系在本质上都是为了保证人的利益的实现,并由此强调权利的排他性和国家对权利的终局保障。近年来,随着国际层面法学交流的日趋深入,两种财产权体系相互渗透的趋势也逐渐显现。例如,德国民法学通说在一定程度上突破了传统大陆法系封闭式的财产权体系,对财产权采取了更为宽泛的定义,明确财产权是指具有货币上价值的任何利益与权利的总称。[①] 又如,对于一些新型财产权,如公司法人财产权,大陆法系学者通过权能组合或折中等方法,将这些权利纳入既有的债权、所有权和其他物权的财产权体系安排。[②]

总体来看,财产权具有以下特征:

第一,权利内容的丰富性。从上述财产权体系的梳理中,我们不难发现,无论是"物权体系"还是"权利束体系",财产权在内容上都已远远大于所有权,内容范围极为广泛。

第二,权利主体的宽泛性。财产权主体包括任何自然人、团体、法人以及国家,只要其参与经济交往活动,并在其中承担一定的角色,就可以成为财产权主体。[③]

第三,权利客体的开放性。财产权的客体是财产权所指向的对象,即财产。财产本身是一个开放性的概念,其概念范围的外延在不同的历史时期有所不同。传统理论认为,财产的典型形态

---

① 参见蒋永甫:《西方宪政视野中的财产权研究》,中国社会科学出版社 2008 年版,第 25 页。

② 参见薛姣:《论所有权的限制》,中国政法大学出版社 2017 年版,第 156 页。

③ 如作出决定者、承受代价者和受益者。

有物、行为、智力成果、人身利益等。[①] 但在现代科学技术和市场经济发展的驱动下，可以作为物质财富的资源不断丰富，而财产的范围也因此进一步拓宽。如有人认为有体物和无体物的划分已无法涵盖所有财产权客体的范畴，并主张将物质财产、知识及信息财产、人力财产和部分特定化的权利财产作为财产权客体划分依据。[②] 另外，包括经营许可在内的获取财富的资格也在一定程度上成为财产权的客体。[③]

第四，权利形态的对物性。财产权在实现的过程中直接表现为私人与财产的关系。休谟将财产权界定为人对物排他性的自由占有和使用的关系。[④] 既然财产权的客体是具有一定价值的财产，那么财产权的表现形式也只能是人对财产的支配。

第五，权利的非专属性。财产权的非专属性表现在两个方面：一是财产权可以处分。与人身权所具有的人身不可分离性不同，作为财产权的权利人不仅可以抛弃财产，还可以将权利向他人转让。他人也可以通过接受转让或继承获得财产权。二是财产权可以由他人代为行使。对于财产权来说，权利归属的主体和权利行使的主体可以分离，管理人或代理人可以替代财产权主体行使财产权。这主要体现于权利人缺乏相应的行为能力（如未

---

① 参见张文显主编：《法理学》，法律出版社1997年版，第166～167页。

② 参见周林彬：《物权法新论——一种法律经济分析的观点》，北京大学出版社2002年版，第389～395页。

③ 最典型的如企业经营权的承包、农村集体土地经营权的承包、企业名称的转让、信托等。

④ 休谟对财产权的定义为："在不违反正义法则和道德上的公平的范围以内、允许一个人自由使用并占有一个物品，并禁止其他任何人这样使用和占有这个物品的那样一种人与物的关系。"参见［英］休谟：《人性论》（下册），关文运译，商务印书馆1980年版，第345页。

成年人等)的情况之中。[①]

第六,权能的可分离性。财产可以流通和交易,而且对物所有权的权能也可以部分地转让,比如用益物权和担保物权,所有权和占有、使用、支配权能是可以分离的,所以辨认财产的占有人是否享有合法财产权是比较困难的。

二、财产权观念的历史演进

财产权观念是随着封建领主制度的解体和近代国家的诞生逐渐产生和发展的。在封建领主制度下,无论是土地所有权还是对人民的统治权均归属领主所有。农民对领主具有极强的人身依附性。在这种情况下,可供人民自由支配的私有财产极为有限。近代国家的诞生突破了封建领主制度下统治权与土地所有权相结合的固有模式。在近现代国家中,统治权被上移至国家所有,而土地所有权则逐渐下移至公民个人。封建领主关系土崩瓦解,人民的私有财产权不断扩充。[②] 经过资产阶级革命,财产权逐渐上升为人权的范畴。洛克认为,自然是共有物,人的身体和劳动则为私有物。一旦人们在共有物中"掺进他的劳动",就可以排除与他人的共有权,从而获得"他的财产"。[③] 亚当·斯密以"理性的经济人"为理论预设,极力强调经济和贸易的自由,并提出"守夜人国家"的概念。[④] 此后,以休谟、边沁为代表的自由主义者也纷纷强调财产权的绝对性和防御性,倡导对政府权力的限

① 例如,未成年人的权利可以由法定代理人行使、破产人的权利可以由破产管理人行使、失踪人或禁治产人的权利可以由管理人行使等。

② 参见林来梵:《从宪法规范到规范宪法——规范宪法学的一种前言》,商务印书馆2017年版,第197页。

③ 参见[英]洛克:《政府论》(下篇),瞿菊农、叶启芳译,商务印书馆2009年版,第19页。

④ 参见[英]亚当·斯密:《国富论》(下篇),商务印书馆1983年版,第273页。

制。在这一思想浪潮的影响下，财产权作为一种基本权利为世界各国宪法所承认。1789年法国《人权宣言》把财产权宣称为一种“神圣不可侵犯的权利”，并对财产权的干预和剥夺作出了极为苛刻的限制。[①] 美国《宪法第五修正案》也对财产的剥夺规定了正当程序的要求。

随着自由主义意识形态的嬗变，进入20世纪之后，学者开始倡导国家对财产权的积极干预。财产自由所带来的财产不公使密尔认识到国家履行社会职能的重要性。他以“伟大的善”为理论支点，主张国家对经济事务、个人财产进行一定程度的国家干预，以发挥国家在救济贫困人民、推行保险和公共教育等方面的积极作用。[②] 以格林为代表的新自由主义者，在国家主义和公意理论的影响下，强调国家的道德责任感，赋予国家更加积极的职能，并倡导对财产自由进行必要的约束和限制，由此形成了相对财产权和积极国家互动的新局面。[③] 许多国家试图在维持资本主义私有制的前提下，通过社会改良主义的方式对财产权的公共属性进行强化，以寻求财产干预与财产保护之间的平衡。1919年德国《魏玛宪法》在第153条第3款中规定，财产权伴随义务。财产权行使必须同时有益于公共福利。此规定开启了现代意义的宪法财产权规范的先河。[④]

---

① 参见褚江丽：《美、德、日实施宪法公共利益条款之比较研究》，载《河北法学》2009年第3期。

② 参见吕峰：《财产权利与国家观念——西方自由主义财产权与国家观关系研究》，经济科学出版社2015年版，第57页。

③ 参见吴春华：《西方政治思想史》（第4卷），天津人民出版社2005年版，第361～366页。

④ 参见褚江丽：《美、德、日实施宪法公共利益条款之比较研究》，载《河北法学》2009年第3期。

通过对财产权观念的简要梳理,我们不难发现,财产权观念的历史发展经历了封建时期的财产权概念虚无,到近代财产权的绝对化、神圣化,再到现代相对财产权的发展历程。总体来说,现代财产权理念具有两方面的基本特征。第一,其沿袭了近代以来将财产权作为公民基本权利加以保护的思想内核。第二,其强化了财产权的公共属性和内在界限,否定了财产的绝对不受侵犯性。可以说,财产权本身内含权利的限制,随着政治与经济的发展和对自由主义认识的不断深化,财产自由与国家干预之间呈现一种此消彼长的状态。

第二节　刑事诉讼与案外人财产权干预

财产权的宪法保护并非绝对,公权力可以基于国家和社会秩序的需要对公民财产权进行合理制约。尽管在刑事司法活动中,公权力的矛头主要指向刑事被追诉人,但由于现代社会法律关系日趋复杂,刑事诉讼与案外人财产权往往也会产生重大交集。

一、刑事诉讼中国家权力与案外人财产权的冲突

国家强制力运用的普遍性和深刻性在刑事诉讼中体现得极为明显。可以说,公权力的行使和运作贯穿了刑事诉讼活动的始终。在刑事诉讼中,国家权力的行使具有保障和干预的双重属性。一方面,国家权力的行使是为了尽快查明事实真相,确保无辜的人不受惩罚,并及时弥补犯罪行为造成的损失。另一方面,为了使国家有能力对抗刑事犯罪行为,控制自由和权力的滥用,国家同样需要运用强制力对公民基本权利进行必要的限制甚至

剥夺。从本质上来说，财产权是一种消极的防御性权利，而刑事诉讼中公权力对财产权的干预则主要体现为主动性和强制性，两者之间势必会存在一定的冲突。具体到案外人财产权层面，刑事诉讼中，国家强制力的行使可能对案外人的财产权造成两方面的影响。

第一，国家强制力的行使对案外人的财产权具有限制功能。国家为了实现惩罚犯罪的使命，就必须查明案件事实，查控相关涉案财物。为达此目的，公权力的行使有时必须指向案外人的财产，通过搜查、扣押、查封、冻结等程序性措施，保全证据和需要没收的财产。这些强制措施均以限制案外人财产权的形式进行。合法财产权作为公民的基本权利，是不可剥夺的，但并非完全不可限制。公民基本权利的保护需要与其他法益的保护进行平衡。“若任凭人民无限制的行使基本权利，是会影响社会其他的法益，故须予适当的限制……”[①]当公民基本权利的行使可能侵犯公共利益时，国家可以出于保护公共利益的需要，对公民的基本权利进行必要限制。这种基本权利干预与保护之间所形成的隐蔽的张力贯穿于近现代公法理论发展的始终。在刑事诉讼中，国家基于实现刑事诉讼的目的的需要，对案外人的财产进行搜查、扣押等强制处分，并不违背公法的基本原理。但是，国家对案外人财产权的限制应当被限定在合理的必要限度之内。权力的不当扩张可能构成对案外人财产权的侵害。

第二，国家强制力的行使对案外人的财产权具有剥夺功能。刑事诉讼以实现国家刑罚权为基本目的。案外人并非国家行使刑罚权的对象，也并非刑事追诉的对象，其财产权本身不应在刑

---

① 陈新民：《德国公法学基础理论》（下册），山东人民出版社2001年版，第349页。

事诉讼程序中受到剥夺。但基于“任何人不得通过犯罪获利”的基本原则，防止犯罪行为人通过将违法所得转移给案外人的方式规避追缴和没收，允许国家权力机关在一定条件范围内对案外人的财产进行剥夺，已经成为世界范围内的普遍共识。例如，德国《刑法典》第73条和第74(a)条一般性地承认狭义没收和利得没收的效力在一定条件下可以扩张至案外人。美国仅允许符合无辜所有者抗辩条件的案外人免受没收令的影响。我国2014年最高人民法院《关于刑事裁判涉财产部分执行的若干规定》第11条也对案外人通过恶意方式取得涉案财物的情况作出了追缴的规定。①

二、刑事诉讼干预案外人财产权的依据

一般认为，案外人财产权之所以可以在刑事诉讼中受到限制甚至剥夺，主要基于两点原因：第一，案外人享有财产权的财物与犯罪行为存在关联；第二，刑事诉讼顺利进行的需要。对于案外人财产权的限制，不同的理论以各自的角度对其正当性予以解析，比较有代表性的有警察权力(治安权)理论、社会义务理论、不当得利理论、“污点”理论、公共风险理论、过失理论。这些理论共同证明了案外人财产权应当受到限制，在解释何种财产应受到限制、财产应受到何种程度的限制方面各具说明力。

(一)警察权力理论与社会义务理论

警察权力理论是美国宪法实务和学界在解释说明美国《宪

① 最高人民法院《关于刑事裁判涉财产部分执行的若干规定》第11条第1款规定，被执行人将刑事裁判认定为赃款赃物的涉案财物用于清偿债务、转让或者设置其他权利负担，具有下列情形之一的，人民法院应予追缴：(1)第三人明知是涉案财物而接受的；(2)第三人无偿或者以明显低于市场的价格取得涉案财物的；(3)第三人通过非法债务清偿或者违法犯罪活动取得涉案财物的；(4)第三人通过其他恶意方式取得涉案财物的。

法第五修正案》和《宪法第十四修正案》的基础上产生的。[①] 警察权力理论认为：出于维护社会治安，保护人民生命、财产等公共利益的需要，联邦和州可以在正当程序的制约下，通过警察权力对人民的基本权利进行限制甚至剥夺。[②] 警察权力理论是美国宪法学理论中的概念，是支持联邦和州限制性立法的理论依据。联邦最高法院在 *Pennsylvania Coal Co. v. Mahon* 案的审判中，以大法官 Holmes 为首的判决意见认为："每个人的基本权利，都有一个'内在限制'，就是必须屈服于'警察权力'之下，但是这个限制，必须有其限度，否则，'契约'及'正当法律手续原则'两个制度都会丧失。"[③]与警察权力理论相对，德国的社会义务理论则成为大陆法系国家财产权限制的代表性理论。德国《基本法》第 14 条第 2 款规定："财产应负义务。财产的使用也应为社会福利服务。"财产所负的社会义务，即财产具有一定的社会属性，宪法允许国家以公共利益的需要为依据而对公民的个人财产施加合理限度内的义务，且不予补偿。但如果这种限制超越了以平等原则和比例原则框定的合理限度范围，使公民难以容忍、预测，则构成"特别牺牲"。为防止行为违宪，此时国家应对公民的损失进行补偿。[④] 虽然警察权力理论与社会义务理论在产生背景、内容表述等方面存在一定差异，但两种理论的本质却并无二致。两者均承认财产权本身存在一定的约束，均认为国家可以基于一定的公

---

① 美国《宪法第五修正案》规定，任何人不得"未经正当法律程序，而被剥夺其生命、自由及财产权；私人财产亦不得在未以公正补偿后，予以公用征收"。《宪法第十四修正案》规定，"任何州政府，非经正当程序，不得剥夺任何人民之生命、自由及财产权"。

② 参见汪进元、高新平：《财产权的构成、限制及其合宪性》，载《上海财经大学学报》2011 年第 5 期。

③ 陈新民：《法治国公法学原理与实践》，中国政法大学出版社 2007 年版，第 313 页。

④ 参见翁岳生：《行政法》（下册），中国法制出版社 2009 年版，第 1808 ~ 1809 页。

共福利目的而对公民财产权进行限制。这两种理论同时为刑事诉讼中国家权力机关对公民合法财产权的干预提供了一般性的理论基础。

(二)不当得利理论

不当得利,是指“无法律上的原因而受利益,致他人受损的,应返还其利益”[①]。不当得利是债发生的事由之一。从不当得利的法律效果来看,在欠缺法律上原因的不当财产变动发生后,相关利益的所有人享有向不当得利受领人请求返还的权利,受领人负有返还的义务。不当得利本是民法上的概念,主要应用于私法领域。但有一些学者将这一概念引入刑事诉讼领域,以解释刑事诉讼程序对案外人财产进行限制和剥夺的正当性。[②] 该理论认为,犯罪基本的特征,是对刑法所保护的社会关系造成或可能造成某种损害。基于此,造成社会关系损害的犯罪行为本身,不可成为获利的合法原因。国家有权基于不当得利要求其返还此项利益。为追讨违法所得的刑事没收机制,其本质即为“不当得利之衡平措施”。“不当得利应受追讨的对象是受领人,并不以造成无法律上原因给付之行为人为限。”[③]当犯罪嫌疑人或被告人将违法所得转移至案外人时,除案外人具有法律上规定的可对抗不当得利返还请求权的理由外,其理论上也应当成为违法所得没

---

① 林钰雄:《不法原因给付与犯罪所得没收——初探刑法上之准不当得利》,载《政大法学评论》第152期(2018年)。

② 具体参见林钰雄:《第三人利得没收》,载《月旦法学教室》第199期(2019年);林钰雄:《不法原因给付与犯罪所得没收——初探刑法上之准不当得利》,载《政大法学评论》第152期(2018年);陈重言:《第三人利得没收之立法必要及其基础轮廓——源自德国法规范与实务之启发》,载《月旦法学杂志》第3期(2015年)。

③ 陈重言:《第三人利得没收之立法必要及其基础轮廓——源自德国法规范与实务之启发》,载《月旦法学杂志》第3期(2015年)。

收的对象。国家权力机关自然可以在刑事诉讼及相关程序中对其财产进行干预处分。

(三)“污点”理论

“污点”理论是美国司法实务和学界在解释民事没收程序正当性时产生的,此后逐步扩展应用于刑事没收领域。“污点”理论是支持政府对案外人财物进行限制和没收的主要理论依据。该理论主张,与犯罪相关的财物因受到犯罪行为的污染而具有可没收性。该理论与源于英国普通法上“赎罪奉献物”(Deodand)制度的“财产有罪”理论假设紧密相关。“传统上,没收机制是根据无生命的物体本身可能犯下不法行为的理论假设进行的。简单地说,在理论上,如果对象物是‘有罪’的,那么它就应该被没收。”[①]根据这一观点,如果有关财物被用于实施犯罪或源于犯罪,则无论所有者是否有罪,该物均可成为没收的对象。易言之,财物因受犯罪行为污染而存在可责性的“污点”(taint)。依据“回溯原则”(relation-back doctrine),被污染财产的所有权自犯罪行为发生之时起即转移给政府。[②] 政府可以在导致没收的犯罪行为发生之时即获得财产以及该财产所产生的收益,并排除犯罪行为发生后其他人对该财物产生的权益。除非财物所有者或相关权利人可以证明其具有法定的合理事由以消除“污点”,否则政府将通过没收程序获得对物的完整权利(perfect title)。“污点”理论将物的可没收性和人的刑事责任认定适当分离,使没收的范围可以延展至未参与犯罪的第三人。基于这一理论,无论对

---

① *U. S. v. U. S. Coin and Currency*,401 US 715 (1971).

② See Piety, Tamara R., *Scorched Earth: How the Expansion of Civil Forfeiture Doctrine Has Laid Waste to Due Process*, University of Miami Law Review, Vol. 45, p. 917 (1991).

物享有财产权的人是否参与犯罪行为,政府均可对其财物进行限制和干预。"污点"理论的适用范围显然较不当得利理论更为宽泛,其不仅包括违法所得物,还包括其他所有因犯罪行为可被没收的财物。

(四)公共风险理论

根据公共风险理论,当存在可能对公众构成风险的物品时,政府以其主权身份(sovereign capacity),有正当权力扣押这些物品并防止其流通。[①] 该理论主要是针对违禁物(contraband per se)的扣押与没收。依据《布莱克法律词典》的解释,违禁物是指被认为对社会具有危险,且因其非法性质而对其持有不具有合法性的财产。[②] 对公众来说,违禁物可能具有一定的社会危险性,可能造成公众身体的伤害或生活秩序的混乱。基于违禁品的社会危险性,没收是唯一适当的补救办法。[③] 公共风险理论认为,无论违禁物的所有人是否参与或实施了犯罪行为,其本身对所扣押的财产均没有受保护的权利。对于这类不存在产权问题的财产,政府有权进行没收和销毁,并将此作为一种监管措施。将违禁物归还其所有人本身是违反公共政策的,甚至是非法的。[④] 公共风险理论已为各国刑事司法学界所认可,并体现在相关的法律规定之中。

---

① See Hewitt, Dennis R., *Civil Forfeiture and Innocent Third Parties*, Northern Illinois University Law Review, Vol. 3, p. 336 (1983).

② See Bryan A. Garner, *Black's Law Dictionary*, 9th ed., St. Paul, Minnesota: West, 2009, p. 365.

③ See Piety, Tamara R., *Scorched Earth: How the Expansion of Civil Forfeiture Doctrine Has Laid Waste to Due Process*, University of Miami Law Review, Vol. 45, p. 948 (1991).

④ See Hewitt, Dennis R., *Civil Forfeiture and Innocent Third Parties*, Northern Illinois University Law Review, Vol. 3, p. 336 (1983).

（五）过失理论

过失理论常被用来解释对犯罪行为发生前案外人即合法所有的财产进行限制或剥夺的正当性。该理论认为，财物所有人对其财物负有适当照顾（due care）的责任。如果所有人没有尽到适当照顾责任，而使其财物被非法使用，那么，他应当受到财物被没收的惩罚。过失理论源于18世纪的英国，并最早由威廉·布莱克斯通（William Blackstone）提出。他将过失作为没收财物的正当依据之一，指出财物被应用于犯罪在一定程度上是由财物所有人的过失造成的，因此以没收的形式对其进行惩罚将促使所有者更好地照顾他们的财产。① 1974年，美国联邦最高法院在 *Calero - Toledo v. Pearson Yacht Leasing Co.* 案中援引了这一理论。在该案中，办案人员以非法持有大麻为由逮捕了一名游艇承租人，并没收了包括游艇在内的涉案财产。游艇出租人皮尔森以相关没收规定违反宪法正当程序原则为由提起诉讼。美国联邦最高法院认为，以"财物有罪"的理论假设为基础而形成的没收制度，其没收对象的范围是较为广泛的，且财物所有人是否存在过错并不是没收需要考虑的因素之一。这种宽泛的没收制度确实存在违宪的严重隐患。基于此，没收应当被限制于有利于实现阻遏犯罪的目的范围内。从这一角度出发，法院进一步提出无辜所有者可以提出权利主张的两种情况：第一，犯罪行为人未经财物所有人同意而获得财产；第二，所有人不仅可以证明他不知道犯罪行为，而且可以证明他已经作了可以预期的一切努力，以防止其财产被非法使用。结合本案事实，法院认为，皮尔森自愿委托承租人拥有游艇，但未能证明他为避免非法使用游艇所做的一切合理的努

---

① See Barnet Todd., *Legal Fiction and Forfeiture: An Historical Analysis of the Civil Asset Forfeiture Reform Act*, Duquesne Law Review, Vol. 40, p. 89 (2001 - 2002).

力,所以皮尔森对游艇被用于犯罪存在过失,其主张不能成立。[①]过失理论的基点在于财产所有人对于其财产被用于犯罪具有可责性的事由。尽管一些学者对该理论提出怀疑,认为"过失"的标准在实践中难以界定,且让作为借贷方的财产所有人保证其财物会被合法使用,可能会导致实践中有犯罪记录的人遭到歧视,进而变相加重其惩罚,使其难以重新融入社会。[②] 但实践中,该理论已为法院广泛适用,且在有关民事没收和刑事没收的法律规定中均得以体现。

除美国外,过失理论也在一定程度上为其他国家和地区的法律及理论学说所承认。例如,我国有学者认为在特定人由于轻率或贪图不法利益而使其所有物成为犯罪工具,或不当获取涉案财物的情况下,该特定人属于"近似具有罪责行为"的第三人。刑法对该特定第三人的财产应规定相应的没收措施。[③] 德国《刑法典》第74(a)条也规定了财产所有权人或支配权人因重大过失而导致财物被用于实行或准备犯罪时对财产予以没收的情形。

第三节　刑事诉讼与案外人财产权保护:以刑事司法"扩张性正义"为视角

财产权从本质上来说是一种"消极的防御性权利",而刑事诉讼中国家权力对财产权的干预最大的特征是强制性,二者之间

---

① *Calero-Toledo v. Pearson Yacht Leasing Co.*, 416 US 663 (1974).

② See Fried, *Rationalizing Criminal Forfeiture*, Journal of Criminal Law and Criminology, Vol. 79, p. 426 – 427 (1988).

③ 参见许福生:《刑事政策学》,中国民主法制出版社2006年版,第243页。

必然存在冲突。一方面,公权力本身具有扩张性,公权力的滥用可能对公民的财产权造成侵害,使本不应当受到干预的公民财产受到强制处分。另一方面,即使国家专门机关对应受到干预的财产采取强制措施,也可能因为缺少程序上的要件,而使干预缺乏程序上的正当性。在刑事诉讼的"手臂"已不可避免地触及案外人财产权的情况下,对案外人财产权保护进行理论架构则成为不可回避的问题。

一、"扩张性正义"理论的现实基础

司法,通常来讲是指与立法和行政相对的,法院或者法庭将法律规则适用于具体案件或争议的活动。[①] 刑事司法是司法活动的重要组成部分,其包括法院或法庭依照法定职权和程序处理刑事案件的专门活动,以及以此为中心而形成的侦查、起诉等辅助性活动。在传统"以被告人为中心"的刑事司法场域中,构成客观关系的主体主要包括犯罪嫌疑人、被告人、被害人、辩护人、代理人、侦查人员、检察人员、法官、陪审员,以及包括证人、鉴定人在内的其他诉讼参与人员。[②] 这些主体依据其各自的职能、法律地位、权利义务,搭建起传统刑事司法场域的关系网络。但实践中,随着社会经济关系的日益复杂,刑事司法活动波及的主体范围和涉及的法律关系也逐渐呈现宽泛化和复杂化的趋势。传统刑事司法场域范围被不断突破。公平正义一直是刑事司法追求的价值目标,如何在刑事司法场域不断扩张的大背景下,贯彻

---

① 参见[英]戴维·米勒、韦农·波格丹诺编,邓正来主编:《布莱克维尔政治学百科全书》,中国政法大学出版社 1992 年版,第 6 页。

② 参见宋志军:《论刑事证据场域及其构造》,载《太原师范学院学报(社会科学版)》2010 年第 3 期。

公平正义的刑事司法理念,是人们不得不面对的重要问题。基于这一现实的反思,笔者在此尝试提出一种“扩张性正义”的司法理论,并以此为基础,探寻刑事司法活动中案外人财产权保障的基本理论和出路。

作为一种指导司法活动的认识论和方法论,刑事司法领域内“扩张性正义”理论的提出立基于下列三个支点。

(一)刑事审判权的扩张

出于司法专业化的考量,现代社会通常依据案件性质的不同而对法院审判权进行划分。刑事审判庭、民事审判庭、行政审判庭分别在各自的权限范围内,对刑事案件、民事案件和行政案件独立行使审判权。理想状态下,各审判庭的权限行使不应超过其“专业范围”,即刑事审判庭对所管辖案件中的民事、行政法律问题不能作出认定和裁判。同样,民事审判庭和行政审判庭也不得对其管辖案件中涉及的刑事争议问题作出法律评价。然而,在司法实践中,各审判庭的权限却并未如此“泾渭分明”。其中尤以刑事审判权向民事审判权扩张表现得最为明显。在刑事诉讼中涉及民事争议问题的情况下,为确保审判权的顺利行使,刑事审判庭往往会对该民事问题作出事实上或法律上的认定。有学者将这一现象归纳为刑事审判权的广泛性或超越性。[①] 例如,在涉财类犯罪案件(如盗窃、诈骗、侵占等)审理的过程中,刑事审判庭首先需要对财产归属进行认定。只有在涉案财产确非被告人所有的情况下,被告人才有可能构成相应犯罪。又如,在涉案财物处置过程中,刑事审判庭可能就财物的转让是否成立、有效的问题作出认定,并以此决定案外人的财产是否应予追缴和没

---

① 参见张卫平:《民刑交叉诉讼关系处理的规则与法理》,载《法学研究》2018 年第 3 期。

收。无论是对财产归属的认定,还是对财产转让是否成立的法律评价,其本质上都涉及了民事法律的问题。在这种情况下,刑事审判庭对相关问题的处理,实际上已经突破了理论上的权限范围。

刑事审判权的扩张在一定程度上带来了判决效力的扩张。在司法实践中,民事法律关系主体[①]范围与刑事法律关系主体[②]范围存在较大差异。例如,在一起挪用资金案中,被告人A代表其单位为另一公司向银行借款的合同提供担保。后因该公司未能清偿借款本息而由A所在的单位承担连带清偿责任,A同意用其单位的某一财产来清偿。此后,A因挪用资金罪而受到刑事追诉,银行因A同意而获得的A所在单位承担担保责任的财产便被作为赃款被侦查机关冻结。[③] 在就A所涉的挪用资金罪进行审判的过程中,为确定是否对银行所获清偿的财产进行没收,法院不仅需要对A行为的性质进行认定,还需要对财产的具体权属、A与银行所签署的借款合同的合法性,以及清偿行为的合法性进行认定。在该案中,刑事法律关系的主体仅包括实施犯罪行为的行为人A和行使刑罚权的国家。而受到该刑事审判权影响的民事法律关系主体包括A、A所在的单位以及银行。刑事审

① 民事法律关系是民事主体之间就一定的物或其他对象(客体)而发生的由国家强制力保证其实现的民事权利义务关系。民事法律关系主体是指参与民事法律关系、享受民事权利和负担民事义务的人,包括自然人、法人、其他组织和国家。

② 刑事法律关系亦称刑法关系,是由刑法规范所调整的,因以犯罪为核心的法定事实为依据而产生、变更、消灭的,国家与犯罪人之间受制约的刑罚权与有限度的刑事责任的关系。作为刑事法律关系的一方应该而且必须是国家,另一方是实施犯罪行为的特定个人。参见张小虎:《刑事法律关系的构造与价值》,中国方正出版社1999年版,第29页。

③ 参见乔宇:《执行中利害关系人对刑事涉案财物主张权利的处理》,载《人民司法(案例)》2017年第20期。

判权的扩张可能导致刑事法律关系和受到影响的民事法律关系在同一审判程序中出现耦合,从而在一定程度上使刑事判决的效力扩张至尚未参与犯罪活动,但与犯罪行为人存在民事法律关系的民事主体。

(二)刑事没收范围的扩张

刑事没收制度在英美法系早已有之,但随着20世纪中后期经济社会的快速发展,特别是贩毒、洗钱、走私、恐怖活动等犯罪的出现,刑事没收在预防、应对犯罪中的作用日益凸显,刑事没收制度也经历了从传统到现代的转型。没收对象的广泛性、适用条件的宽泛性,以及没收程序的独立性都较之前发生了深刻的改变。各个国家和地区的刑事没收制度都经历了前所未有的改革。总体来说,刑事没收范围的扩张主要体现在以下几个方面。

第一,未定罪没收程序的广泛适用。在美国,未定罪没收程序主要体现为民事没收程序。虽然美国早有民事没收制度,但直到20世纪中叶,民事没收才开始在实践中大规模适用。20世纪七八十年代,美国先后颁布了《1970年反勒索及受贿组织法》(RICO)、《1970年犯罪企业法》、《1982年综合没收法》和《1984年犯罪综合控制法》,民事没收开始被广泛地使用。到20世纪90年代,民事没收的权力已延伸到大多数联邦严重犯罪。在德国,刑事没收程序分为主观的诉讼程序和客观的诉讼程序。其中,客观的诉讼程序规定于《刑事诉讼法》第440、441条,即法院可以作出独立没收之裁判。[①] 为有效应对有组织犯罪,欧盟《2014年关于冻结和没收犯罪工具和犯罪所得的指令》增加了扩

① 参见德国《刑事诉讼法》第440、441条。

张没收(extended confiscation)的规定。依据这一规定,在刑事定罪之后,法院不仅可以裁定没收与某一特定罪行有关的财产,还可以裁定没收可能构成其他犯罪收益的财产。扩张没收制度的适用,进一步切断了刑事定罪与刑事没收之间的必然关系。我国《刑事诉讼法》2012 年修正时,也在“特别程序”一编创建了相对独立的刑事没收程序。

第二,刑事没收可以对案外人进行。在美国,基于回溯原则,除非存在无辜所有者抗辩情形,没收可对案外人进行。日本《1941 年刑法典》在《1907 年刑法典》第 19 条规定的基础上,增加了对犯人之外第三人之物的没收规定。根据该规定,即使属于犯人以外第三人之物,于该他人在犯罪后知情取得作为没收标的之物时,仍得就该物进行没收。在我国台湾地区,为彻底查清犯罪不法所得之流向并予以追讨,以彻底实现犯罪防治目的,2016 年台湾地区相关规定对没收体制进行改革,增订了“第三人利得没收制度”。[①] 在欧盟地区,早前欧盟的立法框架不包含关于没收转让给第三方财产的具有约束力的规则。欧盟《2014 年关于冻结和没收犯罪工具和犯罪所得的指令》强化了对第三人财产进行没收的规定。该指令第 6 条规定,成员方应采取必要措施,至少在根据具体的事实和情况,第三人知道或应当知道财产的转让或取得是为了避免被没收的情况下,能够对犯罪嫌疑人或被告人直接或间接转让,或第三人从犯罪嫌疑人或被告人处取得的财产,或价值相对应的其他财产进行没收。

第三,刑事没收对象范围的扩张。在美国,没收的对象最初仅限于犯罪工具。1978 年,美国国会通过修改毒品犯罪的没收

① 参见林钰雄主编:《没收新制(一):经济刑法的新纪元》,台北,元照出版有限公司 2016 年版,第 1 页。

规定,首次将没收对象的范围扩张至犯罪所得、源于犯罪所得的财产,以及便利犯罪实施的财产。现阶段,美国政府对相关财产进行没收的权力已经覆盖犯罪收益以及帮助犯罪的任何财产和财产性利益。[①] 日本《1907 年刑法典》第 19 条仅规定可以对构成犯罪行为之物、供犯罪行为之用或欲供犯罪行为之用之物,以及因犯罪行为所生或因犯罪行为所得之物进行没收。在此后的立法发展中,日本先后于 1991 年和 1999 年颁布了《麻醉药品和精神药物管制法》和《有组织犯罪及犯罪收益规范法》,将没收对象扩大到无形经济利益、派生财产、转换财产、混合财产、金钱债权。[②] 刑事没收对象的扩张已经在一些国际条约中得到认可。例如,2000 年联合国《打击跨国有组织犯罪公约》第 12 条对没收的对象作出了极为广义的解读,明确将直接受益、转化物、混同物、替代物等纳入没收的范围。[③]

可以说,在新的没收形式下,刑事没收对财产与犯罪行为和刑事定罪之间的关系要求更为宽松,没收采取的形式更为灵活,刑事没收辐射的财产范围与权利主体范围也愈加广泛。以往的刑事司法活动主要是以被告人的定罪量刑为中心。刑事没收适用范围的扩张在一定程度上对一元化的刑事司法结构产生冲击,使其逐渐向以犯罪追究和刑事涉案财物处置并存的二元化结构

---

① 参见王君祥:《违法所得没收特别程序问题研究》,法律出版社 2015 年版,第 26 页。

② 参见林宗志:《论犯罪资产之没收与保全——以第三人正当权利保障为中心》,载《辅仁法学》第 48 期(2014 年)。

③ 《打击跨国有组织犯罪公约》第 12 条规定,公约没收与扣押的对象不仅包括犯罪的直接收益或价值与其相当的财产,还包括上述财产部分或全部转化后的其他财产、犯罪收益与合法财产混同后的相关价值,以及来自上述财产所产生的收入和其他利益。

转变。

(三)强制措施干预对象范围的扩张

犯罪发生后,为了厘清真相、追诉犯罪、查获涉案财物,国家专门机关可以启动相应的强制措施,以保证刑事司法活动的顺利进行。在刑事司法活动中,国家专门机关权力的行使主要以犯罪嫌疑人、被告人为"着力点",但也可能会波及被追诉人以外的第三人。强制措施波及范围的扩大虽然在一定程度上有利于追诉目的的实现,但其对公民合法权利的侵害程度也会随之提升。根据关联方式的不同,可以将强制措施波及案外人的情况分为两类:第一,直接关联,即国家专门机关直接针对案外人的人身或财产采取强制措施,如对案外人的人身、住所进行搜查,或者对案外人所有的财物进行扣押。第二,间接关联,即国家专门机关虽然并没有对案外人的人身或财产直接采取强制措施,但其对被追诉人采取的相关措施可能会对案外人产生不利后果。例如,在被扣押财产上存在案外人的担保物权的情况下,国家专门机关采取的强制措施可能对案外人的担保物权产生影响。又如,国家专门机关对犯罪嫌疑人、被告人采取的查封、扣押、冻结措施,可能对其债务的履行能力产生影响,进而干预案外人享有的合法债权。

二、"扩张性正义"的理论基点

在刑事司法场域扩张的现实基础上提出"扩张性正义"的理念,主要以以下理论为基点。

(一)基本权利的平等保障

依据《布莱克维尔政治学百科全书》的解释,基本权利是指"个人拥有的较为重要的权利;人们认为,这些权利应当受到保护,不容侵犯或剥夺”[①]。基本权利是对人权的法律上的严肃的承认,“是要求人权在法律上不仅以施恩的、随时都可以取消的宽容形式而存在”[②],而且是必须通过法律的形式明确予以确认的,那些在任何情况下均应予以无条件维护的公民所享有的最根本、最重要的权利。从国际社会的通行标准来看,基本权利主要分为六类:生命权,自由权,财产权,关于国民个人地位的各项权利,涉及政府行为的权利,社会、经济和文化权利。[③] 基本权利是人所固有的,是人作为构成社会整体的个人,为确保其作为社会主体所享有的基本的尊严、满足其自身生存与发展的需要,而随着人类意识形态发展和社会形态更迭逐渐形成并完善的权利。基本权利的固有性决定了基本权利的普遍性。基本权利是人之所以为人所享有的神圣而不可侵犯的权利。基本权利的有无以及受到保护的程度,不应因个人的职业、性别、社会地位等方面的不同而有所区分。换言之,国家对于基本权利的保障应当是平等的。

国家与公民之间的权益冲突在刑事司法活动中表现得极为明显。如何在二者之间寻求恰当的平衡是任何国家的刑事法律均需要面对的重要问题。“刑事诉讼程序之进展及其目的的达成,不可能不以干预基本权利为手段。”[④]实践中,受到刑事司法活动干预的基本权利主体不仅包括被追诉人,甚至包括未参与犯罪活动的案外人。例如,公权力机关可能对被追诉人之外的案外

---

① [英]戴维·米勒、韦农·波格丹诺编,邓正来主编:《布莱克维尔政治学百科全书》,中国政法大学出版社 1992 年版,第 283 页。

② [德]奥特弗利德·赫费:《政治的正义性》,庞学铨、李张林译,上海译文出版社 1998 年版,第 401 页。

③ 参见张文显:《二十世纪西方法哲学思潮研究》,法律出版社 1996 年版,第 511 页。

④ 林钰雄:《刑事诉讼法》(上册),台北,元照出版有限公司 2004 年版,第 20 页。

人进行身体检查,可能为收集犯罪证据,对案外人的住所进行搜查。刑事裁判可能对案外人所有的财物作出处理。“每个人都具有一种建立在正义基础上的不可侵犯性,这种不可侵犯性甚至是整个社会的福利都不能凌驾其上的。因此,正义否认某个人失去自由会由于别人享有更大的利益而变得理所当然起来。”[①]基于基本权利的普适性和保障的平等性,可能受到影响的所有公民都应受到刑事司法的正义保障。

（二）宪法优位性的必然要求

“宪法,作为规范国家与公民权利义务关系的根本大法,在法律规范体系内具有至上性和优位性,这就是宪法优位原则。”[②]宪法对公民基本权体系的界定,以及对权力运行基本原则的规范,对其他法律的制定和执行具有重要的指导作用。基于宪法优位性之原则,消极方面,任何国家行为(包括立法行为在内)皆不得违反宪法的明文规定,否则无效,尤其是宪法明文保障的基本权,成为评价所有的法律及国家行为的基准;积极方面,宪法价值、原则、理念对其他法律的制定与修改起到了基础性的指导作用,法律的制定和修改需要对抽象的宪法规定进行具象化,在宪法规定的外延边界内,积极充实其具体内涵。[③] 上述原则适用于所有法律领域。总体来说,刑事法律所允许的基本权干预手段是所有法律领域中最为严厉的。实体法层面,刑事实体法规定的刑罚措施可能导致基本权的永久性丧失。程序法层面,刑事程序法

---

① [美]约翰·罗尔斯:《正义论》,谢延光译,上海译文出版社 1991 年版,第 4 页。

② 参见万毅:《财产权与刑事诉讼——以被追诉人的财产权保障为视角》,四川大学 2005 年博士学位论文,第 46 页。

③ 参见林钰雄:《没收之程序问题(上)——德国法之鸟瞰与借镜》,载《月旦法学教室》第 151 期(2015 年)。

规定的逮捕、监听、搜查、扣押等强制处分措施可能在相当长的一段时间内限制公民基本权的行使和实现。基于此，刑事司法活动的基本权干预，是体现宪法优位性的关键领域。在刑事司法活动中，国家专门机关对公民受宪法保障的基本权无论是暂时性的限制，还是永久性的剥夺，都应当在实体和程序上遵守法律保留原则、比例原则、正当程序原则等合宪性正当化事由，并赋予相对人相应的请求法院救济的权利，否则即属违法、违宪的基本权干预。对这一原则的贯彻并不因相对人是犯罪行为人还是犯罪行为人以外的人而有所差别。

三、"扩张性正义"理论的双重面向

在依据"扩张性正义"理论对案外人财产权保护进行分析之前，有必要在总体上对"扩张性正义"理论进行归纳。"正义是社会体制的第一美德，就像真实是思想体系的第一美德一样。一种理论如果是不真实的，那么无论它多么高雅，多么简单扼要，也必然会遭到人们的拒绝或修正；同样，法律和体制如果是不正义的，那么无论它们多么有效，多么有条不紊，也必然会为人们所改革或废除。"[①]所谓"扩张性正义"，指的是在传统司法场域突破的情况下，需要坚持的最低限度的正义要求。司法活动要实现正义需要实体法和程序法双重面向的正当性。对"扩张性正义"理论进行描述也将主要围绕实体正义和程序正义两个问题展开。

（一）实体正义的扩张

法学家对法律实体正义的解释众说纷纭。西塞罗从主观层面，将正义解释为人类对于公平的一种精神态度；亚里士多德将

---

① ［美］约翰·罗尔斯：《正义论》，谢延光译，上海译文出版社1991年版，第3～4页。

平等视为正义的土壤;赫伯特·斯宾塞将自由视为正义的最高价值;而博登海默则认为无论正义的内涵如何变换,在个人权利和社会福利之间创设适当的平衡永远是人们在探讨正义时要考虑的主要问题。[①] 尽管对实体正义内涵的解读不一而足,但究其根本,实体正义主要关注社会实体性价值(如财富、权利、自由等)的分配和保护问题。在传统的刑事司法场域中,实体正义主要包括实施犯罪行为的人被判决有罪、无辜的人不被定罪、有罪的人得到与其罪相当的惩罚。[②] 但实践中,随着刑事司法场域范围的扩张,传统的实体正义理念显然无法满足相关权利主体的利益需求。例如,对于涉案财物的相关权利人来说,其所关注的并非被追诉人是否罚当其罪,而是涉案财物的"归属正义"和"交换正义"。[③] 基于此,保障公民的合法权利(无论是自由权、财产权,还是生命权)不受刑事裁判无故剥夺、利益需求得到刑事裁判的合理满足,也应逐渐成为刑事司法领域实体正义的应然要求。事实上,刑事司法"扩张性正义"理论的要求之一便是承认刑事司法领域实体正义的多元化。

(二)程序正义的扩张

"正义理念根植于对善的生活的期望之中,并在程序形式主义中找到了它最具严格性的理性构造。"[④]人们对程序正义的强调是伴随自然法观念的兴起而产生的。在近代英国,"自然公正"包含了两项最低限度的程序公正标准:一是任何人不能审理

---

① 参见[美]E. 博登海默:《法理学——法律哲学与法律方法》,邓正来译,中国政法大学出版社1999年版,第251~298页。

② 参见宋英辉等:《刑事诉讼原理》(第3版),北京大学出版社2014年版,第10页。

③ 参见吕洪刚:《正义:〈物权法〉的伦理抉择》,载《广东教育学院学报》2009年第2期。

④ [法]保罗·利科:《论公正》,程春明译,法律出版社2007年版,第18页。

自己或与自己有利害关系的案件;二是任何一方的诉词都要被听取。随着时代的发展,程序正义概念在自然公正的基础上,又被赋予了更为丰富的内涵。美国法学家戈尔丁从仲裁程序的角度把程序正义的标准分为三个标题下的九项标准。[①] 我国学者将程序正义分为六大标准,分别是“中立、平等、公开、科学、效率、文明”。[②] 综合各方在程序正义标准上的观点,笔者认为,程序正义主要强调程序应具有三方面的品质:程序公正、程序经济以及程序人道,而这也构成了“扩张性正义”程序正义面向的主要要求。

第一,程序公正。程序公正是程序正义的基本要求,其主要指处理纷争应当遵循的最低限度的公平标准。程序公正强调程序的公开性和参与性,即应赋予与程序结果存在利害关系的人参与程序、主张权利的机会。在传统的刑事司法场域中,程序公正主要体现为,刑事诉讼中必须赋予犯罪嫌疑人、被告人获得庭审的机会,保证法官的公正无偏,确保判决理由的公开和明确等。随着传统刑事司法场域的突破,程序公正也应适用于犯罪嫌疑人、被告人以外可能与刑事裁判存在利害关系的人。“任何受判决拘束的人均有权受到充分的程序保障,没有得到充分程序保障的人不受判决的拘束,这是程序保障理论中的一条基本原理。”[③]

第二,程序经济。公正是程序设计基本的价值取向而非唯一

---

① 具体包括:与自身有关的人不应该是法官;结果中不应包含纠纷解决者个人的利益;纠纷解决者不应有支持或反对某一方的偏见;对各方当事人的意见均应给予公平的关注;纠纷解决者应听取双方的论据和证据;纠纷解决者应在一方在场的情况下听取另一方意见;各方当事人都应得到公平的机会来对另一方提出的论据和证据作出反应;解决的诸项条件应以理性推演为依据;推理应论及提出的所有论据和证据。

② 参见孙笑侠:《法的形式正义与实质正义》,载《浙江大学学报(人文社会科学版)》1999 年第 5 期。

③ 胡军辉:《民事既判力扩张问题研究》,湘潭大学 2009 年博士学位论文,第 60 页。

取向。程序经济要求程序成本与纠纷解决的结果之间应当满足一定的比例关系,在尽可能保证公正的情况下提高纠纷解决的效率。例如,应当依据纠纷的复杂程度对程序进行梯度化设计,法律关系相对简单的案件应当通过简单的程序予以解决。刑事司法场域的扩张必然导致法律关系的复杂化和权利主体的多元化。如果在同一诉讼程序中同时解决不同权力(利)主体的诉讼请求,极有可能造成案件规模的过分扩大,从而导致庭审过程虚化或诉讼进行困难。为了保障刑事司法活动的公正和效率,需要对案件的规模进行控制。具体来说,一方面,对于刑事司法活动中牵扯到的不同类型的纠纷可以进行分案审理;另一方面,对于有权参与诉讼的主体范围和争点范围可以进行必要限缩。

第三,程序人道。所谓程序人道,要言之,即在程序中强调以人为本,强调国家权力机关应当善待、关照可能受到刑事司法活动干预的一切人。[①] 一方面,程序人道强调程序的非暴力性,即程序应当"为当事人双方提供不用武力解决争端的方法"[②],且国家专门机关不得以非人的手段,侮辱、虐待参与刑事司法活动的个人。另一方面,程序人道强调国家专门机关权力行使的谦抑性。在刑事司法活动中,国家的强制力应当被限定在最低的限度内,国家专门机关应尽量采取对公民权利损害最小的手段来实现追诉目标。随着刑事司法场域的扩张,程序人道要求国家专门机关在采取诉讼措施的时候,不仅要考虑诉讼措施所直接指向的相对人,还应当考虑该措施可能波及的其他权利人,以避免侵害范围的过分扩大。

---

① 参见周雪祥、肖晋:《刑事程序人道价值初论》,载《政治与法律》2005 年第 5 期。

② 张文显:《当代西方法哲学》,吉林大学出版社 1987 年版,第 206 页。

四、“扩张性正义”视角下案外人财产权保护

“扩张性正义”理论对于案外人财产权保障主要起到两个方面的指引作用：一是机制评价。“扩张性正义”是一种具有基础性和逻辑优先性的制度正义要求，我们可以将其作为评估我国现行刑事司法机制的参照系，并以此为基础对现行刑事司法机制的结构和功能进行科学分析和评判。二是改革建构。作为一种最低限度的正义要求，“扩张性正义”为我国刑事司法的规范化改革提供了前进的方向，其在我国刑事司法制度建构中起到了重要的指导作用。

刑事诉讼案外人财产权保护本就是刑事司法“扩张性正义”理念贯彻的一环，因此，虽然其具体制度设计颇为复杂，但基本指导原则却相当明确。笔者认为，刑事诉讼案外人财产权保护应当在结合“扩张性正义”基本理念的前提下，结合财产权保护本身的复杂性特征，以司法实践经验为基础，进行具体的制度构建。

(一)明确案外人财产权干预范围

国家专门机关对案外人财产权的干预和剥夺必须有一定的合理根据和权力行使边界。对案外人采取的无论是暂时性的财产扣押等保全措施，还是终局剥夺财产权利的没收宣告，都是国家限制或剥夺人民受宪法保障之财产权的干预处分。据此，实体法上必须遵守法律保留原则及比例原则等合宪性正当化事由，明确可以剥夺和干预的财产权范围。国家专门机关必须在现有法律授权依据的情况下，依授权程序对案外人采取干预财产的处分措施。此外，在司法实践中，涉案财物的权属关系极为复杂，需要追缴或没收的财产，往往与案外人的合法财产混同、合并。在这种情况下，通过法律规范明确财产“责任分割”的方式和标准是

十分必要的。实体法有关案外人财产权干预范围的规定，应当满足两个方面的要求：第一，合理性。虽然出于有效对抗犯罪、保障社会公共利益的考量，对案外人财产权进行干预和剥夺具有一定的必要性，但对抗犯罪、追讨刑事不法所得并非社会与整体法规范之唯一或最高价值。对案外人财产权的干预仍应与诸如交易安全保障、信赖利益保障等相互冲突的价值进行权衡。因此，对于案外人财产权干预范围的划定，应当依据利益衡量原则，在冲突的价值之间作出妥适权衡。第二，明确性。法律的明确性肩负着规则预告这一重要功能并与公民的权利保障有直接关联。国家公权力具有扩张性的本质，为防止权力滥用进而侵害案外人的合法权益，相关法律对案外人财产权干预范围的划定必须具有一定的明确性。域外许多国家和地区，均已通过制定法和判例法对案外人财产权的干预范围作出明确界定，以确保案外人财产权不受国家专门机关的非法干预和剥夺。

（二）案外人财产权救济的平等保障

权利与救济如影随形，缺一不可。《牛津法律大辞典》谓“救济”时云：“纠正、矫正或改正正在发生或业已造成伤害、危害、损失或损害的不当行为……更准确的分析可以这样来表述：法律制度赋予特定关系中的当事人以两种权利和义务：第一和第二权利和义务……虽然只有在第一权利未被自愿或未令人满意地满足的情况下，第二权利或救济权利才能发生作用，但要求对方履行义务的权利，或要求对方就未履行义务或不适当履行义务给予救济的权利，却都是真正的法定权利。”[①]也就是说，救济是当事人在其主权利受到侵害时寻求矫正的权利，它以主权利的存在为基

① ［英］戴维·M.沃克：《牛津法律大辞典》，北京社会与科技发展研究所组织翻译，光明日报出版社1988年版，第764页。

础,也是主权利正常行使必不可少的保障。一般来说,权利的救济方法主要有三种:私力救济、公助救济[①]和公力救济。刑事司法活动中对案外人财产权的救济应当考虑如下两方面问题。

一方面,案外人诉权的赋予与保障。诉权是"当事人基于纠纷发生的事实向法院请求公正裁判的权利,同时也是宪法规定的接近裁判的权利"[②]。诉权在本质上是一种"法律保护请求权"。[③]诉讼是最主要的公力救济方式,而诉权的赋予与保障,是公民能够请求国家对自己的合法权利予以确认,对侵害自己权利的行为予以认定和追究的前提和基础。"要使生命、自由、财产等宪法权利不仅仅只是纸面上的'规范权利',而是在受到侵犯后可以诉诸司法救济的'现实权利',就应当将诉权置于与生命权、自由权、财产权同等的法律效力层次。"[④]基于此,为确保案外人财产权在受到干预或可能受到干预的情况下,能够通过正当的途径获得公正的裁决,必须赋予案外人受宪法保障的程序权利,尤其是参与庭审权及请求法院救济权。

另一方面,效率的考量与救济机制的合理设置。基于资源的有限性,人类行为不可能摆脱资源投入与产出关系的制约,效率亦成为人类社会最重要的美德之一。[⑤] 如上所述,法律关系的复杂化和权利主体的扩张必然会对刑事司法活动的高效进行产生影响。为平衡案外人救济权充分行使和保障诉讼效率两方面的

---

① 公助救济,又称类法律式救济,主要包括仲裁和调解。

② 刘荣军:《程序保障理论的新视角》,法律出版社 1999 年版,第 88 页。

③ 参见[德]康拉德·赫尔维格:《诉权与诉的可能性——当代民事诉讼基本问题研究》,任重译,法律出版社 2018 年版,第 11 页。

④ 韩流:《被害人当事人地位的根据与限度——公诉程序中被害人诉权问题研究》,北京大学出版社 2010 年版,第 71 页。

⑤ 参见张文显:《法学基本范畴研究》,中国政法大学出版社 1993 年版,第 27 页。

要求,对案外人救济机制进行合理设置是极为重要的。笔者认为,对案外人救济机制的设置可以从两方面入手:第一,“对物之诉”的构建。由于刑事司法场域的扩张,以定罪量刑为中心构建的控辩审三方构造已难以满足全部诉讼目的和诉讼主体的需要。为理顺各诉讼主体之间的关系,保证诉讼高效、公正地进行,需要对原有的刑事诉讼构造进行层次化改造,构建适当独立的“对物之诉”机制,并对“对物之诉”的内部构造进行特别设置。第二,审判程序的简化和司法外纠纷解决机制的设立。司法资源的有限性,要求在尊重审判公正和司法终局保障的基础上,适当发展简化审判程序和司法外纠纷解决机制。例如,在美国,有关没收的检察官救济与和解机制被广泛运用。在德国,出于诉讼经济的考量,法官可以对案外人的没收程序范围进行限缩。

(三)公权力行使的合理限制

刑事司法具有浓厚的国家权力色彩。在刑事司法活动中,为实现追诉犯罪的目标,国家公权力的行使通常具有极为明显的主动性和普遍性。可以说,国家公权力的强有力行使贯穿了刑事司法活动的全程。但与此同时,受到国家公权力影响的个人却是相对无权利的、孤立的。这种实力上的鲜明对比,与国家权力扩张的固有本性相辅相成,使公民个人的合法权利在刑事司法活动中极易受到公权力运作的威胁与侵犯。基于此,对国家权力的运行加以规范,在充分发挥国家专门机关能动性的同时,将其对公民基本权利的干预限定在法律的框架之内,则是“扩张性正义”理论程序面向的基本要求。

国家公权力的滥用往往对案外人的合法财产权构成极大的威胁。司法实践中,“概括性扣押”的广泛运用、审前财物的随意处置、庭审对涉案财物性质和权属的虚化审理、涉案财物执行主体的混乱，均有可能对案外人的合法财产权造成难以弥补的损害。这便要求相关法律对国家专门机关进行的可能对案外人财产权产生影响的诉讼行为进行合理规制，以通过正当程序的过滤，限制公权力恣意扩张的本质。

（四）案外人财产权保护的公私法分野与趋同

作为一种传统的法律分类，公法与私法的分野始于罗马法时期。一般来说，“公法”是涉及公共权力、公共关系的法律，其以国家公权力的运行为后盾，以保护国家利益、平衡公权力与私权利之间的关系为基本价值取向；而“私法”所调整的对象主要是普通公民、组织等平权主体之间的关系，意思自治是私法的核心范畴。① 尽管公法与私法的划分溯源久远，但随着社会的变迁，作为公法与私法划分基础的观念正在逐渐解体。② 与此同时，公法与私法的边界也逐渐模糊，“私法公法化”和“公法私法化”现象受到人们的广泛关注。所谓“私法公法化”，指的是私法体系内，个人主义的自由法权逐渐弱化，公法对私人活动的控制不断增强，集合契约、所有权的社会化等问题开始出现。所谓“公法私法化”，是指传统公法领域的边界逐渐瓦解，私法中的平等协商、契约精神等理念或手段开始向公法领域渗透。③ 私法与公法

---

① 参见方立新、姚利红：《公私法的分野与趋同》，载《外国法制史研究》2011年第0期。

② 例如，法国学者狄骥指出，对于现代社会的经济组织来说，国家所需要的已经不再是发布命令的权力，而是满足需要的义务。作为公法运行基础的主权理论已经开始衰落。与此相对，作为私法核心范畴的意思自治原则，在现代社会也出现了崩溃的趋势。参见［法］狄骥：《公法的变迁》，郑戈译，商务印书馆2013年版，第9页；［法］莱昂·狄骥：《〈拿破仑法典〉以来私法的普通变迁》，徐砥平译，中国政法大学出版社2003年版，第16页。

③ 参见石佑启：《论私有财产权的私权属性及公、私法保护》，载《江汉大学学报（社会科学版）》2007年第3期。

在保护私有财产权上承载着不同的制度功能,不能相互替代。基于公私法趋同与融合的现状,对案外人财产权进行保障也应当采取公私法协同的方式。只有这样才能形成一套完整的保护案外人财产权的法律体系,才能让财产权由应然意义上的权利转化为公民实际享有的权利。

第一,案外人财产权保护并不是绝对的、无限的。私法的公法化使私法的价值取向在一定程度上由原来的个人本位向社会本位转变。私有财产可以受到一定的限制,法律可以为财产权设定一定的社会义务。但这并不意味着财产权保护的彻底旁落,反而表明财产权的保护从绝对走向相对,从单纯强调财产的消极自由,向同时强调财产及财产所有者的社会义务转变,以此实现公益与私益的平衡与协调。[①] 在刑事司法活动中,案外人并非国家行使刑罚权的对象,但这并不意味着案外人的财产权需要受到法律的绝对保护。国家专门机关可以基于社会公共利益或对抗犯罪的需要,对案外人的财产权进行限制或剥夺。但国家专门机关对案外人财产权的干预和处分,必须具有法律授权,且依法定程序进行。

第二,案外人财产权保护需要充分发挥刑事诉讼法的公法作用。“私法尽管在促进权利主体之间自由、平等交易,防止权利主体对权利主体的财产权侵害方面发挥着重要作用,但面对政府滥用公权力侵夺公民的私有财产行为,私法则显得力不从心,因为私法在本质上不能获得防御或对抗国家权力的效力。公法通过约束公权力确保私人领域的自治,保护私有财产权。没有公

---

① 参见石佑启:《论私有财产权的私权属性及公、私法保护》,载《江汉大学学报(社会科学版)》2007 年第 3 期。

法，仅凭私法的力量不可能阻挡公权力对私法领域的侵犯。”[①]在刑事司法活动中，案外人的财产权极易受到国家权力的侵犯。基于此，刑事诉讼法应当充分发挥其公法的作用，以避免国家公权力的滥用。

第三，案外人财产权保护需要私法理念和方法予以辅助。刑事司法活动的进行主要是为了维护公共利益和秩序，其主要体现出一种“公”的属性。但我们并不能以此认为，刑事司法完全不具有“私”的属性。在保护案外人财产权方面，公法与私法是相互融合的。引入私法的理念与方法在一定程度上有利于刑事司法目的的实现。例如，财产的责任分割、财产转让的合法性等问题的认定，在本质上属于私法的范畴。刑事司法领域对相关问题的处理，可以在一定程度上借鉴私法的规定。又如，一些国家和地区已经将私法领域的合意制度引入涉案财物的处置过程中，规定涉案财物的处置可以依据公诉方与相关权利人之间合意的内容进行。另外，出于谦抑性原则以及财产处置专业性的考量，一些国家和地区的司法实践中出现了权力机关通过清算程序对涉案财物进行处置的情况。我国的一些学者也主张引入清算程序对涉案财产予以清算，以实现涉案财产处置的全面性和系统性。[②]

---

① 石佑启：《论私有财产权公法保护之方式演进》，载《江汉大学学报（人文科学版）》2006 年第 5 期。

② 参见陈醇：《非法集资刑事案件涉案财产处置程序的商法之维》，载《法学研究》2015 年第 5 期；苗宏安：《非法集资案件资产处置程序探讨》，载第一财经网 2012 年 7 月 3 日，http://www.yicai.com/news/1863875.html。

第三章

刑事诉讼案外人财产权保护的基本结构

理念的贯彻需要具体制度的设置和完善。现代法治国家和地区为切实保障案外人的财产权,已经在刑事司法体系中构建了一个相对严密而完备的案外人财产权保护机制。据笔者掌握的资料来看,域外国家和地区的刑事诉讼案外人财产权保护机制主要包括三个方面:第一,在实体上对案外人财产权保护范围的明确界定;第二,在程序上对国家公权力的行使进行合理限制;第三,赋予案外人需寻求救济的有效途径。在这一部分,笔者将从比较法学的视角对刑事诉讼案外人财产权保护的基本结构进行分析论述。

第一节　范围界定:案外人财产权保护的范围界分

“国家通过立法界定基本权利的保护范围,

先要确定基本权利的核心,并围绕基本权利的核心形成保护范围,同时还要考虑国家履行基本权利保障义务的可能性。基本权利的内在限制是基本权利保护范围的固有边界。在界定基本权利的保护范围时,内在限制不可逾越。”①

一、刑事诉讼对财产权干预的范围

公民的财产权在刑事诉讼中很有可能受到来自国家公权力的干预。界定刑事诉讼对公民财产权干预的范围,划定涉案财物的范围边界,是探讨案外人财产权保护,并对国家专门机关的诉讼行为合法性进行审查的基础。例如,某人在其租赁的房屋中伪造货币,如果该房屋本身不属于没收的对象,则根本无须探讨房屋所有权人财产权保护问题。刑事诉讼中“可以强制的财产包括为证据之物和应没收之物”。② 一般认为,在刑事诉讼中,公权力机关可以干预的财产范围包括违禁物、供犯罪所用之物、违法所得之物、替代物和证据。以下对这几种财物的含义和范围进行讨论。

(一)刑事诉讼可剥夺财产范围

1. 违禁物

所谓违禁物,是指依法令禁止私人制造、持有或使用之物,如吸食毒品的器具。将违禁物纳入没收的对象范围,主要是基于违禁物的公共危险性,为了维护社会安全而有必要禁止持有。以此目的出发,对于违禁物的没收不需要以行为构成犯罪为前提,也

---

① 王锴:《基本权利保护范围的界定》,载《法学研究》2020 年第 5 期。

② 参见[日]松尾浩也:《日本刑事诉讼法》(上卷),丁相顺译,中国人民大学出版社 2006 年版,第 74 页。

不以其与犯罪行为存在直接关联为必要,[①]在一般情况下,亦不问违禁物的权属。德国《刑法典》第74条第2款对违禁物没收作出明确规定。根据该规定,依据物的性质和犯罪情节可以认定,使用该物足以危害公共安全或有用于实施违法行为危险时,可以对该物作出没收裁判。我国台湾地区“刑法”第38条也规定,对于违禁物,不问是否属于犯人所有,均可没收。

法律及相关规定应当对违禁物的范围和种类作出明确规定。但违禁物范围的划定可能随着时间的推移而有所变化。曾经被规定为违禁物的物品可能被现在的法律排除出违禁物的范畴,而曾经被人们认为不具有社会危险性的物品也可能因社会观念、科学技术等的变迁而被归入违禁物之列。基于此,对违禁物的判断,应以“行为时”的法律为准,还是以“裁判时”的法律为准,成为实践中人们面临的重要问题。一般认为,对违禁物的没收主要是基于公共风险的考量,防止其在流入社会后对公众的安全造成威胁。对违禁物的认定自然也应顺应法律和社会的现实需求。依此推断,对物品是否属于违禁物的判断,应当以“裁判时”的法律规定为准。只有这样,才能满足违禁物没收的保安处分性质。“物品之是否违禁,应当依照裁判时之法律规定为准。行为时器物虽尚非违禁,如果裁判时已经命令禁止者,则属违禁物。”[②]

2. 供犯罪所用之物

所谓供犯罪所用之物,指的是与实行犯罪构成要件行为具有直接联系的犯罪工具。[③] 一般来说,供犯罪所用之物应当满足以

---

① 尽管在具体案件中,违禁物往往也可能成为犯罪工具或犯罪所生之物,但违禁物的没收并不需要像犯罪工具一般与犯罪行为有直接关联。

② 洪福增:《刑法之理论与实践》,台北,五南图书出版有限公司1988年版,第453页。

③ 参见林山田:《刑法通论》(下册),北京大学出版社2008年版,第484页。

下几方面要求。

首先,供犯罪所用之物应当与犯罪具有紧密联系。对于供犯罪所用之物与犯罪行为关系的判断,存在两种理论,即直接专门理论与促进联系理论。直接专门理论主要为大陆法系国家和地区所采用。该理论强调,供犯罪所用之物应当具有直接性和专门性。易言之,“供犯罪所用”的认定,强调相关财物对于具体犯罪的实现必须存在“工具性”的直接联系,且相关财物应主要用于犯罪行为。所谓直接联系,是指在具体个案中,依照工具的使用性质,该工具对犯罪的施行和犯罪结果的达成具有决定性或促进性的作用。如行为人杀人时使用的武器;盗窃时使用的开锁器具;侵入他人账号时使用的电脑;在犯罪活动中用于联系的移动电话。而主要用于犯罪行为,则将犯罪偶然利用的物品排除于供犯罪所用之物范围之外。

促进联系理论主要为美国所采用。该理论认为,只要财物对犯罪的实施起到了促进的作用,无论该财物被如何应用于犯罪,都可以被认定为犯罪工具。所谓“促进”,一般是指“财物与犯罪活动存在实质的联系,且财物的使用使行为人在实施为法律禁止行为时难度降低,或者在一定程度上减少了违法行为实施过程中的障碍”[①]。促进联系理论在洗钱犯罪、毒品犯罪相关财物的没收中起了很大的作用,但促进联系理论也大幅度弱化了控诉方对没收的证明责任,极易威胁公民的合法财产权。为了防止对公民财产权的过度侵犯,美国联邦法院通过 *United States v. Chandler* 案对促进联系理论的司法运用作出了具体指引,并强调综合全案情况,只有在财物对于犯罪的实施具有实质性促进作用的情况

---

① *United States v.* 3639 - *2nd St.* ,869 F. 2d 1093 (1989); See also *United States v. Schifferli*,895 F. 2d 987 (1990).

下，法院才可以将财物作为犯罪工具予以没收。对财物与犯罪之间关系的判断，该案总结出以下需要考虑的因素：(1)该物被用于犯罪是有意的还是偶然的；(2)该物对犯罪活动的顺利实施是否起到了重要作用；(3)该物被非法使用的时间和空间范围；(4)该物是否在犯罪活动之中被重复使用；(5)获得、维持或使用该物的目的是不是实施犯罪。[①]

总体来说，虽然直接专门理论和促进联系理论在表述上存在一定差异，但两者均强调供犯罪所用之物与犯罪行为之间存在紧密的联系，防止没收范围的不当扩张。另外，对供犯罪所用之物的没收实际上是一种对物的"归咎性"判断。[②] 无论是直接专门理论还是促进联系理论，均认为应依照案件的具体情况确定没收范围。除判断工具在具体案件中是否与犯罪行为存在事实关联外，还必须进一步考量该物所具有的紧密联系是否符合一般经验认识，并斟酌这两个特性是否在具体的犯罪过程中也有所体现。例如，对于用来破解电子密码的工具，当实施盗窃犯罪的行为人用其盗开电子锁时，该物依其性质可以被认定为供犯罪所用，但在盗开机械锁的案件中，依据一般经验认识，该物不能成为实施犯罪的工具，自然也不能作为供犯罪所用之物而被没收。

其次，供犯罪所用之物可以存在于犯罪发展的任何阶段。德国《刑法典》第 74 条第 1 款将实行故意犯罪所用之物、准备犯罪行为所用之物，以及行为人预定的供犯罪所用之物，均规定为没收客体。《美国法典注释》第 21 编第 13 章第 881 条(a)项也规定，用于或者意图用于实施犯罪、为实施犯罪提供便利的财物，应

---

① See *United States v. Chandler*, 36 F. 3d 358 (1994).

② 参见林钰雄：《没收新制(二)：经济刑法的新纪元》，台北，元照出版有限公司 2016 年版，第 57 页。

当予以没收。相关供犯罪预备之物,是否包含刑法没有处罚的预备犯罪行为与刑法没有处罚的犯罪着手行为所使用之物,学说仍有争议。一般通说认为,可被没收的犯罪工具至少必须具备工具与刑事不法行为的连接,如果预备犯罪行为在犯罪类型的规范上,并没有明文规定存在刑事不法的内容,就不可以在预备犯罪的行为阶段对预备供犯罪所用之物加以没收。而所谓的预备犯罪之物,不以现实上已经使用为限,如行为人在主观的犯罪计划上将加以使用,即可没收。① 例如,行为人为杀人而预藏尖刀,即使在犯罪之前被发现制止,该尖刀仍可被认定为犯罪预备之物。

最后,供犯罪所用之物既可以是动产也可以是不动产。对于供犯罪所用之物是否包含不动产,域外学说理论并不一致。我国台湾地区早期实务主张供犯罪所用之物的没收,原则上应以动产为限。但仍有一些学者认为,应从没收的适当性角度,对不动产的可没收性进行具体考量。由于房屋、建筑的设计往往具有多空间利用的特性,因此有德国判例认为,如果仅因其中一个楼层或一个房间被利用于犯罪就对房屋整体加以没收,并不符合工具性的判断标准。然而也有学者认为,对于房屋是否应被没收,法官仅需考虑该场所对于犯罪的实现是否起到了促进作用。至于该没收是否过于严苛,并不是衡量该房屋是否具有供犯罪所用的工具属性的标准。在美国,司法实践对不动产的可没收性已经达成了普遍共识。《美国法典注释》第21编第13章第881条(g)项明确规定,所有不动产,包括该不动产上的任何权利、附属物(appurtenances)和改良物(improvements)均可成为没收的对象。法院可以基于比例原则,在考虑不动产的工具性、价值与被追诉人罪行的严重性的

---

① 参见李圣杰:《犯罪物没收》,载《月旦法学杂志》第251期(2016年)。

基础上,决定是否对不动产进行没收以及如何没收。[①]

3. 违法所得之物

从域外的相关立法来看,可没收的违法所得一般包括三种:一是犯罪所生之物,如伪造的有价证券;二是违法所得之物,如盗窃所得赃物;三是犯罪报酬物,如杀人酬金。[②] 例如,德国《刑法典》第73条规定,作为没收对象的违法所得,其取得形态可以区分为犯罪行为人为了违法行为之所得或由违法行为所得。前者主要指为实施犯罪行为而收取、获得的对待给付利益(如报酬),后者是因实现犯罪构成要件而获得的财产增长(如利润、利益)。[③] 日本《1907年刑法典》第19条也作出了类似的规定。[④] 澳大利亚《2002年犯罪收益追缴法》在此之外,还于第2章第5部分规定了犯罪"名声收益",即授权法院可以没收某人通过商业宣传自己或者他人犯罪行为而获取的任何收益。

一般来说,违法所得之物具有以下特点和要求。

首先,违法所得之物的范围不受财产种类的限制。将违法所得之物解释为包括有体物、权利在内的各种类型财产,已成为一种国际趋势。2003年《联合国反腐败公约》第2条将违法所得限定为通过实施犯罪而产生或获得的任何形式的财产。[⑤] 联合国

---

① See *U. S. v. Bieri*, 21 F. 3d 819 (1994).

② 参见曾淑瑜:《犯罪所得没收追征及保全程序之研究》,载《军法专刊》第2期(2012年)。

③ 参见王士帆:《二零一七年德国犯罪所得没收新法——刑法基础规定综览》,载《政大法学评论》第153期(2017年)。

④ 日本《1907年刑法典》第19条,将违法所得的范围限于产出物、取得物、报酬物和对价物。

⑤ 2003年《联合国反腐败公约》第2条规定,违法所得是指通过实施犯罪而直接或间接产生或者获得的任何财产,而财产是指各种资产,无论是物质的还是非物质的、动产还是不动产、有形的还是无形的,以及证明对这种资产的产权或者权益的法律文件或者文书。

《打击跨国有组织犯罪公约》第 2 条也作了相同的规定。根据这两个公约,违法所得不限于所有权利益,也不限于实体性利益。德国《刑法典》第 73 条规定,只要行为人通过刑事违法行为而有所得,无论该所得为何种类型的财产,均可没收。在英国,《2002 年犯罪收益追缴法》第 76 条将通过犯罪行为获得的财产和金钱性利益均纳入违法所得的范畴。

其次,违法所得之物既可以直接源于犯罪行为,也可以间接源于犯罪行为。德国《刑法典》第 73(d)条规定,不仅可没收犯罪直接收益,也可没收犯罪行为人的进一步收益与可能源于犯罪的收益。在我国台湾地区,学术界亦认为可没收的违法所得包括直接收益和间接收益。在美国,依据回溯原则,政府自犯罪行为实施之日起,便对犯罪收益享有与被告人相同的所有权等财产性权利。只要是可追溯至犯罪行为的收益(traceable proceeds)均可作为违法所得没收。换句话说,能否作为违法所得没收不在于犯罪行为与所获利益之间存在多少环节,关键在于是否可追溯至犯罪行为。[①] 澳大利亚《2002 年犯罪收益追缴法》第 330 条也对通过处置或者使用犯罪收益而取得的“间接”财产作出了转化规定。[②]

① 美国的一些法院甚至允许累计没收(cumulative forfeiture)。累计没收是对一连串交易中的所有资产的没收。例如,如果违法所得的钱被用来购买奔驰,而后又将奔驰交易为宝马,累计没收将导致宝马、奔驰和奔驰经销商收到的钱被没收。但是,一般而言,只有实际可追溯到违法犯罪活动的收益才可被没收。如果财产部分是以可追溯到非法活动的收益获得的资金,部分是以合法方式获得的资金,只有可追溯到非法活动的收益的部分可被没收。See Myron M. Sheinfeld et al. , *Civil Forfeiture and Bankruptcy: The Conflicting Interests of the Debtor, Its Creditors and the Government*, American Bankruptcy Law Journal, Vol. 69, p. 98(1995).

② 澳大利亚《2002 年犯罪收益追缴法》第 330 条规定,在某一财产并非直接源于犯罪行为的情况下,如果它是通过处置或者使用犯罪收益而取得或者实现的(例如,资金的利息收入或者投资收入、用资金购买的不动产等),该财产则“变为”犯罪收益。

虽然域外普遍将间接违法所得划归于没收对象的范畴,但为防止因果关系无穷尽的溯源导致没收范围无限扩大,一些国家对间接违法所得的“间接性”作出了一定限制。例如,虽然日本《1991年麻醉药品和精神药物管制法》规定药物犯罪间接收益可作为违法所得没收,但立法机关也指出,将药物违法所得之财产作为企业资金进行合法经营获得的收益,不能视为“基于”药物违法所得或者处分而获得的财产,所以不能没收。[①] 澳大利亚《2002 年犯罪收益追缴法》第 330 条第 4 项对财产停止作为犯罪收益或犯罪工具的情形进行详细列举,指出如果财产已为第三人善意取得、两次继承、依据婚姻协议或金融协议分配、支付刑事辩护费用,或依追缴法被出卖或加以处置,则该财产不再属于犯罪收益。

再次,违法所得可以适用推定规则。在司法实践中,犯罪行为的复杂程度不同。在一些犯罪组织严密、分工复杂的刑事案件中,违法所得的流向极为复杂,证明其与犯罪行为存在因果关系非常困难。为解决这一问题,域外国家和地区普遍就违法所得的证明规定了推定制度。《美国法典注释》第 21 编第 13 章第 853 条(d)项规定,任何根据该法被判处重罪的人,如果检察官以优势证据证明:(1)财产是在被指控犯罪实施期间,或实施之后的合理期间内获得的;(2)除犯罪行为,该财产不存在其他合法来源,则在审判中,法庭可以作出有关该财物具有可没收性的可反驳的推定(rebuttable presumption)。英国

---

① 参见蔡可尚、吴光升:《犯罪收益没收的性质与适用》,载《刑法论丛》2018 年第 3 卷。

《2002 年犯罪收益追缴法》第 75 条引进了“犯罪生活方式”[①]这一重要概念。它通过对被告人犯罪行为的性质和特点的分析，判断该人对犯罪经济效益的依赖性。一旦对于被告人存在“犯罪生活方式”的认定成立，自相关日期后的任何时间转移至被告人的一切财产，均可被法官推定为一般犯罪行为的收益。日本《1991 年麻醉药品和精神药物管制法》引入了“药物违法所得的推定规定”，以减轻检察机关的证明责任。德国《刑法典》第 73(d)条也规定了扩大利得没收条款。依据该规定，只要有一定证据证明被告人此前实施了有组织犯罪，且被告人财物与其合法收入相差较大，即可推定差额部分源于有组织犯罪。综上来看，虽然域外国家和地区普遍就违法所得的证明规定了推定制度，但由于推定在一定程度上转换了证明责任，可能违背“存疑有利于被告”的原则，对于违法所得的推定普遍被限定在明确的范围之内。一方面，只有在特定案件或者重大案件中，才可以通过推定对违法所得之物作出认定；另一方面，只有在基础事实(如行为人实施了犯罪行为，有关财产数额巨大且无合法来源)已通过一定证据得到证实的情况下，才可适用违法所得推定。

最后，违法所得的计算一般应采取总额原则。犯罪行为的实施往往伴随一定成本的投入。例如，行为人在实施贩卖毒品罪的犯罪构成要件行为时，首先需要一定的金钱支出购买毒品。对于在没收违法所得时是否应当扣除这些犯罪成本这一问题，理论上

---

① 英国《2002 年犯罪收益追缴法》第 75 条规定，只要符合以下三个条件之一，法官就可以认定犯罪生活的存在：一是被告人犯有贩毒罪、洗钱罪等九类具有非法营利与有组织犯罪特点的犯罪行为之一；二是被告人的犯罪行为属于一系列犯罪活动的组成部分，并且被告人从中获得不少于 5000 英镑的不法收益；三是被告人在 6 个月以上的时间内持续犯有任何一种罪行，并且从中获得不少于 5000 英镑的不法收益。

一般存在总额原则和净额原则两种原则。所谓总额原则，指的是在认定违法所得没收范围时，行为人通过犯罪之所得或节省开销都在没收范围内，不扣除犯罪成本。[①] 净额原则则要求在对违法所得之物进行没收时应扣除犯罪成本。基于简化诉讼[②]和提高预防效率的考量，域外国家和地区的相关立法普遍坚持以总额原则为基础，并在必要时扣除合法的边际成本。依据德国《刑法典》的规定，国家应剥夺的，是犯罪行为人由违法行为取得的任何财产增益。德国《刑法典》第73条第1项对"犯罪成本扣除禁止"作出规定。根据该规定，为实施犯罪或预备犯罪已支出或投资者，除为履行被害人之债务所为之给付者，不予扣除。[③] 结合德国《刑法典》第73条第1项与第73(d)条第1项之规定，德国对犯罪所得数额采取两阶段的计算方式。第一阶段，以纯粹对标的物的观察方法，决定德国《刑法典》第73条第1项所谓的犯罪所得范围。在此阶段，行为人(正犯与共犯)或第三人在犯罪流程任何阶段取得的整体财产利益，都是犯罪所得。同时，违法行为与不当得利之间以具有因果关联为必要，但不要求直接关联性。第二阶段，应根据德国《刑法典》第73(d)条第1项规定的扣除法，判断犯罪所得数额之计算，应否扣除行为人的支出或对向给付。这里的支出，必须与取得财产利益的违法行为之间具有时间和事物上的关联性。发生在取得违法所得之后的支出、与违法

---

① 参见王士帆：《2017年德国关于犯罪所得没收的新法——刑法基础规定综览》，载《刑事法前沿》2019年第11卷。

② 依净额原则计算犯罪所得要先扣除犯罪成本，关于到底犯罪总共支出多少成本，哪些应计入、哪些不应计入支出的问题，标准模糊、调查烦琐且证明困难。参见林钰雄：《相对总额原则——两阶段计算法》，载《月旦法学教室》第197期(2019年)。

③ 参见王士帆：《2017年德国关于犯罪所得没收的新法——刑法基础规定综览》，载《刑事法前沿》2019年第11卷。

行为之间毫无关系的支出,不属于此处所谓“支出”的范畴。[①] 例如,以对第三人犯罪所得没收为例,某公司的员工通过行贿,为公司取得一份工程契约,获利的公司所支出的人事成本和材料费用应予扣除,但贿赂金额则属于为了实施行贿罪的支出或投资,故不得扣除。[②] 为彻底剥夺犯罪所得,总额原则也为我国台湾地区相关规定所采纳。[③]

在美国,对违法所得的计算在原则上采取的是总额原则,但法律针对不同的案件情况,规定了不同的违法所得计算方式。在民事没收方面,根据《美国法典注释》第 18 编第 46 章第 981 条(a)项的规定,在涉及非法货物、非法服务、非法行为,以及电话销售与医疗欺诈的案件中,违法所得的计算采取严格的总额原则,任何可以追溯到犯罪行为的财产均属于违法所得的范畴,违法所得不限于从犯罪中获得的净收益或利润;在通过非法方式销售或提供货物或服务的案件中,违法所得是指通过非法交易所得的收益,但应减去提供这些货物或服务所产生的直接费用[④];在涉及贷款诈骗或贷款延期诈骗的案件中,违法所得的计算还应当在坚持总额原则的基础上,减去已经偿还的贷款或债务。在刑事没收方面,根据《美国法典注释》第 18 编第 46 章第 982 条的规定,没收的违法所得是一种总收入。司法实践和理论研究中,人们也普遍认为对违法所得的没收,在坚持总额原则的基础上,可

---

① 参见王士帆:《2017 年德国关于犯罪所得没收的新法——刑法基础规定综览》,载《刑事法前沿》2019 年第 11 卷。

② 参见王士帆:《2017 年德国关于犯罪所得没收的新法——刑法基础规定综览》,载《刑事法前沿》2019 年第 11 卷。

③ 我国台湾地区 2016 年“刑法”第 38 条之一指出,基于彻底剥夺犯罪所得,以根绝犯罪诱因之意旨,不问成本、利润,均应没收。

④ 此处的直接费用不包括任何管理费用与相关税收。

以扣除合法的边际成本,以实现违法所得没收的程度与其本身制度目的的平衡。①

4. 替代物

所谓替代物,是指特定没收对象因灭失或其他原因无法没收时,可用来替代原物进行没收的财产。对于司法实践中出现的违法所得之物或供犯罪所用之物原物灭失或无法予以没收的情况,域外国家和地区主要规定了三种解决办法:

一是转化没收,即没收并不以原物为限,不论作为没收对象的原物是否存在,法院没收的都是与没收数额相等的财产。英国《2002 年犯罪收益追缴法》规定,法官在签发没收令时通常须确定针对被告人的可追缴数额(recoverable amount)。如果被告人实际可支配的财产数额少于其实际获利数额,则可追缴数额以其可支配数额为准。南非《1998 年有组织犯罪防止法》也对该问题作出了相同的规定。在这些国家中,作为没收对象的原物是否存在,并不会影响没收的进行。司法实践中,对于替代物的没收普遍存在。

二是替代等价物没收,即没收主要是针对原物进行的,但当原物因灭失、损毁或其他原因而无法没收时,法院也可对与原物等价的其他财产宣告没收。例如,德国《刑法典》专门规定了追征与事后追征条款,即当犯罪所得因性质或其他原因不能没收时,应没收符合犯罪所得价额之金额。德国《刑法典》第 73(c)条规定,当犯罪所得因性质或其他原因不能没收,或未依第 73 条或第 73(b)条第 3 项没收转换物时,法院应没收符合犯罪所得价额

① See Anup Malani, *The Scope of Criminal Forfeiture under RICO: the Appropriate Definition of "Proceeds"*, The University of Chicago Law Review, Vol. 66, p. 1302 - 1304 (1999).

之金额。没收物之价额低于原先取得时之价额者,法院除宣告没收外,另应追征之;第76条规定,第73(c)条规定的追征要件于没收裁判后才发生或知悉,导致没收裁判不足或无法执行时,法院可以事后宣告追征。[①] 同时,根据德国《刑法典》第74(c)条之规定,追征同样适用于对供犯罪所用之物进行没收的情况。[②] 日本《1907年刑法典》第19条之二规定,在违法所得原物或其代价取得物的全部或部分不能没收时,可没收一定数额的现金。《美国法典注释》第21编第13章第853条规定了替代没收制度(forfeiture of substitute property)。依据该规定,在应予没收之物因被告人的作为或不作为而出现无法没收的情况时,法院可对被告人其他任何等价值的财产宣告没收。[③]

三是放弃没收,即没收以没收原物为原则,如果原物不存在,不得加以没收。该方法主要适用于供犯罪所用之物的没收。在一些国家,供犯罪所用之物不属于替代没收的范畴。例如,依据日本《1907年刑法典》第19条之二之规定,犯罪工具原物灭失后不存在没收替代物的问题。

(二)刑事诉讼可限制财产范围

1. 证据保全之物

证据保全之物,是指具有某种倾向,可用以证明犯罪嫌疑人

---

① 参见王士帆:《2017年德国关于犯罪所得没收的新法——刑法基础规定综览》,载《刑事法前沿》2019年第11卷。

② 德国《刑法典》第74(c)条规定,如果刑事被告人在法院判决前故意将犯罪工具出售或消耗,或以其他方式致使该犯罪工具原物无法没收的,法院可命令没收刑事被告人所有的与该犯罪工具价值相当的折价款。

③ 在美国,替代没收的情况具体包括:一是通过尽责调查也无法找到原物;二是原物已被转移或出卖,或处理给第三方;三是原物已被转移出管辖范围;四是原物已严重贬值;五是原物已经与其他财产混同而无法区分。

有罪或无罪,而在案件中作为证据使用的财物。在司法实践中,供犯罪所用之物都可以成为证实行为人涉嫌犯罪的证据,但由于证据保全与财产保全的目的并不相同,采取的保全方式也具有一定的差异,域外一些国家和地区要求追诉机关在申请相关令状时,应当对保全的目的进行释明。①

2. 财产保全之物

财产保全之物,是指为保证没收判决的顺利执行,而在审前可以采取扣押等保全措施的财物。保全扣押制度的设立是为了保障未来裁判的顺利执行。基于"任何人未经法院判决不得宣告有罪"的宪法原则要求,只有在裁判的作出具有现实可能性的情况下,审前对财产的保全才具有合法性。② 因此,财产保全应当以没收对象为主要内容,并具有一定的适度性。

第一,保全之物应具有价值相当性。审前财产保全的范围应当受到没收裁判的限制,即可能会对哪些财产作出没收裁判,审前即可对哪些财产采取相应的保全措施,替代财产保全亦是如此。这已为域外国家和地区的相关规定所确认。《美国法典注释》第21编第13章第853条(e)项规定,只有在没收裁判的作出具有现实可能性时,法院才可以在审前对没收裁判所针对的财产签发限制令。

第二,保全之物应具有范围限定性。尽管为保障裁判的顺利执行,在审前对相关财产采取保全措施已成为一种"国际通例",但从域外的相关规定来看,在一些特殊情形下,出于诉讼经济等

---

① 参见林钰雄:《没收之程序问题(上)——德国法之鸟瞰与借镜》,载《月旦法学教室》第151期(2015年)。

② 从域外国家和地区的相关规定来看,一旦产生无罪判决的结果,将导致保全扣押措施适用错误的国家赔偿。

方面的考量，审前的保全扣押被法律禁止适用。如德国《刑事诉讼法》第 111d 条第 3 项规定，不得对“执行费用”进行假扣押，也不得对执行对象属于“较少的款额”而命令假扣押。[①]

第三，保全之物应具有动态可调整性。由于保全扣押发生于终局裁判作出之前的诉讼阶段，在刑事诉讼中，案件的侦查、起诉和审理往往长达数月甚至数年，在这段时间里，保全扣押措施将对相对人的财产权进行持续性的干预。保全扣押措施的持续性可能会使相对人的正常经济生活面临严重困难，其侵害程度在一些情况下仅次于人身羁押措施。[②] 因此，域外国家和地区均普遍规定，在对财产进行保全的过程中，需要对保全的必要性进行审查。如果保全的必要性已经不存在，如无脱产的可能性时，就不得继续扣押。

二、刑事诉讼案外人财产权保护范围

国家专门机关在刑事诉讼中对相关财产所采取的干预措施，极有可能影响案外人的财产权。研究刑事诉讼中案外人财产权保护的范围，正是为了圈定司法机关的执法边界，以避免对案外人合法财产权的侵犯。

（一）刑事诉讼案外人物权保护范围

刑事诉讼中可没收的财产，未必专属犯罪者个人，犯罪者可能与他人共有这些财产，相关财产上也可能存在他人的财产权益，甚至在犯罪行为发生之后，应没收之物又经过多种不同的途

---

① 对于何为“较少数额”，德国实务中认为不得低于 125 欧元，文献认为介于 100 ~ 200 欧元属该数额所指范围。

② 参见林宗志：《犯罪所得没收与保全制度之研究》，辅仁大学 2014 年法律系博士学位论文，第 80 页。

径(如买卖或继承),在不同的主体之间流转。在此情形下,司法机关的没收行为,往往存在损害案外人对没收物排他性财产权利的危险。

1.基于特殊许可而免受权利剥夺

虽然违禁物不问是否属于犯罪者,都应没收,但对于物品是否属于违禁物的范畴,则应依照具体案情,以及特定物在特定案件中是否确实具有危及公共安全的性质来加以判定。不能以物品的名称而作机械化的认定。例如,对于属于案外人所有的物品,其是否违禁应视案外人有无违禁情形来判断,如果犯罪者是违禁持有,且作为所有者的案外人是法律许可范围内的持有者,则不得实施没收。实践中,为更好地区分没收违禁物对案外人的效力,一般又将违禁物分为绝对违禁物与相对违禁物。

绝对违禁物,是指为法律绝对禁止持有之物。[①] 无论该物的持有主体、时间、地点、方式如何,法律对该物的持有一律给予否定性评价。对于这些物品,不管是否归犯人(正犯或共犯)所有,被查获后,一律没收。

相对违禁物,是指通常情况下属于违禁物范畴,但在经法律特殊许可的情况下,可以为特定主体持有、制造的物品。例如,对于普通公民来说,枪支是禁止持有的违禁物,但对于持有许可证的特殊群体(如军人、警察等)来说,携带枪支为相关的法律和规定所许可。又如,一般情况下,吗啡为法律禁止持有。但对于特定的医务人员和病人来说,吗啡是可以作为药物使用的镇痛剂。

---

① 绝对违禁物主要包括鸦片、海洛因、安非他命这类危害人体的毒品(供医学用的吗啡等麻醉药品除外)。

不过该类物品在属于犯人(正犯或共犯)所有时,必须没收。[①]

上述相对违禁物如果由案外人合法持有,且案外人无违法行为,一般不应没收。例如,行为人趁警察不备,窃取其持有的枪支实施犯罪行为。在此情形下,警察受许可而合法持有的枪支,不应属于没收的对象。

2. 基于权利的事前享有而免受权利剥夺

在很多情况下,案外人在犯罪行为实施之前便对没收对象享有所有权或其他财产性权益。对于案外人在犯罪行为发生前即所有的财产或财产上的权利,域外国家和地区普遍要求只有在案外人将财产用于犯罪具有"可责性"或财物具有继续投入犯罪的危险的情况下,才可以没收。

在日本,依据1974年的《修正刑法草案》第74条和第80条的相关规定,[②]如果供犯罪所用之物属于他人,衡量没收与否的标准是该物是否有继续投入犯罪的危险。案外人对物品被用于犯罪具有可归责事由,并不一定成为判定物品应否被没收的依据。但是经过社会保安考量,在没收其财产后,"存在可归责的事由"将导致该案外人无法获取补偿。德国《刑法典》第74(a)条规定,当对没收对象享有所有权或支配权的案外人,至少出于

---

① 参见黄村力:《刑法总则比较研究——欧陆法比较》,台北,三民书局1995年版,第340页。

② 1974年的日本《修正刑法草案》第74条规定:"……在其物属于犯罪人以外的人所有的情形下,只有当其物可能再组成犯罪行为或者再供犯罪行为使用,或者其他在保安上具有没收的必要时,才可以实行前项的没收。"在第80条关于"补偿"的规定中,该草案又补充道:"应当没收的物,属于第三人所有或者负担第三人的物权时,应当对其损害给予补偿,但下列情形不在此限:对于其物组成犯罪行为或者供犯罪行为使用,存在可以归责于第三人的事由的;第三人知情而取得其他物或者其物权的;第三人知情而正在获得利益的。"参见黄士轩:《概观日本"关于刑事案件中没收第三人所有物程序之应急对策法"》,载《月旦法学杂志》第259期(2016年)。

重大过失,协助该物或权利用作实行或准备犯罪之工具或客体时,法院可对该物宣告没收。该法第 74(f)条第 2 项也规定,对第三人至少由于轻率而导致该物或权利被利用为犯罪工具或客体的,或被利用为预备犯罪的工具或客体的,法官可以拒绝适用没收补偿条款。由此可见,在德国,案外人既可能基于其可责性而使财产被法官宣告没收,也可能基于其可责性而无法获得没收补偿。我国澳门特别行政区《刑法》第 102 条第 2 款列举了几种情形,声明在案外人曾以可谴责的方式共同参与使用或产生该等物件,[①]或者案外人曾事实上获得利益[②]的情况下,即便用作犯罪的财产属于案外人,也应对财产作出"丧失之命令"。[③]

在案外人过错的衡量上,美国立法的态度也颇值得思考。在美国,无辜所有者[④]是没收法中的一个重要概念。由于在很多情况下,财产所有者对财产被用于犯罪并不存在具有可责性的过错,此时财产所有者的财产权应当受到宪法的保护。1974 年,美国联邦最高法院在 *Calero-Toledo v. Pearson Yacht Leasing Co.* 案中,认为没收的适用应当被限制于有利于实现阻遏犯罪的目的范围内。从这一角度出发,如果犯罪行为人未经财产所有人同意而获得财产,或者所有人不仅可以证明他不知道犯罪行为,还可

① 这里的"共同参与使用",主要是指第三人因轻率欠缺注意,致使属于自己的物件被他人利用,成为实施犯罪的工具。比如甲向乙借汽车,乙根据甲平素的为人、作为,已猜到他可能将汽车用于毒品犯罪,但为不伤朋友感情,还是将汽车借给甲,导致甲利用汽车运输大量毒品。在此情形下,乙的轻率行为显然应受谴责,本属其所有的财产自应没收。

② 比如,甲借用朋友丙的车进行飞车抢夺,事后将抢来的部分首饰赠与丙,并谎称这是出差购买的。在这情形下,不仅应没收抢夺来的首饰,连丙的汽车也应一并没收。

③ 参见赵国强:《澳门刑法典总论》,澳门基金会 1998 年版,第 228 页。

④ 依据《美国法典注释》第 18 编第 46 章第 983 条(d)项的规定,此处的所有者(owner)包括对财产享有租赁权、留置权、抵押权等担保物权,以及所有权的人。

以证明他已经作了可以预期的一切努力，以防止其财产被非法使用，那么该财产所有人应当被认为是无辜所有者，并受宪法的保护。[①] 但在具体司法实践中，究竟何时适用无辜所有者抗辩，标准一直不够统一，而执法部门出于部门利益，也一味扩大没收的范围，在 *Bennis v. Michigan* 等一系列案件中，财产被非法使用，自己却全不知情的财产所有人之财产常常会因卷入犯罪行为而被执法部门没收。[②]

美国 2000 年生效的《民事资产没收改革法》对无辜所有者的含义作出了具体化的阐释，规定在违法行为发生时已存在财产权利的情况下，无辜所有者是指不知道导致没收的行为发生，或者知晓导致没收的相关行为，但已付出在当时情况下可预期的合理努力，以终止对财物的非法使用的对财产享有权利的人。为主张其已付出"可预期的合理努力"，权利人需要证明其：(1)及时向适当的执法部门报告相关的违法犯罪情况；(2)及时撤销或试图撤销对财产非法使用的许可；(3)通过与执法部门协商，劝阻或防止财物被用于违法行为。当相关权利人有理由确信自己的人身安全将受到来自他人(包括违法行为实施者或其他人)的威胁时，不需要采取以上的措施。[③]

3. 基于权利的事后取得而免受权利剥夺

在司法实践中，案外人可能通过无偿或有偿的行为取得供犯罪所用之物或违法所得之物，或直接从犯罪中受益。对继受没收对象的案外人，依据其对该客体的来源与性质的了解程度，可将其具体分为"善意第三人"与"恶意第三人"。一般来说，没收措

---

① See *Calero-Toledo v. Pearson Yacht Leasing Co.*, 416 US 663 (1974).

② See *Bennis v. Michigan*, 516 US 442 (1996).

③ 18 U. S. C. § 983(d)(2000).

施应当仅适用于案外人恶意取得之物。[1]

在日本,对恶意取得者施加的没收措施,常被认为是变相对其施加的处罚,其必须符合如下条件:(1)目的物属于可以没收的物品。(2)第三人在犯罪行为发生之后,知情而取得该物。所谓知情,并不要求知道该物属于哪类没收对象,只要其认识到该物与犯罪有关即可。所谓取得,除取得所有权外,也包括取得质权、抵押权等物权。另外,这种取得不要求从犯人处直接取得,若此物由他人善意取得之后,案外人再从善意取得者手中恶意取得此物,也可以没收。[2]

德国《刑法典》第 73 条对案外人事后获得犯罪利得的情形,规定了三种具体的没收情形:第一,代理型案件。当获益第三人是通过犯罪行为获得利益并且正犯或共犯(如企业的某一个部门)是为此第三人而为犯罪行为时,可以对此第三人因犯罪而获得的财产进行没收。第二,挪移型案件。当获益第三人无偿或者无法律上的理由取得犯罪所得,并且应知道或已知道所得源自违法行为时,可以对该第三人所取得的犯罪所得进行没收。第三,继承型案件。这种情形在定性上属于一种"特殊的挪移型案件",即对第三人以继承人或受遗赠人的身份取得犯罪利益的情形,法院可以宣告没收。[3] 德国《刑法典》第 73(b)条第 2 项清楚地说明了,挪移并不只针对犯罪所得标的物本身,连标的物替代价值在挪移型或继承型的移转,亦包括在内。另外,德国《刑法

---

① 如日本《刑法典》第 19 条第 2 款即规定"犯罪后,知情人取得其物时,虽然属于犯罪人以外的人所有,也可以没收"。这里的"知情"并"取得",成为判断"恶意"的标准。

② 参见何鹏:《现代日本刑法专题研究》,吉林大学出版社 1994 年版,第 263 页。

③ 参见王士帆:《二零一七年德国犯罪所得没收新法——刑法基础规定综览》,载《政大法学评论》第 153 期(2017 年)。

典》第74(a)条对案外人事后取得的供犯罪所用之物的没收作出了规定。依据该规定,案外人在认识到该客体可能会被没收的情况下,仍以可非难的方式获取该客体的,可以对相关财产进行没收。除以上法律明文规定的情形,没收效力原则上不及于案外人在没收客体上的权利。[①]

对善意取得的财产,域外国家和地区通常不将其纳入没收的范畴。对于“善意”的判断标准,各国通过不同的方式作出规定。例如,瑞士《联邦刑法典》第59条第1款[②]通过列举的方式表明“善意第三人”需要符合不知晓没收原因、获取财产价值、给付等价回报三方面的条件要求。芬兰《刑法典》第10章第6条[③]则以排除的方式,通过列明“恶意第三人”的范围,反向表明“善意第三人”是指接受财产时不知道或者没有正当理由相信该财产与犯罪相关,且不是作为礼物或以其他方式无偿取得财产之人。在德国,对于“挪移型案件”中的没收,仅限于不具有法律上原因的获利。具备法律上原因的获利,不在追缴之列。因此,对于犯罪行为人为了履行合法交易的法律义务,[④]始将其违法所得之物移由善意第三人所得的情形,德国联邦最高法院直接否定了第三人获利与犯罪行为之间的直接性要件,规定无法对该第三人取得的

① 德国《刑法典》第73(e)条。

② 瑞士《联邦刑法典》第59条第1款规定:“如果第三人在不知晓没收原因的情况下获得了此等财产价值,且他给付等价之回报,或者没收此等财产价值将对第三人造成严重困难的,可不予没收。”

③ 芬兰《刑法典》第10章第6条规定:“如果第4条或第5条规定的物品或财产,全部或部分地属于其他人而非犯罪人、参与者或者实施的犯罪所代表的人或者同意实施犯罪的人,则不对其作出没收令。但是,如果当他在接受时知道或者有正当理由相信该物品或财产与犯罪有关,或者把其作为礼物接受时知道或者其他方式无偿取得的,可以向犯罪实施后该物品或财产被转让的受让人作出没收令。”

④ 主要是指无瑕疵且具有合理对价关系的交易。

违法所得之物予以没收。[①]

在美国,动产的善意取得很早就得到了相关民事法律的认可。但善意取得是否可以适用于没收程序?如何确定案外人继受涉案财物的行为是出于合法交易的目的,还是试图阻止相关财产被没收?在《民事资产没收改革法》颁布之前,理论界和实务界对这些问题均存在较大争议。在1994年的 *United States v. One* 1973 *Rolls Royce* 案中,美国第三巡回法院认为,评价财产继受人是否明知的标准,应当是其在财产被用于犯罪时就知晓,而不是在财产转让时才知晓,这种判断显然无限扩大了善意继受人的范围[②]。而在1993年的 *United States v.* 92 *Buena Vista Ave* 案中,美国联邦最高法院却认为,按照回溯原则,财产在被用于犯罪之时,所有权即已划归政府所有,所以即使是善意取得行为,在法律上也是无效的。[③] 这样的解释,无疑架空了关于对善意取得者进行保护的规定。在美国《民事资产没收改革法》中,对犯罪所得、工具的继受者使用无辜所有者抗辩的条件被重新界定,当事人是否系"善意购买者"、是否"不知道且不可能预见到该财物可能被没收"以及是否"有偿获取相关财产",都被作为衡量的标准。

另外,对于案外人财产的没收是否可以及于衍生物的问题,域外国家和地区普遍作出了肯定性的回应。在德国,司法实践普遍认为,德国《刑法典》第73(a)条有关孳息与收益、转化物的没收规定,同样适用于第三人利得没收。在美国,基于回溯原则,政

---

① 参见陈重言:《第三人利得没收之立法必要及其基础轮廓——源自德国法规范与实务之启示》,载《月旦法学杂志》第3期(2015年)。

② *United States v. One* 1973 *Rolls Royce*,43 F.3d 794 (1994).

③ *United States v.* 92 *Buena Vista Ave*,507 US 111 (1993).

府自犯罪行为实施之日起即获得对没收财产的所有权，并对财产享有与被告人相同的权利(包括收益权)。案外人对没收财产的“恶意获得”无法排除回溯原则的适用，该财产上的衍生物和转化物自始归政府所有。

4. 基于没收对象的性质而免受权利剥夺

从域外的司法实践来看，在可没收的对象范围上，对案外人的没收与对被追诉人的没收并不完全一致。在一些情况下，对某些特殊类型的财产，法院无法对案外人宣告没收。典型的例子是替代物没收。针对替代物没收与案外人的关系，又可以有两个问题：第一，对案外人能否进行替代没收；第二，对被追诉人的替代没收是否可以涉及案外人的财产权。

就第一个问题来说，域外国家和地区的做法略有不同。例如，依据德国《刑法典》第 74(c)条的规定，对于狭义没收，[①]没收替代价额原则上只针对犯罪行为人的财产。但对于德国《刑法典》第 73 条第 4 项规定的第三人利得没收，由于该没收属于对犯罪行为人利得没收之主体资格扩张类型，因此除没收对象为行为人以外未参与犯罪之第三人外，对于犯罪行为人替代价额没收等规范，对第三人均应适用。[②] 在美国，政府对案外人的没收权限仅限于实际存在的犯罪收益，以及可追溯到犯罪行为的任何财产。且只有在案外人无法证明其对财产享有优于被告人的权利或其是善意购买者的情况下，政府才可以对案外人的财产进行没收。政府对案外人的没收权限不能延伸到替代财产，因此，如果案外人在签发没收令之前已经处置了犯罪收益，则政府不能没收

① 主要指德国《刑法典》第 74(c)条规定的犯罪物没收。

② 参见陈重言：《第三人利得没收之立法必要及其基础轮廓——源自德国法规范与实务之启发》，载《月旦法学杂志》第 3 期(2015 年)。

案外人的替代财产。[①] 然而,政府可以对第三人提起民事诉讼,以收回财产。在澳大利亚,对替代价额的没收主要是通过《2002年犯罪收益追缴法》第 115 条规定的"罚金令"[②]进行的。但该"罚金令"只能对犯罪行为人签发,不适用于案外人。

就第二个问题来说,虽然域外国家和地区普遍明确对违禁物、供犯罪所用之物,以及违法所得之物的没收,不能妨碍案外人权利的行使,但对于替代物没收与案外人合法财产权保护的关系,相关规定并不明确。从现有规定的内容来看,对被追诉人的替代没收不能伤及案外人的合法财产权。例如,在美国,*U. S. v. Lester* 案的判决指出,无辜配偶对替代物的共同财产权益(community property interest)不属于没收范围。[③] 被告人及其配偶对于不动产的婚姻财产权,将在确定直接没收财产部分和替代财产没收部分后确定。[④] 根据联邦刑事没收法规,地区法院必须确定导致没收财产的犯罪行为实施之时,配偶对于没收财产的权利。[⑤] 日本《1999年关于处罚有组织犯罪及犯罪收益的规制等法律》第 44 条规定,追征的保全命令[⑥]与其他民事强制执行程序中的保全命令具有同一效力。案外人原已存续于追征财产上的权利可以继续存续和行使。[⑦]

(二)刑事诉讼案外人债权保护范围

由于没收物是属于犯罪所生之物或犯罪所得之物,如果允许

---

① See *In re Moffitt, Zwerling & Kemler*, 846 F. Supp. 463 (1994).

② 罚金令程序表现为法庭责令被定罪者或者其他人员以其个人财产向国家履行一定的付款义务。

③ *U. S. v. Lester*, 85 F. 3d 1409(1996).

④ *U. S. v. Wahlen*, 459 F. Supp. 2d 800 (2006).

⑤ *U. S. v. Marx*, 844 F. 2d 1303 (1988).

⑥ 追征保全的对象是可以作为替代物没收的被告人其他固有的合法财产。

⑦ 参见苏永钦:《没收新制实施三年的检讨与展望》,载《月旦裁判时报》第 6 期(2020年)。

被没收人的普通债务可以通过没收物获得清偿,约等于让被没收人用犯罪所得清偿债务,变相地让被没收人享有犯罪所得,有助长犯罪的可能,与"任何人都不得保有犯罪所得"的刑事没收立法原则相悖。[①] 因此,域外学说多认为,应予没收的涉案财物不能归入合法财产的范围,不能成为民事责任财产。换言之,在刑事诉讼中没收与民事债务并存的情况下,不得用没收之物清偿被执行人的普通民事债务。然而,如果债权人在刑事没收或没收保全开始之前,其债权已经通过民事诉讼程序获得法庭确认并即将执行,只是尚未完成变价程序,此时仍然强调没收相对于普通债权的优先地位,可能导致债权人因事后的没收程序,而被剥夺应清偿而未清偿的财产权利。另外,就替代物没收而言,由于替代物本属被没收人的合法财产,只是在原物无法没收的情况下,而被用来清偿国家的"公法债权"。如果排除债权人通过替代物获偿的权利,则可能导致刑事没收效力的不恰当扩张。基于此,域外国家和地区往往通过一定的程序设置划定刑事没收的效力边界,厘清刑事没收与案外人普通债权行使之间的关系。

1. 原物没收与案外人债权的关系

对供犯罪所用之物、违法所得之物的没收,原则上具有优先于案外人普通债权行使的效力,但在普通债权已进入执行程序的情况下,为保障执行债权人对于没收物已经取得的获得清偿的期待利益,域外国家和地区普遍通过刑事没收与民事执行竞合处理机制,对案外人债权予以一定程度保障。具体来说,在原物没收与民事执行发生竞合的情况下,存在以下几种处理模式:第一,执行方式降格处理模式。在我国台湾地区的司法实务中,刑事法院

---

① 参见陈典圣:《刑事扣押程序与强制执行程序之竞合与处理》,载《月旦裁判时报》第61期(2017年)。

通常不会裁判将财产没收,而是改为追征裁判,在执行追征裁判的过程中,追征金债权与普通债权依民事强制执行程序中的参与分配规定办理。第二,“先着手主义”处理模式。该模式主要规定于日本《1999 年关于处罚有组织犯罪及犯罪收益的规制等法律》之中。依据该法第 35、37、38 条的规定,没收保全命令先执行时,强制执行程序虽可查封但不可进行变价程序;强制执行先查封时,除了执行债权人是假债权人、是犯人或恶意者之外,不得判决没收。[①] 第三,权利主体升格处理模式。美国《联邦法规》(Code of Federal Regulations)对判决债权人(judgment creditor)规定了与普通债权人(general creditor)不同的权利处理方式。判决债权人,是指已经获得针对债务人作出的判决,但判决却尚未完全履行的人。美国《联邦法规》第 28 编第 1 章第 9.6 条(f)项规定,判决债权人可以视为留置权人(lienholder),并有资格获得没收减免,如果其符合以下条件:(1)判决在没收财产被扣押之前已正式记录在案;(2)根据当地法律,判决构成对所扣押的没收财产有效的留置权;以及(3)债权人根据判决对财产享有权利时,不知道导致没收的犯罪罪行发生。第四,债权优先处理模式。澳大利亚法律对债权人提供了更为宽泛的保障。澳大利亚《2002

---

① 依据该法第 35 条之规定,没收保全命令执行后,对于已被没收保全的不动产、船舶、航空器、车辆、营造机械或小型船舶开始强制拍卖的裁定,或对该被保全之动产依强制执行查封后,除非没收保全命令失效,或缴纳担保金,否则不得对没收保全财产进行强制执行。该法第 37、38 条规定,在没收保全执行之前,已经开始强制拍卖程序或已被强制执行查封的财产,法院不得作出没收的裁判,但执行债权人的债权是假债权,或其明知执行标的是没收财产而申请强制执行,或执行债权人是犯人时,不在此限。当执行债权人的债权是假债权,或明知执行标的是没收对象财产而申请强制执行,或执行债权人是犯人时,检察官可向法院申请停止执行,没收保全失效、代替金缴纳后,停止执行的理由不存在时,或不当地过长停止执行期间时,法院可依检察官或执行债权人的申请,或依职权撤销停止执行的裁定。

年犯罪收益追缴法》第24条规定,法庭可以将被追诉人善意负担的债务排除在财产之外。

2. 替代物没收与案外人债权的关系

与原物没收不同,替代物没收的对象是被没收人的合法财产,其本身并没有受到犯罪行为污染。为防止刑事没收效力过分扩张而对公民财产造成不恰当的干预,域外国家和地区通常对替代物没收作出与原物没收不同的效力规定。"其他债权不可自被告人之犯罪所得直接获得赔偿。而国家没收不能时,改执行追征,此时国家受偿顺位应退至一般公法债权的地位,除非另行立法指定其属于特别优先之债权。"[①]在日本,替代物没收并没有优先受偿的效力,其他债权人可以通过替代物受偿。日本《1999年关于处罚有组织犯罪及犯罪收益的规制等法律》第44条规定,检察官为了执行追征保全所发出的命令具有假扣押的效力,追征保全假扣押与民事强制执行竞合时,就按照强制执行程序中的假扣押和强制执行假扣押或终局执行竞合时的方式处理。[②] 结合日本《刑事诉讼法》第490条和《强制执行法》第87条的规定,当双方假扣押并存时,待追征判决后,扣押物变价后之价金,经由分配程序,依债权比例的先后顺序,分配给各债权人。当追征保全假扣押与强制执行终局执行竞合时,由强制执行的终局执行进行变价程序,追征保全假扣押所获得的分配金额依法提存,强制执行获得的分配金额提款清偿。当然,在侦查阶段,案件往往处于浮动的状态,没收原物的保全和追征保全的界限通常并不是清晰可辨的,为尽可能保证被追诉人和案外人的财产权不受到来自国家机关的过分干预,实践

① 苏永钦:《没收新制实施三年的检讨与展望》,载《月旦裁判时报》第6期(2020年)。

② 参见张凌、于秀峰编译:《日本刑法及特别刑法总览》,人民法院出版社2017年版,第368页。

中,检察官需要在申请扣押裁定时对两者的范围予以释明。[①]《美国法典注释》第21编第13章第853条(p)项和(a)项对替代物没收与受犯罪行为污染的财产(tainted asset)的没收作区别对待,但没有明确对替代财产适用回溯原则。司法实践中,一些法院从法律规定的本身含义出发,认为回溯原则不适用于替代财产,且政府在审前不能对替代物采取限制措施。[②] 基于此,在法院对替代财产作出没收裁判之前,债权人自然可以通过替代财产获得清偿。

3. 刑事没收与破产债权人的财产权保护

刑事诉讼和破产程序通常都是为了最大限度地补偿受债务人行为侵害的人(无论该行为是犯罪、侵权行为还是合同行为,或者是一种商业误判)的损失。但两种程序的运行机制和侧重点却存在很大的不同。刑事诉讼程序通常不会考虑一般商业债权人和雇员的利益,而破产程序通常将投资者和股东归入可以获得分配的债权人范围。同样,虽然破产法院对债务人的财产拥有专属管辖权,但刑事诉讼的运行可能使相关财产被国家专门机关扣押,进而优先赔偿被害人或上缴国家财政。当两种程序同时存在时,不同权利人之间的权利分配可能出现激烈冲突。

探讨刑事诉讼中破产债权人的财产权保护,需要关注以下两个问题:第一,没收标的物是否可以作为破产财产用来清偿破产债权;第二,破产程序与刑事诉讼程序的关系应如何协调。对于第二个问题,又可以具体细分为两种不同的情况:一是债务人企业进入破产程序后,发现该企业曾经存在涉嫌犯罪的行为未被追

---

① 参见陈典圣:《刑事扣押程序与强制执行程序之竞合与处理》,载《月旦裁判时报》第61期(2017年)。

② See *United States v. Field*, 62 F. 3d 246 (1995); *United States v. Ford*, 64 Fed. Appx. 976 (2003); *United States v. Jarvis*, 499 F. 3d 1196 (2007).

究,在这种情况下,如何协调破产程序和刑事程序之间的关系;二是针对涉嫌犯罪的企业的刑事诉讼程序已经启动,而在刑事诉讼的过程中该企业又同时具备了破产的法定条件,在这种情况下,如何协调破产程序和刑事程序之间的关系。

就第一个问题来说,从域外国家和地区的相关立法来看,没收标的物通常不能作为企业的破产财产。例如,澳大利亚《1966年破产法》(Bankruptcy Act 1966,2020 年修订)第 58A 条规定,如果破产人的财产在破产日前被法庭签发的限制令或没收令所涉及,则该部分财产不能依第 58(1)条的规定归于破产受托人(official trustee)。如果法庭在破产日期之前对破产人发出罚金令,则该部分财产也不适用第 58(1)条的规定。该法第 114A 条也规定了破产程序中被限制令、没收令,以及罚金令涉及的财产排除破产法适用的制度。但在一些国家和地区,由于制度的差异和社会效应的考量,司法机关可能会将没收标的物划归为破产财产,以优先保障债权人的利益。例如,在美国,一些法院认为,刑事没收因附随于刑事诉讼,故属于自动中止的例外情形,[①]但在民事没收中被扣押但尚未判决的财产是破产法院管辖的财产,政

① 为在破产程序开始时就保持债务人财产的完整性,美国《破产法》第 362(a)条规定了在重整申请后应当自动停止的针对债务人财产的行为。具体包括:(1)包括公布或使用在内的司法、行政程序的启动或继续进行,或针对债务人的其他的行动或程序,已经或本应当在该法项下的破产案件开始之前就已经启动的;或追讨该法破产案件开始之前就已经发生的针对债务人的债权的行为;(2)强制执行在根据该法的破产案件开始之前法院作出的针对债务人或破产财团的付款判决;(3)任何旨在占有或者控制全部财团财产或者部分财团财产的行为;(4)任何针对财团创设、完善或执行担保权的行为;(5)任何对产生于破产申请之前的债务追加创设、完善或执行担保权的行为;(6)任何催讨、征收或实现破产案件开始之前产生的债权的行为;(7)债权人将其破产程序开始之前对债务人的负债与其债权进行抵销的行为;(8)税收法院启动或者继续进行有关债务人财产的诉讼程序。该法第 362(b)条规定了 18 种不受自动中止条款限制的情形,其中包括对债务人的刑事诉讼。

府如果要对财产进行没收，需要通过对没收申请进行证明以获得破产法院的自动中止救济(relief from the automatic stay)，否则该没收令(无论是针对原物，还是针对替代物)将被认定无效，没收令所针对的财产将仍然由破产法院管辖。[①] 例如，在 *In re Rodriguez* 案中，政府于 1994 年对在调查和起诉债务人涉嫌犯罪活动中查获的某些不动产和个人财产启动民事没收程序。1995 年，债务人根据美国《破产法》规定提出自愿破产申请。尽管在民事没收案件审理的过程中，破产程序仍在进行，但政府没有申请从自动中止中获得救济，以继续民事没收活动。政府于 1995 年获得法院签发的没收令，并于 2003 年执行。债务人针对没收令向法院提出动议，主张该没收令是在违反自动中止规定的情况下获得的，依据《破产法》规定，应视为无效。破产法院对债务人的主张予以认可，认定"由于政府没有从自动中止中获得救济，没收令违反了《破产法》第 362(a)条的自动中止规定，因此无效"。[②] 在司法实践中，出于比例原则和保证诉讼顺利、迅速进行的考量，一些情况下，政府也会主动放弃对已被破产法院控制财产的没收。例如，在 *United States v. Salerno* 案中，在刑事没收案件审理的过程中，债务人向破产法院申请破产重整(reorganization)。此后不久，政府放弃没收令所针对的没收财产，并将这些财产转给破产受托人(bankruptcy trustee)。[③] 又如，在 *United States v. Two Certain Tracts of Land* 案中，政府提出了

---

① See Myron M. Sheinfeld et al., *Civil Forfeiture and Bankruptcy: The Conflicting Interests of the Debtor, Its Creditors and the Government*, American Bankrutcy Law Journal, Vol. 69, p. 98 (1995).

② See *In re Rodriguez*, 2008 WL 8448043 (2008).

③ See *United States v. Salerno*, 932 F. 2d 117 (1991).

两项民事没收申请。没收申请指出,行为人 Teresa Rodriguez 在涉及政府协议的庞氏骗局(Ponzi Scheme)中欺骗投资者。一些同样对该投资计划持怀疑态度的债权人向州法院提出诉讼,而后迅速针对 Teresa Rodriguez 提出非自愿破产诉讼。破产受托人在随后的没收案件中提出了驳回没收申请的动议,政府同意法院作出即决判决(summary judgment),裁定没收程序所针对的财产属于破产财产,以使债权人获益。[①]

就第二个问题来说,域外国家和地区对破产程序与刑事诉讼的关系通常采取一种"民刑协同"的处理模式。一方面,刑事诉讼的进行仅会对其涉及的财产产生影响,而并不导致破产程序的全部中止。另一方面,如果在刑事诉讼的进程中涉案企业出现严重困难,相关企业也可以进入破产程序,从而保障债权人和投资人的利益。例如,澳大利亚《破产法》第 114A 条规定,如果破产人的财产在破产之日或之后被法庭签发的限制令或没收令所涉及,则该部分财产不适用破产程序以及相关财产分配规则的规定。该法第 114B 条规定,如果检察官根据《2002 年犯罪收益追缴法》申请法庭签发限制令或没收令,且该限制令或没收令涉及破产人的财产(无论申请是在破产日期之前,还是在破产日期之后),则在限制令或没收令的签发最终确定之前,该部分财产不适用破产程序以及相关财产分配规则的规定。在存在法定情形的情况下,[②]破产受托人可以针对限制令或没收令涉及的财产,

---

① See Myron M. Sheinfeld et al., *Civil Forfeiture and Bankruptcy: The Conflicting Interests of the Debtor, Its Creditors and the Government*, American Bankrutcy Law Journal, Vol. 69, p. 99 (1995).

② 申请人对财产享有排除没收效果的合法权利,或该财产并非通过违法行为获得。参见 *Queensland v. Harper*, [2009] QSC 267。

申请法庭签发排除令。在美国,对于破产程序与刑事诉讼程序相交叉的情况,一般作如下处理:第一,如果在破产程序启动之时,法庭已经对相关财产签发审前限制令,则该限制令通常赋予政府对相关财产的控制权。但破产受托人可以在自动中止申请程序中,代表破产企业对没收提出异议,如果异议成立,则该财产将会被归入破产财产。第二,如果在审前限制令签发之前,破产程序已经启动,则被告人依旧对财产享有合法权利,且该财产属于企业破产财产。然而,如果在破产程序待决期间法庭签发了没收令,则基于回溯原则,没收令所涉及的财产将被排除出破产财产的范畴。[①]

三、财产的划分与案外人财产权保护

司法实践中,涉案财物的权属关系极为复杂,需要没收的供犯罪所用之物、违法所得之物等财产,往往与案外人的合法财产混同、合并。随着案外人财产权的保障范围逐渐明晰,如何对财产进行划分以保障案外人合法财产权逐渐成为人们需要解决的重要问题。综合来看,域外对案外人财产权的保护主要有以下几种方式。

(一)提供补偿

该方式主要是指在案外人对没收对象享有合法权利(如共同所有权、担保物权、租赁权)的情况下,法官仍可对该财产宣告没收,但应给予案外人与其享有权利价值相当的补偿。例如,澳大利亚《2002 年犯罪收益追缴法》第 77 条专门规定了补偿令制度。根据该制度,如果法院确信没收财产的一部分价值不是通过

---

① See Craig Peyton Gaumer, *When Two Worlds Collide*, American Bankruptcy Institute Journal, Vol. 21, p. 14 (2002).

使用任何犯罪收益获得的，法院可以指示联邦向补偿令申请人支付同处分没收财产可能获得的款额和执行没收令所需支付的款额之间的差额相同的金钱。德国《刑法典》第74(f)条规定，当没收物之所有权或其他权利于没收裁判确定之际，为第三人有权支配或第三人于其上享有权利时，如果该权利因裁判而解除或受损，则应考量其价值对该第三人自国库以适当价值补偿。该法第74(c)条和第74(e)条也规定，因没收客体依其种类及情况对公众有危害或存在供实行违法行为的危险而将其没收的法院应命令解除第三人的权利，但应给予第三人相应赔偿。英国《2002年犯罪收益追缴法》也赋予财产权益因追缴令而归于消灭的案外人获得相应偿付的权利。[①]

（二）分割变现财产

该方式主要是指在案外人对没收对象享有合法权利的情况下，为方便财产分割，执法机关可先将没收财物变现，而后向案外人返还部分价款。《美国法典注释》第18编第46章第983条(d)项(5)款规定，法院可以直接出售整个财产，并将出售收益的一部分分配给政府，另一部分分配给无辜所有者。在 *U. S. v. Dorman* 案中，被告人和其母亲是没收不动产的共同所有人。为在没收不动产的同时保护被告人母亲的合法财产权，政府变卖该不动产，并将变卖后所得的净收益进行分割。[②] 英国《2002年犯罪收益追缴法》也规定，对第三人的偿付可从民事追缴托管人变现的可追缴财产中支出。

---

① 英国《2002年犯罪收益追缴法》规定，法院可以在追缴令中规定关联财产所有人或除外共同所有人的权益归于消灭，与此同时，在追缴令中规定由托管人向关联财产所有人或除外共同所有人作出相应偿付。

② See *U. S. v. Dorman*, 38 F. Supp. 3d 1328 (2014).

(三)权利保留

该方式主要是指在案外人对没收对象享有合法权利的情况下,通过保留案外人权利,或者放弃没收特定财物的方式,保证案外人的财产权免受没收的影响。例如,依据德国《刑法典》第74(e)条第2项和第74(c)条的规定,第三人在没收客体上之既有权利不受影响。当无法命令解除该第三人对没收客体之权利,或无从宣告没收时,法院可通过宣告没收替代价额,取代特定客体之没收裁判。在美国,作为善意购买者的商业承租人有权从刑事没收中获得第三方救济,而不是在被不动产新所有权人驱逐的情况下从联邦政府获得补偿。没收宣告后,联邦政府应为商业承租人制作租赁记录。基于该记录,承租人将继续享有对不动产的权利。不动产新所有权人可以同承租人重新谈判,以决定终止租赁的价格。[①]《美国法典注释》第18编第46章第983条(d)项(5)款也规定,当财产无法分割,且穷尽所有手段均无法对案外人的财产权给予充分保障时,法院可以允许无辜所有者保留政府扣押的财产。

(四)购买权益

该方式主要是指在案外人对没收对象享有合法权利的情况下,由案外人向执法机关作对价偿付,以使其获得对没收财产的完整所有权。例如,澳大利亚《2002年犯罪收益追缴法》第90条规定,在购买者向联邦支付了相当于没收权益价值数额的金钱,且通过法定的告知程序后,部长应当安排将财产上的权益转让给购买者。英国《2002年犯罪收益追缴法》也对关联财产持有人通过收购等值份额获得整个财产所有权的方式作出规定,以确保相关权利

---

① *U. S. v. One Rural Lot Identified as FINCA No. 5991 Located in Barrio Pueblo*, 726 F. Supp. 2d 61 (2010).

人能够通过购买权益的方式，继续保有其对追缴客体享有的权利。①

（五）创设新权益

该方式主要是指在案外人对没收对象的权利因没收而归于消灭的情况下，执法机关可以通过为案外人创设新权利的方式保障案外人合法财产权。该方式主要适用于英国。英国《2002 年犯罪收益追缴法》规定，在关联财产持有人的相关权益受追缴令影响的情况下，追缴令可为关联财产持有人创设新的权益。例如，法院可以指令一方共同所有人的房屋所有权归于消灭，但是可赋予该共同所有人对该房屋享有终身居住权，同时给予其补偿。

（六）直接分割

该方式主要是指在案外人对没收对象享有合法权利的情况下，执法机关可以直接分割财产，并对其中一部分进行没收。例如，在美国，《美国法典注释》第 18 编第 46 章第 983 条（d）项（5）款授权法院分割或清算财产，以便在财产部分属于无辜所有者时，政府能够继续完成其对财物的没收。法院可以将整个租约转换为共同租约，以便一方的利益可以被没收；法院也可以将财产实际分割成两部分，以便一个部分可以被没收。在 *Pacheco v. Serendensky* 案中，法院指出，相关规定并不排除对房产进行部分没收，允许案外人在没收后保留其在房产上的财产性权益。禁止部分没收可

① 英国《2002 年犯罪收益追缴法》规定，在法院对关联财产及共同财产作出处理之前，必须向关联财产持有人送达“催询单”，明确指出该财产是可追缴财产或关联财产。如果执法机关及关联财产持有人一致同意，法院可以作出双方同意的法院决定（consent order），由关联财产持有人向民事追缴托管人作对价偿付，所偿付的数额等值于可追缴财产的数额。此时，关联财产持有人将完全拥有整个财产的所有权，有效地收购执法机关所追缴的可追缴财产的份额。

能导致以违反宪法的方式剥夺案外人的财产权，禁止案外人对抵押物的赎回权并不会有利于没收惩罚犯罪目的的实现。[①]

第二节　权力限制：国家公权力的行使界限

国家强制力的广泛运用，构成了刑事司法的重要特征。为发现犯罪、控制犯罪，国家公权力必须主动出击，其对公民基本权利的主动干预在所难免。但不可否认的是，权力的运行并非总是“恰到好处”，其总是有膨胀的倾向，而权力的这种扩张本性也使相对人的合法权利极易遭受权力的不当侵犯。基于公权力的双重属性，通过刑事诉讼程序的合理设置对公权力的行使边界进行必要限定已经成为各国的普遍做法。总体来看，为在刑事诉讼中实现对案外人财产权的切实保护，公权力的行使需要遵循司法审查原则、比例原则和明确性原则。

一、基于司法审查原则的限制

（一）司法审查原则的含义和起源

司法审查原则，是指刑事诉讼程序的进行，应当由司法权予以控制，法院应充分发挥司法的能动作用，对强制性措施或处分的行使进行必要性、合法性审查，并作出公正的判断，以保障个人的合法权益，防止公权力的滥用。[②] 作为程序法治的重要内容，

---

① *Pacheco v. Serendensky*, 393 F. 3d 348 (2004).

② 参见万毅：《财产权与刑事诉讼——以被追诉人财产权保障为视角》，四川大学 2005 年博士学位论文，第 88 页；参见宋英辉等：《刑事诉讼原理》（第 3 版），北京大学出版社 2014 年版，第 185～186 页。

司法审查原则已为国际条约以及各主要国家的宪法及刑事诉讼立法所确认。《公民权利和政治权利国际公约》第6条和第9条分别对刑罚执行和强制措施执行过程中的司法审查原则予以确认。[①] 德国《基本法》第19条第4款规定，其权利受到公共权力侵犯的任何人，都可以要求法院对侵犯进行审查。该法第101条第1款第2项同时规定，不得禁止任何人受其法定法官之审理。法国《宪法》第66条规定，只有经过司法机关的审查才可对个人采取拘留措施。[②] 日本《宪法》第31、33、35条也分别对刑罚的科处、逮捕等强制措施的执行中司法审查原则的运用作出了规定。

司法审查原则的提出是人权保障的必然要求。"天赋权利"是近代自然法学的核心观点。近代自然法学认为包括平等、生命、财产等在内的天赋权利是人生而有之的，不可让渡。正因为人具有天赋的权利，所以"无论是谁在任何时候都不应把自己和他人仅仅当作工具，而应该永远看作自身就是目的"[③]。人必须受到尊重，人固有的权利不可受到其他力量的任意摆布。虽然基于社会秩序保障的需要，人们将部分权利让渡给国家，并允许国家运用一定的强制力对公民权利进行干预，但由于国家权力本身具有扩张性和侵犯性，需要对国家的权力行使划定界限，并保证其能够受到司法上的抑制。德国法学家赫尔曼教授认为："对于

---

① 《公民权利和政治权利国际公约》第6条规定"未经合格法庭最后判决，不得执行死刑刑罚"；第9条规定"任何因刑事指控被逮捕或拘禁被剥夺自由的人，有资格向法院提起诉讼，以便法庭能不拖延地决定拘禁他是否合法以及拘禁不合法时命令予以释放"。

② 法国《宪法》第66条规定，不得任意拘留任何人。司法机关是个人自由的捍卫者，它按照法律所规定的条件确保这个原则得到遵守。

③ 陆沉：《公平正义：人类永恒的难题——对"自然法"观念的意义分析》，载《西南民族学院学报（哲学社会科学版）》1998年第6期。

国家权力,必须进行划分和限制,同时对于公民,必须给予他可以要求法院审查的权利。”[①]通过这种方式,公民权利在国家权力面前才可能受到全面的保护。

司法审查原则是正当程序理念的逻辑延伸。正当程序理念源于英国早期的自然正义原则,其形成于英国、盛行于美国,如今已经成为现代法治国家人权保障最为重要的法律依据。“任何人均不得担任自己案件的法官”和“法官在制作裁判时应听取双方的陈述”是自然正义原则的两大支柱,是正当程序理念的应有之义。依照正当程序理念,为防止非正式的事实发现程序可能导致的公民个人权利被剥夺,追诉官员的追诉权力必须在司法权的控制下运行。[②] 由司法对刑事诉讼活动的进程进行控制,是由司法本身所具有的独特性质决定的。第一,司法权的行使主体是由专业人员组成的,以作出独立、公正裁判为根本职能的特殊官方机构;第二,司法权的运行需要遵循法定的程序规则,裁判的作出也要以法律和相关规范性文件为依据;第三,司法权的运行以国家强制力为后盾;第四,司法权的运作具有三方结构的工作形式,使通过司法活动产生的结果更加中立、专业和权威。基于此,在涉及公民权益处分时,由中立、合格的法院经过法定的司法程序作出决定,相较于由与案件存在利害关系的侦控机关单方面作出决定,具有更为公正的程序外观。

(二)司法审查原则与案外人财产权保障

1. 司法审查原则对程序性强制措施的限制

针对涉案财物采取的强制措施,是国家专门机关为了使刑事

---

① [德]约阿希姆·赫尔曼:《〈德国刑事诉讼法典〉中译本引言》,载李昌珂译:《德国刑事诉讼法典》,中国政法大学出版社1995年版,第6页。

② 参见宋英辉等:《刑事诉讼原理》(第3版),北京大学出版社2014年版,第185页。

诉讼活动能够顺利进行,而暂时限制或剥夺相关权利人对涉案财物占有、使用、处置的强制处分行为,具体包括搜查、扣押、诉讼中间出售等措施。[①] 对物采取强制措施的目的仅在于查控证据或保全财产,其并不具有终局性的实体处分的意义。

司法审查原则对对物强制措施的限制集中体现为搜查、扣押中的令状(warrant)主义。所谓令状主义,是指采取强制性措施的合法性和必要性,必须由法院进行审查,并由法院签署准予采取强制性措施令状的理论。[②] 在美国,无论是对证据进行扣押,还是对可能被没收的财产进行扣押或限制,均需要依据法院颁发的令状进行。美国判例认为,有资格签发令状的司法官员必须具有中立性和独立性,而且有能力对相关申请是否满足法定条件进行判断。[③] 执法警察或检察官应当向司法官员承担释明责任,使司法官员在相信有可成立理由时才批准扣押。美国《联邦刑事诉讼规则》第41(d)条规定,在收到宣誓书(affidavit)或其他材料后,治安法官或州法院法官需要对是否存在搜查和扣押某人财产的“可能的理由”(probable cause)作出判断,当存在“可能的理由”时,则必须向执行官员签发令状。《美国法典注释》第21编第13章第853条(e)项也规定,经政府的申请,法院可以签发限制令或禁止令,要求财产持有人提供一定的履约保证金,或采取任何其他行动,以保证财产可用于没收。在签发令状前,法官应当考虑,政府的没收主张是否有较大可能在诉讼中获得法院支持,不签发限制令或禁止令是否会导致财产毁损、转移或因其他

---

① 参见陈卫东:《涉案财产处置程序的完善——以审前程序为视角的分析》,载《法学杂志》2020年第3期。

② 参见宋英辉等:《刑事诉讼原理》(第3版),北京大学出版社2014年版,第186页。

③ See *Shadwick v. City of Tampa*, 407 US 345 (1972).

原因无法没收,签发限制令是否符合比例原则的要求。在英国,搜查、扣押措施的采取一般也需要经过令状的申请和颁发程序。警察需要向法官提出书面申请,申请书需要记载申请理由、法律依据、搜查场所、搜查对象等签发令状需要考量的内容。与此同时,英国《2002年犯罪收益追缴法》对财产保全扣押规定了相应的令状程序。该法第40、41、42条规定,检察官、局长或者特派金融调查员,可以向刑事法院申请限制令。刑事法院对于符合法定条件的申请[①]签发限制令。警察或者海关人员可以在限制令赋予的权限范围内扣押相关可变现财产,以避免财产转移,保障裁判的顺利执行。刑事法院同时享有撤销或变更令状的权力。依据英国《1984年警察与刑事证据法》的规定,对被扣押财产享有权利的人,可以在法定期限内向治安法院主张权利,以排除扣押措施的适用。[②] 英国《2002年犯罪收益追缴法》第42条也规定,任何受限制令影响的人均可以向刑事法院申请撤销或变更限制令。

令状主义同样适用于大陆法系国家和地区的对物强制措施。在日本,为防止公民权利受到公权力的不当干预,法律对于侦查机关权力的行使设置了来自司法层面强有力的限制。在侦查中,原则上只有经过法定的令状程序,并获得法官许可,才可以对人或物采取强制处分。[③] 依据日本《刑事诉讼法》第99、102、106条的规定,无论是查封证物或应当予以没收的物品,还是对身体、物

---

① 如关于该罪的调查已经开始,而且有合理理由相信犯罪嫌疑人从中获取了利益。

② 英国《1984年警察与刑事证据法》守则B第6节扣押和留置财产的指导性注释指出:"任何一个对被警察扣押的财产宣称权利的人,可以依据《1897年警察法(财产)》,向治安法院申请对财产的所有权,并且在适当的时候,应被建议采取这一程序。"但是任何申请都必须在作出剥夺之日起6个月内,由任何申请人根据法律规定提出。

③ 参见[日]土本武司:《日本刑事诉讼法要义》,董璠舆、宋英辉译,台北,五南图书出版有限公司1997年版,第2章第2节。

品、住所或其他场所进行搜查，都应由法院决定并签发查封证或搜查证。依据德国《刑事诉讼法》第98、105、111e条的规定，对于搜查，以及基于证据保全进行的扣押、基于财产保全进行的扣押和假扣押，原则上均只能由法院命令，在没有法院命令而扣押的情况下，所涉及人员可以随时申请法院裁定。我国台湾地区"刑事诉讼法"同样对搜查程序规定了令状主义程序。[①] 其第133－1条规定，非附随于搜索之扣押，除以得为证据之物而扣押或经受扣押标的权利人同意者外，应经法官裁定。

尽管令状主义已经为域外国家和地区普遍采纳，但相较之下，大陆法系国家和地区对令状主义的要求与英美法系国家和地区相比相对宽松。第一，从形式角度来说，大陆法系国家和地区对令状的形式要求较低。在大陆法系国家和地区，令状的申请与签发并不必须采取书面的形式，也并没有严格的格式要求，在一些情况下，口头批准搜查、扣押也为法律所允许。第二，从证据角度来说，大陆法系国家和地区对令状签发的证据要求相对较低。除了对于案外人的搜查和扣押，以及基于财产保全进行的扣押证明标准会相对较高，对于一般追诉人的搜查和扣押只要达到猜测或怀疑的程度就可以了。第三，从内容角度来说，大陆法系国家和地区对于令状内容并没有很高的特定性要求。在大陆法系国家和地区，尽管理论上要求令状对案件的基本情况，法律依据，搜查、扣押对象范围等内容作出明确规定，但实务上对令状内容的特定性要求却较低，只要令状并非对搜查、扣押对象范围毫无限制，[②]即可满足实务中对令状程序的最低要求。

---

① 我国台湾地区"刑事诉讼法"第128条规定，搜索票，由法官签名。法官并得于搜索票上，对执行人员为适当之指示。

② 如将"所有找到的客体"为扣押之类。

需要指出的是，虽然基于权利保护的要求，对物强制措施的启动原则上应以合法的司法授权为前提，但是侦查活动需要面对纷繁复杂的各种现实情况，完全坚持令状主义在实践中往往难以满足刑事诉讼惩罚犯罪目的的需求，也不符合诉讼经济原则的要求。因此，各国在承认令状主义的同时，也规定了相应的例外情况。在美国，根据有关判例，警察可以基于紧急情况、"一目了然"法则①，以及被逮捕者所能触及的范围内可能藏有武器或证据，进行无证搜查和扣押。例如，在 1966 年 *Boyden v. United States* ②案中，法院裁判认为，为避免因随时可能发生的燃烧、爆炸而使证据遭到毁损，警察可以对交通事故中的受损车辆进行无证搜查。在 1973 年 *United States v. Robinson*③ 案中，联邦最高法院认为，合法逮捕时的附带搜查是司法令状要求的例外，警察有权对被捕者的人身及其可直接控制的区域进行搜查。在 1973 年 *Schneckloth v. Bustamonte*④ 案中，联邦最高法院指出，在同意进行搜查的情况下，警察不需要提前获得令状，也不需要存在"可能的理由"。但该同意必须是相对人基于自愿作出的。在英国，作为令状主义的例外情形，警察可以在以下情形中直接行使扣押决定权：居住者同意⑤、紧急情况、为执行逮捕令而进行附带搜查

---

① 在 *Coolidge v. New Hampshire* 案中，美国联邦法院第一次讨论了"一目了然"法则。按照这个法则，警察在合法搜查时，违禁物或者证据在警察搜索的目视范围之内，此时，警察即使没有令状也可以扣押该物品。

② See *Boyden v. United States* ,363 F. 2d 551 (1966).

③ See *United States v. Robinson*, 414 US 218 (1973).

④ *Schneckloth v. Bustamonte*, 412 US 218(1973).

⑤ 英国《1984 年警察与刑事证据法》规定：如果经有权许可别人进入某住所的人的同意而对此住所进行搜查，如果可行的话，需要在搜查发生之前以书面形式在《权力和权利通知》上作出。

扣押、在查缉堵截时进行的附带搜查扣押①,以及在执行盘查时进行的附随搜查扣押②。在日本,刑事扣押的决定权主要由法官行使。只有在为执行逮捕而进行的附带搜查和扣押中,执法机关才可免受令状主义的限制。在德国,令状主义的例外情况主要集中于基于紧急情况进行的搜查、扣押,与此同时,德国《刑事诉讼法》专门规定了事后确认程序,以对无证搜查、扣押的合法性进行控制。③

2. 司法审查原则对涉案财物实体性处置的限制

涉案财物的实体性处置是指通过国家强制手段对涉案财物权属作出实体性处理的措施,包括没收违法所得、返还被害人、依法处置违禁品等。④ 实体性强制处分涉及财产归属关系的终局性认定,可能对当事人的权利、义务造成实质性的改变。基于此,实体性强制处分属于司法决定事项,原则上应当在审判阶段,通

---

① 英国《1994年刑事审判和公共秩序法》第60条规定,当警察局长或以下级别的警官有充分的理由相信在其辖区内任何地方有可能发生涉及严重暴力的事件,并且进行表层搜查扣押违法品有利于制止这样的事件时,他可以批准在不超过24小时的时间内,在他的辖区对行人和车辆进行搜查,看是否有犯罪武器或危险工具需要进行扣押。

② 英国《1984年警察与刑事证据法》第1条规定,警察在有合理根据怀疑可能发现被盗物品或者违禁物品时,可以拦截任何人或车辆,进行外部衣服的表层检查,发现可以合理怀疑为被盗物品的,即可扣押。

③ 德国《刑事诉讼法》第98条规定,扣押只能由法院命令,迟延扣押可能导致危险时亦允许由检察院及其侦查人员命令,没有法院命令而扣押标的的官员,如果扣押时既无扣押所涉及人又无其成年亲属在场,或者所涉及人和其不在场情形中其成年亲属明确地对扣押提出异议,应当在3日内申请法院确认。所涉及人可以随时申请法院裁定。该法第111e条规定:对基于财产保全而进行的扣押或假扣押,仅有法院有权命令,迟延扣押可能导致危险时检察院亦有权命令。检察院命令扣押或假扣押后,应当在1周内申请法院确认命令。所涉及人员可以在任何情况下随时申请法院裁定。

④ 参见陈卫东:《涉案财产处置程序的完善——以审前程序为视角的分析》,载《法学杂志》2020年第3期。

过严格的法庭审理程序，由法官作出最终裁判。基于诉讼经济以及所涉及人员财产权保护的需要，各国并不禁止有关机关在审前对扣押、冻结款物进行实体性处分，但这一处分同样需要受到司法审查的控制和制约。“对于涉案财物的处置权从应然层面上来说属于司法权的一部分，原则上应当通过诉讼程序予以解决，不能以封闭性、书面化的行政方式进行处置，更不能随意将该权力让渡给其他机关或人员。”[①]基于此，无论是审前的实体性强制处分还是审判阶段的实体性强制处分，均应由相对中立的法院经过一定的审理调查程序后才能决定。

就审前阶段实体性处置来说，域外国家和地区普遍规定了相应的司法审查与司法救济机制。澳大利亚《2002 年犯罪收益追缴法》第 259 条规定，某人有合理理由相信被扣押的物品为赃物，而根据搜查令或该法第 251 条对被扣押的物品主张享有权益的人可以向法庭申请一个令状，要求返还该物品。英国《2002 年犯罪收益追缴法》第 301 条也规定权利人对审前返还扣押财物的申请，应当向治安法院或郡治安官提出。[②] 在德国，基于诉讼经济原则的考量，审前对不存在权属异议的涉案财物的实体性处理可以交由检察院决定，但所涉及人员可以随时申请法院对该决定的合法性进行裁定。德国《刑事诉讼法》第 111k 条规定，动产的扣押如果对刑事程序的目的不再必要且已知被害人，并且无第三人请求权与此相抵触，应当将其归还因犯罪行为失去该动产的

---

① 陈卫东：《涉案财产处置程序的完善——以审前程序为视角的分析》，载《法学杂志》2020 年第 3 期。

② 英国《2002 年犯罪收益追缴法》第 301 条规定，根据该章对扣留现金或该现金的一部分主张所有权的人，可向治安法院或郡治安官申请对该现金或该现金的一部分解除扣留并予以返还。

被害人。对于该决定,所涉及人员可以随时申请法院裁定。如果被害人权利不明确,检察院可以申请法院裁定。我国台湾地区"刑事诉讼法"第142条规定,对扣押物的发还既可以依法院裁定进行,也可以依检察官命令进行;但第146条规定,对于扣押物发还之处分,受处分人可以在法定期限内向所属法院申请撤销或变更。

就审判阶段实体性处置来说,域外国家和地区均将涉案财物的处置作为法庭审理的重要内容。对涉案财物的处置主要存在两种程序:定罪没收程序和未定罪没收程序。未定罪没收程序并不以有罪判决为前提,其实质上是一套"独立于被追诉人刑事责任判定的对物处置程序"①。涉案财物处置是该程序主要解决的问题,法庭自然需要对涉案财物的处置进行充分的司法审查。在定罪没收程序中,有关涉案财物处置的"对物之诉"往往与解决被告人刑事责任的"对人之诉"相伴而行,且极有可能因刑事诉讼传统理论的影响而受到忽视。针对定罪没收程序中的涉案财物处置问题,域外国家和地区的相关规定普遍要求法院进行专门的法庭审理程序,以确定涉案财物的权属以及是否需要追缴或返还。德国《刑事诉讼法》第3章专门就"没收和扣押财产程序"作出了规定。没收是限制或剥夺人民财产权的干预处分,因此必须由法院通过裁判进行。没收对象若为被告人本人,其自然而然应就附随于刑事案件的涉案财物处置问题行使相应的诉讼权利,如果没收主体对象是第三人,则需要通过该法第431条规定的"命令参与没收"程序而参与财产没收程序。同时,针对有关涉案财物处置的裁判,无论是被告人还是第三人均可提出上诉、上告等。

---

① 方柏兴:《论刑事诉讼中的"对物之诉"——一种以涉案财物处置为中心的裁判理论》,载《华东政法大学学报》2017年第5期。

在澳大利亚,依据《2002 年犯罪收益追缴法》第 2 章第 3 节的规定,没收令的签署只能由法院作出。任何对没收令申请所涉财产主张权益的人都可以在审理申请时出庭并举证。在美国,检察官在提起公诉时应当在起诉书或通知书中列明对没收财产的指控,只有在检察官提起指控的情况下,法庭才会对没收问题进行审理。同时,法庭需要通过附属听证程序以确定除被告人以外的其他申请人是否对涉案财物享有可以排除没收的合法权益。

二、基于比例原则的限制

(一)比例原则的内涵和起源

源于普鲁士行政法的比例原则,是西方公法学上的一项重要原则。在一些国家和地区,比例原则甚至被视为公法中的"第一原则"或"帝王原则"。[①] 按照通说,比例原则包括三个方面:"(1)妥当性,即所采取的措施可以实现所追求的目的;(2)必要性,即除采取的措施外,没有其他给关系人或公众造成更少损害的适当措施;(3)相称性,即采取的必要措施与其追求的结果之间并非不成比例(狭义的比例原则)。"[②]

妥当性(适当性)原则要求公权力的行使必须有助于其预期的合法目的实现。其主要处理的是手段与目的之间的关系,强调公权力措施的"合目的性"。必要性原则又称最少侵害原则,是指在多个可以实现目的的手段中,国家机关应选择对公民权利侵害最小的一种。该原则是比例原则的核心内容,其主要处理的是手段与手段之间的关系,强调手段的"相同有效"和"最小侵害"。

---

① 参见陈新民:《德国公法学基础理论》(下册),山东人民出版社 2001 年版,第 380 页。

② 张明楷:《法益保护与比例原则》,载《中国社会科学》2017 年第 7 期。

相称性原则又称均衡性原则、利益性原则、狭义比例原则，是指公权力措施所损害的利益不得超过其希望保护的利益，两者之间必须合比例或者相称。其主要处理的是手段可能导致的结果与欲达成之目的之间的关系，强调公民私人利益与公共利益之间的平衡，着重从“价值取向”上为国家公权力的合理行使提供指引。

比例原则发轫于警察权力领域。比例原则最初的含义是指警察对人民权利的干预和限制只能以必要为限。第二次世界大战后，比例原则的内容不断丰富，并以德国药房案为标志逐渐上升为一项宪法原则。其规范领域已不仅局限于行政执法行为，立法和司法活动也同样需要受到比例原则的约束。[①] 比例原则对刑事司法的运作过程有直接的影响。“犯罪的扬弃是报复，因为从概念上说，报复是对侵害的侵害，又按定在说，犯罪具有在质和量上的一定范围，从而犯罪的否定，也是同样具有在质和量上的一定范围。”[②]作为犯罪反应机制的刑事追诉活动，应当在追诉手段和制裁措施的选择上符合比例原则的要求。德国学者赫尔曼曾强调，刑事追究措施的种类和轻重，应当与追究行为的大小相适应。[③] 基于比例原则的考量，针对犯罪所采取的强制性处分的严厉程度必须与犯罪的社会危害性大小、被追诉人的嫌疑程度，以及所涉权利的重要性等因素相互平衡。在实体层面，法官的司法裁量应满足罪责刑相适应的原则。在程序层面，国家公权力的行使，要与犯罪情节的轻重程度、相对人的具体情况、诉讼情势的紧急程度、诉讼措施时空关联等因素相适应，实现刑事诉讼中公

---

① 参见秦策：《刑事程序比例构造方法论探析》，载《法学研究》2016 年第 5 期。

② [德]黑格尔：《法哲学原理》，范扬、张企泰译，商务印书馆 1996 年版，第 104 页。

③ 参见[德]约阿希姆 · 赫尔曼：《〈德国刑事诉讼法典〉中译本引言》，载李昌珂译：《德国刑事诉讼法典》，中国政法大学出版社 1995 年版，第 13 页。

共利益与人权保障的平衡。

如今,比例原则已经在许多国际条约和国内立法中得到体现。法国在2000年6月15日第2000-516号法律中将必要性原则规定为刑事诉讼的一项基本原则,《刑事诉讼法》对具体刑事诉讼机制的设计也在很大程度上体现了比例原则的基本精神。日本法也在宪法和法律层面接受了比例原则。日本《警察(官)职务执行法》第1条第2款要求警察权的行使必须以"必要最小限度"为限。[①]《欧洲保护人权和基本自由协约》第2章规定,对个人的生命之剥夺仅在绝对必要之时才可实施。欧洲人权法院根据该协约的规定,运用比例原则保护人权。

比例原则是限权思想的集中体现。限权政府是近代以来为西方国家宪法所普遍强调的一项重要原则。限权政府意味着政府的权力要受被管理者的权利和自由的限制。[②] 近代各国宪法都或明或暗地将社会生活分为公共领域和私人领域两个范畴,并以此建立市民社会—政治国家二元对峙的格局框架。依据限权思想的核心观念,国家权力并不是绝对的、无限的,其行使需要以"自然权利"为边界。从比例原则的产生和发展来看,其最初的着眼点是公民基本权利的保障问题,亦即防止国家权力的行使对人民权益产生不合理、不适当的侵害和限制,这是其主要功能。其调整对象集中于国家机关对于公民基本权利的干预行为。这主要体现的是限权思想。可以说,限权思想是比例原则的主要观念渊源之一。

---

① 日本《警察(官)职务执行法》第1条第2款规定:"本法规定手段之行使,以执行前项目之必要最小限度为限,不得滥用。"

② 参见[美]加里·沃塞曼:《美国政治基础》,郑明哲等译,中国社会科学出版社1994年版,第26页。

比例原则是法治思想的必然要求。“撇开所有的技术细节，法治的意思就是政府的一切行动都受到事前规定并宣布的规则的约束。”[①]法的功能和目的在于实现正义，即基于公共幸福的合理安排，在个人的权利与义务之间建立起一种适度的关系，防止国家或个人越过这种适度的关系产生不正义的行为或后果。比例划定是“法”的内在属性，合比例的思想包含于法的制定与实施过程之中，是法治思想的逻辑延伸。可以说，比例原则就是法律基于公民权利保障而对国家公权力行使所规定的分寸要求。

（二）比例原则与案外人财产权保障

1. 比例原则的程序性限制

比例原则的程序性限制，是指国家专门机关在刑事诉讼过程中对公民权利所采取的具有强制性的程序措施，依据比例原则的要求进行系统性控制。比例原则作为一项宪法原则，其不仅在司法层面支配着专门机关的公权力行使，而且在立法层面为刑事诉讼中权力与权利的配置和协调提供逻辑起点。基于比例原则对干预公民财产权的强制措施进行限制需要把握好三重关系：一是程序控制与诉讼措施严厉性之间的比例关系；二是强制措施的选择与行为目的之间的比例关系；三是强制措施的选择与措施的关联对象之间的比例关系。

首先，就程序控制与诉讼措施严厉性之间的比例关系来说，比例原则要求对不同强度的诉讼措施加以不同程度的程序性控制。一方面充分发挥相关诉讼措施在追诉犯罪方面的功能效力，另一方面尽可能弱化其对基本权利的干预性和侵犯性。例如，基

---

① [英]弗雷德里希·奥古斯特·冯·哈耶克：《通往奴役之路》，王明毅等译，中国社会科学出版社1997年版，第73页。转引自张明楷：《法治、罪刑法定与刑事判例法》，载《法学》2000年第6期。

于侦查是否以受侦查人同意或承诺而进行,可以将侦查行为分为任意侦查和强制侦查。相较之下,任意侦查对受侦查人权利的干预和限制明显小于强制侦查。在刑事追诉程序中尽可能采取非强制性侦查措施,是近现代刑事诉讼程序的基本理念。为此,各国均对强制侦查规定了较任意侦查更为严格的程序性限制。囿于案外人并非刑罚权行使之对象,其无相当于被告人的程序权利,亦无如被告人一样的忍受义务,任意侦查优先原则在针对案外人的财产采取诉讼措施方面体现得更为明显。域外许多国家和地区均明确要求,针对案外人的侦查活动,应尽可能采取案外人自愿的方式。在需要对案外人的财产采取强制措施时,应当经过较被追诉人而言更为严格的审查。我国台湾地区“刑事诉讼法”规定,对于被追诉人的搜查,仅以“必要”为限。对于第三人的搜查,只有在“有相当理由”的情况下,才可以进行。① 对于如何区分“有必要”和“有相当理由”的要求程度,台湾学者林钰雄指出,无论是“有必要”还是“有相当理由”,都要求侦查人员对存在犯罪嫌疑和存在应受拘捕之人或应扣押之物进行说明。相较于“有必要”的要求,“有相当理由”还需要侦查人员具体说明为何怀疑应受强制处分的对象存在于第三人处。若侦查人员无法对这一要件进行证成,则无法形成足以使法官签发搜查令的合理根据。基于此,“有相当理由”的门槛较“有必要”更高。② 日本同

---

① 我国台湾地区“刑事诉讼法”第 122 条规定,对于被告或犯罪嫌疑人之身体、物件、电磁记录及住宅或其他处所,必要时得搜索之。对于第三人之身体、物件、电磁记录及住宅或其他处所,以有相当理由可信为被告或犯罪嫌疑人或应扣押之物或电磁记录存在时为限,得搜索之。

② 参见林钰雄:《刑事诉讼法》,中国人民大学出版社 2005 年版,第 305 页。

样依据强制处分对象的不同对令状要件进行了类似的区分。[①] 根据德国《刑事诉讼法》第102、103条的规定，对案外第三人的搜查，只能出于法律规定的特定目的，[②]且在有事实支持相关物品、人员存在的情况下，才可以进行。根据美国《联邦法规》第59.1条的规定，对于存放于案外人处的证物的获取，应当尽可能使用签发传票（subpoena）、行政传票（administrative summon）或政府请求（governmental request）等侵犯性较弱的方式，只有在以上方式无效的情况下，才可以使用搜查、扣押等强制性措施。又如，一般来说，强制措施持续的时间越长，其对公民基本权利造成的干预也就越大。基于此，域外一些国家和地区针对强制措施不同的持续时间，制定了不同的程序要求。德国《刑事诉讼法》第111b条依据不同的时间节点，对没收标的的保全性扣押规定了由第三级（最低）至第一级（最高）的证明门槛要求。在扣押启动时可能连证据都还没开始调查，因此此时的门槛应为最低。德国《刑事诉讼法》第111b条第1项和第2项规定，如果有理由认为，收缴或没收的前提条件存在，即可通过扣押或假扣押对标的物进行保全。此时"有理由"的门槛相当于启动侦查；也就是说，仅需有"简单的嫌疑"即可采取扣押措施，以避免相关财物因未及时保全而转移、丢失或毁损。然而，扣押的门槛会随着时间的推移而逐渐提高。扣押期间一般仅限于6个月（自核准扣押令起算），若扣押期间经过后仍需对标的物继续扣押，应有"重大且迫切理由"才能被允许。所谓"重大且迫切理由"，相当于羁押重大犯罪

---

① 日本《刑事诉讼法》第100条和第102条规定，对被告人进行搜查、扣押的条件为"有必要"，而对被告人以外的人进行搜查、扣押的条件为"足以认为与案件有关""有一定的客观状况足以怀疑扣押之物存在"。

② 包括抓获"被指控人"、追寻"犯罪行为线索"或起获"特定物品"。

嫌疑门槛(第一级):一是被追诉人具有实施犯罪行为的高度可能性,二是扣押财产具有被裁判没收的高度可能性。在第三级与第一级门槛之间,德国《刑事诉讼法》还另设一个缓冲期,缓冲期内一方面维持暂时扣押效力,另一方面让检察官补足从第三级到第一级的门槛落差,可暂称其为第二级门槛。该法第111b条第3项对一定的事实构成犯罪嫌疑,且因侦查困难或其他原因使6个月的扣押期间不足的案件,作出了可延长措施的规定。符合者可延长扣押6个月,加上原扣押期间,总共12个月。实践中检察官几乎都会申请缓冲期延长扣押,因此,三个层级门槛是第三级(0～6个月)、第二级(7～12个月)、第一级(12个月以上)。①

其次,就强制措施的选择与行为目的之间的比例关系来说,比例原则要求采取强制措施应当有助于行为目的的实现,且为实现该目的而采取的强制措施对公民财产权的损害须最小且保证得失平衡。例如,依据扣押的标的物不同,扣押可以分为保全证据之扣押以及保全财产之扣押。由于两种扣押的目的以及扣押标的物本身的特征存在不同,两种扣押干预手段的选择也有差异。保全证据之扣押的重点在于"保真",即保证证据能够客观、准确地证明案件事实情况;保全财产之扣押的重点在于"保值",即保持财物的价值稳定,使未来的裁判得以顺利执行。在干预手段方面,保全证据之扣押,不需要限制权利人对扣押物之转移、设定负担或其他处分行为的效力;保全财产之扣押,则需要对扣押标的物私法上的转移、负担设定等可能对财产的价值和可执行性产生影响的处分行为进行限制。保全证据之扣押往往需要对涉

---

① 参见林钰雄:《没收之程序问题(上)——德国法之鸟瞰与借镜》,载《月旦法学教室》第151期(2015年)。

案财物转移占有或限制使用，以保持涉案财物的特定属性或内容；保全财产之扣押的执行手段更为灵活，其可以通过提供担保或限制处分的方式实现"保值"要求，并不一定采取干预权利人占有或使用的执行手段。

基于两种扣押不同的制度理念以及对财产权不同的干预强度，域外国家和地区普遍建立了证据保全扣押与财产保全扣押双轨制模式，根据两种扣押不同的特点构筑了不同的程序规范体系，并在两者发生竞合时依据各自的法律规定签发相关令状。[①]德国《刑事诉讼法》分别于第 94 条和第 111b 条至第 111p 条对"为保全证据的扣押"和"为确保刑之执行所为之扣押"作出了规定。在扣押范围方面，该法第 94 条规定的保全措施之客体仅限于重要的证物，以及德国政府机关核发的驾照。依据该法第 111b、111c、111d 条之规定，出于保证追缴、没收、罚金刑之执行而为的扣押与假扣押，其范围可针对动产、不动产、债权，以及被追诉人的合法财产。就扣押的执行手段而言，德国《刑事诉讼法》针对两种不同的扣押设置了阶梯形的执行手段体系。对于证据扣押，主要以直接取走或签发限制使用命令的方式（如禁止除侦查人员以外的人进入）进行。对于"为确保刑之执行所为之扣押"，该法则基于执行对象和执行情况的不同特点，设置了更为灵活的执行手段，这使其不仅包括传统意义上的转移占有型扣押，还包括标示扣押、作扣押登记等不禁止使用但限制处分的扣押形式。例如，依据该法第 111c 条的规定，既可以通过改变财物占有的方式予以扣押，也可以通过标示扣押的方式禁止财物的转移与处分。在通过改变财物占有进行扣押的情况下，权利人对财

---

① 参见王士帆：《德国犯罪利得之扣押与假扣押——以基础规定（§ § 111b ~ 111f StPO）为中心》，载《月旦法学杂志》第 241 期（2015 年）。

物的占有、使用和处分均因扣押措施的采取而难以为继。通过标示的方式进行扣押,并不限制所有人或占有人的使用,而仅仅通过标记的方式限制其转让。

英美法系也存在类似的双轨模式。英美法系国家并不存在如大陆法系般内涵宽泛的扣押概念,但针对不同的保全对象,英美法系国家的刑事诉讼法也形成了干预强度依次递减的对物强制处分体系。在美国的刑事诉讼活动中,对证据的保全,主要是通过转移占有的扣押进行的。为获得证据扣押令状,追诉机关需要向签发令状的法官证明有充分的理由相信只要进行搜查就能查获并扣押与案件事实有关的证据。对于财产的保全,追诉机关除了可以申请扣押,还可针对需要保全的财产申请限制令(restraining order)、未决诉讼提示(Lis Pendens)等措施。《美国法典注释》第21编第13章第853条(e)项规定,在刑事没收程序中,法院可以基于政府提出的申请签发限制令或禁止令,要求被执行人提交一定的履约保证金(performance bond),或采取任何有效的行动,以保证在没收裁判作出后,该财产可被用于执行。未决诉讼提示与德国《刑事诉讼法》中的标示扣押较为相似,其是指当诉讼程序可能影响财产的所有权、抵押权、留置权或其他利益时,法院可以依申请签发有关财产情况的通知,以便使第三人在交易的过程中了解有关财产的未决诉讼情况,以及该未决诉讼存在的范围,避免不知情第三人的介入影响裁判的顺利执行。[①]

在扣押物返还方面,不同国家和地区规定了与扣押目的相适应的扣押物返还制度,保证在扣押目的得以实现的情况下,国家专门机关能够及时返还扣押财物。在德国,对于证据扣押,只要

---

① 参见方柏兴:《对物强制处分的功能定位与结构重塑》,载《北京理工大学学报(社会科学版)》2019年第1期。

该被扣押之物在刑事程序中缺少作为证据的需求时，即需立即撤销该扣押。[①] 对财产保全之扣押，德国《刑事诉讼法》第111c条第6款规定，受干预人可以通过立即缴纳价款或提供担保履行负担的方式，使被扣押物得以退还或暂时返还。美国也确立了相应的返还制度，以实现公民权利和公共利益的平衡。《美国法典注释》第21编第13章第853条(e)项规定，如果被告人能够提供符合要求的保证金，则检察机关可以不对特定财产采取扣押措施。

最后，就强制措施的选择与措施的关联对象之间的关系来说，比例原则要求国家专门机关采取强制措施时应对该措施的社会效果及可能侵害的对象范围进行考量。刑事诉讼措施的选择应当与其可能产生的"波及效应"相适应，且尽可能将其效应集中于采取诉讼措施的对象。例如，在美国，根据《美国法典注释》第18编第46章第983条(f)项的规定，申请人可以基于扣押可能导致申请人在生产、生活方面面临困境，向扣押机关提出解除扣押财物的申请。为使该申请获得批准，申请人必须证明其对财产享有占有权，以及政府继续占有财产将造成其生产、生活困难，且这种困难将超过财产返还申请人后可能产生的"损坏、丢失、隐藏或转移"的风险。如果扣押机关没有在15日内批准申请，申请人可以向财产扣押地或扣押令签署地法院提出申请。如果法院批准申请，财产将退还给等待民事没收裁判的申请人。澳大利亚《2002年犯罪收益追缴法》第24条规定，法庭可以将合理的生活费用、赡养费用、商务费用、善意债务排除在限制令

---

① 参见[德]克劳思·罗科信：《刑事诉讼法》(第24版)，吴丽琪译，法律出版社2003年版，第329页。

所涉财产范围之外。[①] 另外，由于企业往往人员众多且利益关系广泛，对企业财产采取强制措施通常会使大量的案外人受到影响，并产生恶劣的社会影响。基于此，域外国家和地区对企业财产的限制往往持非常谨慎的态度。在美国，《美国法典注释》第18编第96章第1963条(a)项规定，只有被告人在企业中的财产或财产性权益才可以被没收。在对企业财产采取限制措施时，政府需要明确证明哪些企业资产是需要被没收的。在*U. S. v. Riley*[②]案中，政府基于被告人通过相关企业实施诈骗行为而申请法院对企业签发限制令，并将企业交由政府监管。法院认为，该案中，单纯声称企业被用来实施犯罪行为并不足以使该企业具有可没收性，只有被告人在企业中的财产和财产性权益才具有可没收性。政府声称其打算没收2800万美元，但这只是该企业在被告人实施犯罪活动时估算的总收入。即使企业被列为刑事被告人，政府所声称的2800万美元也远远多于企业通过犯罪获得的实际收益。政府调查人员提供的证据不足以确定企业和需要限制的财产之间的具体关系，也无法证明哪些财产可能被最终没收。此外，对被控制企业任命监管人，并决定对哪些债务人和保险索赔人进行清偿，已经超过了美国《1970年反勒索及受贿组织法》对审前限制令规定的权力范围，与政府权力存在矛盾。

2. 比例原则的实体性限制

比例原则的实体性限制，是指刑事诉讼中国家专门机关对涉

---

① 澳大利亚《2002年犯罪收益追缴法》第24条规定，法庭可以将下列限制令所涉财产的一项或者多项或者财产的特定部分排除在限制令所涉财产范围之外：(1)财产被限制人的合理生活费用；(2)任何该人所赡养之人的合理生活费用；(3)该人的合理商务费用；(4)该人所善意负担的债务。

② *U. S. v. Riley*, 78 F. 3d 367(1996).

案财物的处置,应当合乎比例原则的要求。其主要体现为法院在对涉案财物作出是否应当没收的裁判时,应当考虑对涉案财物的没收可能导致的资源耗费,以及没收对相对人造成的经济负担是否与希望通过没收达到的惩罚犯罪的效果相适应。澳大利亚《2002 年犯罪收益追缴法》第 48 条第 3 项规定,没收令的签发应当与没收令执行可能对个人产生的困难、没收财产的社会危险性,以及犯罪的严重程度相适应。[①] 在美国,依据 *Austin v. U. S.* [②]案的裁判,《宪法第八修正案》的"过度罚款条款"(Excessive Fines Clause)同样适用于民事没收和刑事没收领域。在该案中,申请人的车身修理厂和移动房屋作为毒品犯罪工具而被民事没收。美国联邦最高法院认为,没收用于毒品犯罪或打算用于毒品犯罪的财产是"向主权国家支付作为对某些犯罪的惩罚"。因此,即使没收具有某种补救目的,仍要受到"过度罚款条款"的调控。无论是民事没收还是刑事没收,没收的范围应当与非法行为的严重程度相称。该案对于申请人民事没收的裁判,与犯罪的严重程度相比过于严苛。在 *Alexander v. U. S.* [③]案中,财物没收中的比例原则问题再次得到强调。该案中,被告被判违反了《联邦淫秽法》(Federal Obscenity Iaws)和《1970 年反勒索及受贿组织法》。被告人除被判处徒刑和罚金外,还被迫放弃了他的生意和通过敲诈勒索获得的近 900 万美元。美国联邦最高法院认为,《宪法第八修正案》有关过度罚款的规定适用于刑事没收,

---

① 澳大利亚《2002 年犯罪收益追缴法》第 48 条第 3 项规定,在考虑就特定财产签发没收令时,法庭可以考虑没收令的执行可能给任何人造成的任何合理困难、没收令指定财产的一般用途或曾经打算用于的目的,以及该犯罪或者有关犯罪的严重性。

② *Austin v. U. S.*, 113 S. Ct. 2801(1993).

③ *Alexander v. U. S.*, 509 U. S. 544(1993).

并将该案件发回上诉法院，以决定是否没收过度。在这两起案件后，一些联邦法院已经将财物所有者是否无辜，以及相对罪责的大小纳入确定没收是否构成过度罚款需要考量的因素。《美国法典注释》第18编第46章第983条(g)项规定，案外人可以以没收与罪行严重程度严重不相称为由对没收提出疑问，并承担相应的证明责任。德国《刑事诉讼法》第430条规定，出于诉讼经济与惩罚犯罪的必要性等方面的考量，法院可以将对犯罪行为的追诉限于没收以外的其他法律后果。①

三、基于明确性原则的限制

(一)明确性原则的内涵和起源

明确性含有明白、正确的含义，即能够为普通人所理解，且用语恰当，内容清晰。② 公法意义上的明确性原则是指“立法行为(包括议会立法和委任立法)、授权行为、行政行为以及司法行为应该符合明确性要求”③。明确性原则的目的，在于防止国家公权力的滥用，并使人们可以预见自己的行为后果。大陆法系的罪刑法定原则是公法上明确性原则的重要源头。根据罪刑法定原则的一般要求，罪刑不仅在形式上是法定的，而且在内容上也应当是明确的。内容不明确的罪刑规定无法对刑罚权的行使起到限制作用，罪刑法定原则力求实现的保障公民自由的目的也将成

---

① 德国《刑事诉讼法》第430条规定，附加刑没收与预期判处的刑罚或矫正及保安处分相比不重要，或者涉及没收的程序可能需要过大耗费或此程序可能使对犯罪行为作出其他法律后果的裁判过于困难时，经检察院同意，法院可以在程序的任何阶段，对犯罪行为的追诉限于其他法律后果。

② 参见罗傅贤：《行政程序法基础理论》，台北，五南图书出版有限公司1993年版，第61页。

③ 胡建淼：《论公法原则》，浙江大学出版社2005年版，第655页。

为空谈。基于此,罪刑法定原则又内含不明确即无效原则(void-for-vagueness doctrine)。[①] 此后,明确性原则经历了纵向上升和横向扩散的过程,逐渐从一个在刑法领域要求立法明确的原则演化为对公法领域中所有立法、行政、司法行为起到指引、制约作用的重要原则。

公法领域中明确性原则主要源于法的安定性原则。德国学者认为,法的安定性可以从内容和形式两方面来理解。"内容上的法的安定性是指法律规范内容的明确性,即所有的法律规范都应当明确具体,公民可以明确无误地理解,国家活动因此具有可预测性……形式上的法的安定性是指法律的稳定性和可靠性,具体表现为法的连续性原则和信赖保护原则。法律的溯及力必须予以限制,公民对法律的信赖必须予以保护,行政行为的内容必须明确肯定。"[②]根据法的安定性原理,明确性不仅是法律的应有属性,同时也是公权力行使的必然要求。如果法律缺乏明确性,则公权力的运行必然难以为人们所预测;如果公权力行使不具有明确性,相对人的权利就可能随时处于不确定的状态,法的安定性价值也将荡然无存。公权力行使是将立法层面的一般性规定适用于实际中的具体个案的过程。可以说,法律明确性原则衍生出了行政行为明确性原则,而后者也是法律明确性原则在法律实施阶段的具体贯彻。

现阶段,学者对明确性原则的研究主要集中于宪法、刑法和行政法领域,对于刑事诉讼程序中明确性原则的运用关注不足。笔者认为,基于刑事诉讼的特点以及现阶段相关的立法规定,明确性原则在刑事诉讼中同样适用。

---

① 参见胡建淼、钱建华:《行政明确性原则初探》,载《江海学刊》2004 年第 5 期。

② 胡建淼、钱建华:《行政明确性原则初探》,载《江海学刊》2004 年第 5 期。

一方面，在法律分类上，行政法与刑事诉讼法都属于公法。其所调整的都是公权力之间以及公权力和私权利之间的关系。由于作为法律关系双方的国家与公民之间的主体地位并不对等，公权力容易被滥用并严重威胁公民、法人的合法权利。① 基于此，对公权力之间以及公权力与公民权利之间的矛盾运动进行调整，规范国家机关的公权力行使，保障公民的合法权利，自然成为行政法与刑事诉讼法的共通法理，而源于共通法理的明确性原则自然应当进入刑事诉讼法的视野。事实上，虽然刑事诉讼法学界在理论层面对明确性原则鲜有论述，但该原则已广泛地体现在各国的立法和司法实践中。

另一方面，刑事诉讼措施具有较强的干预性和侵害性。刑事诉讼的过程，是实现国家刑罚权的过程，而刑罚权的实现必然带来公民基本权利的限制和剥夺，公民可能因为受到刑罚而丧失财产、自由，甚至生命。与此同时，国家机关在刑事诉讼中往往会采取带有一定约束力并对公民权利造成一定限制的措施，如逮捕、扣押、监听等。相比于其他诉讼，刑事诉讼中国家权力的运用具有主动性、普遍性和深刻性，国家公权力与个人私权利之间的剧烈冲突，在刑事诉讼中常常出现。可以说，刑事诉讼中公权力的运用，对个人的自由与安全产生了重大影响。基于此，为保证公权力在合理的轨道内运行，通过明确性原则对刑事诉讼措施进行一定的约束是极为必要的。

（二）明确性原则与案外人财产权保障

1. 法律规定明确性

法律明确性原则基本的要求就是有关限制和剥夺公民基本

---

① 参见袁曙宏：《公法学的分散与统一》，北京大学出版社2007年版，第18～26页。

权利的法律必须用语清晰、明白。[①] 长久以来,法律明确性原则的核心价值是“预告规则”和“拘束权力”。缺乏明确性的刑事诉讼法律规定可能导致国家权力的滥用,也难以保证法院对国家公权力的行使作出正确的司法审查。在对法律是否具有明确性进行审查时,最重要的两个因素是理解的可能性和预见的可能性,亦即法律规定的内容可以为普通民众所理解,且民众可以根据法律规定预见自己行为可能产生的法律效果。[②]

针对案外人的财产权保障,刑事诉讼法有关财产权限制或剥夺的规定应当在以下几个方面坚持明确性原则。

首先,行为主体明确性。“程序代表一个行为的过程,即某个主体的行为系列,有时是若干主体的动态联系。”[③]刑事诉讼程序是诉讼主体进行诉讼行为的过程,诉讼行为主体的明确性是刑事诉讼法律规定构成要件具有明确性的必然要求。基于对公民基本权利的保障,限制和剥夺公民财产权的诉讼行为,应当由法律明确授权的特定国家专门机关来行使,缺乏授权的机关、团体和个人不得对公民财产权采取干预措施。例如,基于司法审查原则,域外国家和地区普遍规定,搜查、扣押等强制措施以及没收等涉案财物处置的决定权应当交由法院行使。除法律明确规定外,其他机关不得径行采取上述强制措施或对涉案财物进行处置。又如,域外国家和地区对于扣押财物的先行处置也作出了明确授权。德国《刑事诉讼法》第 111i 条规定,侦查程序和判决具有确

---

① 参见欧爱民:《法律明确性原则宪法适用的技术方案》,载《法制与社会发展》2008 年第 1 期。

② 参见欧爱民:《法律明确性原则宪法适用的技术方案》,载《法制与社会发展》2008 年第 1 期。

③ 关保英:《行政法的价值定位》,中国政法大学出版社 1997 年版,第 169 ~ 179 页。

定力后,紧急转让由检察院作出命令。如果在能够取得检察院命令前,标的就面临腐坏变质,检察院侦查人员有权作出命令。提起公诉后,由处理本案的法院作出命令。如果在能够取得法院命令前,标的就面临腐坏变质,检察院有权作出命令。英国《2002年犯罪收益追缴法》第49条第2款也规定,可变现财产的处理和转移,应当由法院授权接管人进行。

其次,行为条件明确性。例如,域外国家和地区普遍对令状的签发以及涉案财物的处置规定了明确的条件。澳大利亚《2002年犯罪收益追缴法》第17条第3项规定,限制令的申请应由以下信息支持:犯罪嫌疑人可能实施了可公诉罪;如果限制令是为了限制犯罪嫌疑人之外的人的财产,该财产可能处于犯罪嫌疑人的有效控制之下;该财产是犯罪收益或犯罪工具。该法第49条对没收令签发的条件也作出了规定。德国《刑法典》第74条对没收的条件作出了规定。根据规定,如果是故意犯罪,对通过犯罪行为所得的物,或预备犯罪、实施犯罪使用的物或计划使用的物,法院可以命令没收。又如,对于先行处置,域外国家和地区的通行做法是,只有在涉案财物面临价值重大减损的风险或者保管费用过高的情况下,有关机关才可以对相关财物进行先行处置。德国《刑事诉讼法》第111i条规定,如果被扣押、查封的财产面临腐败变质或者价值重大减损,或者保养、维护费用过大或有困难,允许在判决具有确定力前转让该财产价值。美国《联邦刑事诉讼规则》第32.2条规定,如果(1)财产在等待处置的过程中易腐烂、变质或受损;(2)保管财产的费用过高或者与其市场价不相称;(3)因为财产所有权人未履行约定,财产需要被抵押或用来缴纳税款;(4)法院认为存在其他正当理由,经一方当事人或对财产具有管理权的人提出动议,法院可以下令全部或部分出售财产。

再次,行为方式明确性。国家专门机关应当通过法定的方式对公民的财产权采取限制或剥夺的措施。对于这些行为方式,刑事诉讼法应当作出明确的规定。例如,对于扣押或限制令的执行方式,各国普遍作出了详细规定。德国《刑事诉讼法》第111c条规定,扣押动产,应当将动产交付保管或者用印章或其他方式标示扣押之。澳大利亚《2002年犯罪收益追缴法》第33、34条规定,在法庭签发限制令后,检察官应当将该限制令告知其可能涉及的人,并要求特定种类财产申请登记机关详细登记涉及该类财产的限制令。又如,对于扣押财物的先行处置,各国也普遍规定了较为周详的处置流程。德国《刑事诉讼法》第111i条规定,命令紧急转让前,应当听询被指控人、所有权人和物上其他权利人。只要看来可执行,应当向他们通知转让命令以及转让的时间与地点。不服检察院或其侦查人员命令的所涉及人,可以申请法院进行裁定。法院可以命令停止转让,紧急情形中审判长可以作出命令。英国《2002年犯罪收益追缴法》第49条第8项规定,法院在授权接管人对限制令所针对的可变现财产进行处理或命令转移、准许、消除任何在此财产上的利益时,应当保证涉及的权利人享有陈述意见的充分机会。

最后,行为效果明确性。澳大利亚《2002年犯罪收益追缴法》第17条第2项规定,限制令可能涉及的属于犯罪嫌疑人之外的另一个人的财产包括:受犯罪嫌疑人有效控制的另一人的指定财产;作为犯罪收益和犯罪工具的另一人的指定财产。该法第330条明确规定了第三人财产可以停止作为犯罪或非法行为收益的具体情形,且于第34、37条对限制令的法律效力作出规定。其指出,对于已经登记限制令的财产,任何此后处置该财产的人将被认为是非善意的，任何违反限制令要求处分或处置财产的人，可能构成犯罪。美国《滥用毒品防治与控制法》第853(e)条对审前限制令的效力也进行了限定。依据该法签发的限制令，法院有权命令被告回收(repatriate)任何可能被扣押或没收的财产，并将该财产存放在法院登记处、执法局，或财政部的秘书处。如果适当的话，也可以存入一个计息账户(interesting-bearing account)。

法律的明确性是法律安定性的必然要求，但基于语义的开放性、语用的开放性，以及社会生活的开放性，法律也不可避免地呈现“开放性结构”，绝对的明确性在实践中是不可能实现的。为弥补对绝对明确性不切实际的理论想象，域外法学理论和司法实践对法律明确性原则又增加了“司法审查的可能性”要求，即通过司法审查对法律中不确定的概念进行明确化和具象化。[①] 正如凯尔森在其《纯粹法理论》中所指出的那样，“优秀的立法者绝不反对法官对其立法加以必要的自由裁量，因为其深知自身未能也无法预见未来之所有情形，而只能针对普通情况制定一般规范。正因如此，其无法预见之情形便只能委诸法律适用者代为确定；至于其所能预见者，自然不必多此一举”[②]。

“司法审查的可能性”要求在英美法系国家表现得最为明显。例如，在美国，令状主义原则的例外一般都是通过法院判例的方式不断细化和明确的。在大陆法系国家，虽然判例法体系并不发达，但其仍然通过详细的裁判说理，充实、完善着法律的相关规定。

2. 国家专门机关诉讼行为明确性

刑事诉讼行为是刑事诉讼法律关系的主体所实施的符合诉

---

① 参见欧爱民：《法律明确性原则宪法适用的技术方案》，载《法制与社会发展》2008年第1期。

② ［奥］凯尔森：《纯粹法理论》，张书友译，中国法制出版社2008年版，第106页。

讼法上规定的构成要件，并且足以产生诉讼法上效果的行为。[①]明确性原则的意旨在于国家专门机关在依据刑事诉讼法设定法律效果，对公民的基本权利进行干预时应当尽量具体、明确，不生疑义。如果国家专门机关的诉讼行为不明确，相对人便无法知道国家专门机关对其权利义务进行了哪些限制，难以对未来的诉讼行为和诉讼策略作出合理安排。此外，欠缺明确性的诉讼行为存在被国家专门机关随意解释的风险，当事人及案外人的权利义务由此陷入一种不明确的状态。

针对案外人的财产权保障，国家权力机关应当在以下几个方面坚持明确性原则。

首先，令状内容应当明确。基于令状主义原则，法院签发的令状的内容涉及执法机关采取强制措施的边界。如果令状的内容不明确，则被采取强制措施的人的权利将面临何种限制和侵害就是未知的，这将使其实体的权利义务陷入被执法机关随意解释的风险之中。在美国，为防止基于治安法官已经授权的表象而随便搜查和扣押财物，以保护公民不被错误地剥夺对财产的占有权，《宪法第四修正案》强调泛泛地搜查和扣押是法律所不允许的。美国《联邦刑事诉讼规则》第41(e)条规定，搜查、扣押某人财产的令状必须对搜查、扣押的对象作出明确记载，并指定应当向哪位治安法官返还令状。同时，令状应当指明执行官员执行令状的期限和具体要求。[②] 在英国，治安法官的决定不是一般令状而是特定令状，即令状应当对搜查、扣押的范围作出明确限定，防止对不特定的个人或财产采取搜索扣押措施。在大陆法系国家，

---

① 宋英辉等：《刑事诉讼原理》(第3版)，北京大学出版社2014年版，第138页。

② 如执行官员应当在不超过14天的规定时间内执行令状；除特别授权外，令状应当在白天执行；令状应当交还给指定的治安法官。

法律也对令状的明确性作出严格要求。在德国,令状需要对扣押理由、范围、目的(财产保全扣押或证据保全扣押)进行明确记载,令状内容不明确可能导致扣押决定无效。[①] 日本《刑事诉讼法》第 219 条也对令状的特定性要求作出了细致规定。[②]

其次,指控或申请内容应当明确。所谓指控或申请内容的明确性,是指有关机关在提起诉讼或就财物没收提出申请时,应当就涉案财物的范围、涉案财物处理的意旨和依据等进行明确说明。明确的指控或申请内容对于不告不理原则的贯彻和案外人进行有针对性的诉讼准备是极为重要的。从域外国家和地区的相关规定来看,无论是定罪没收程序还是未定罪没收程序,没收申请机关均应当就涉案财物的处置问题进行独立且明确的陈述。德国《刑事诉讼法》第 432 条规定,若涉及对第三人之狭义没收或利得没收,检察官应于起诉书中表明欲对何人施加何等效果,并列明其事实及法律之依据。在英国,检察官或者资产追缴局局长(director of assets recovery agency)提出申请,是没收程序启动的一项基本条件。在检察官或者资产追缴局局长提出没收申请的情况下,其应当在刑事法院规定的期限内向法院提交与财产没收相关的详细的信息陈述(statement of information),[③]并将该信息陈述向没收所涉及的人送达。

---

① 参见林钰雄:《没收之程序问题(上)——德国法之鸟瞰与借镜》,载《月旦法学教室》第 151 期(2015 年)。

② 日本《刑事诉讼法》第 219 条规定,搜查、扣押令状的内容必须具有特定性,必须包括被搜查、扣押人的姓名、罪名,应扣押物品的名称,应进行搜查的场所、人身或物品,有效期间等;其中,扣押证上所写的扣押对象,应达到执行机关依照令状可以明白无误地识别相对物的程度。

③ 具体包括被告人是否具有犯罪生活方式、是否从一般犯罪行为或特定犯罪行为中获益、有关犯罪收益的数额等问题。

最后，裁判内容应当明确。内容明确的裁判可以帮助被告人充分理解裁判作出的依据、理由，并以此为基础作出是否服从裁判的理性选择。与此同时，裁判文书有关涉案财物处置的明确记载，可以为执行机关的执行行为提供明确指引，减少执行阶段被执行人与执行机关的紧张与对立，防止执行机关滥用权力侵害被执行人的合法财产权。澳大利亚《2002 年犯罪收益追缴法》第 56 条规定，在法庭签发任何没收令时，应当确定没收令签发时其所认为的没收令指定财产的价值。在澳大利亚各州层面的立法中，裁判内容的明确性原则得到了进一步强调。例如，西澳大利亚州《2000 年刑事财产没收法》（Criminal Property Confiscation Act 2000）第 44 条规定，法院在作出财产冻结命令时，应当对申请人的主张作出回应，并依序详细列明作出该命令所依据的理由；维多利亚州《1997 年没收法案》（Confiscation Act 1997）第 33 条规定，没收令必须明确其对于财产上的哪些权益适用。美国《联邦刑事诉讼规则》第 32.2(b) 条规定，如果法院经审理认为财物属于没收的范围，其必须迅速作出没收的初步命令，列出金钱判决的数额、指明没收的具体财产，并明确需要没收的任何替代财产。如果在判刑前，法院无法明确没收标的或其价值，法院可以作出概括性的没收令。该没收令仍然需要列明任何已经查明的财产、对其他财产进行概括性的描述，并明确指出，如果发现需要没收的其他具体财产，或者已经得出金钱判决的总额，法院可以根据《联邦刑事诉讼规则》第 32.2(e) 条规定的程序，对没收令进行修改。

第三节 权利救济:案外人财产权的救济机制

一般而言,成文法对某一权利的确立,最多只能算立法者对保护该项权利所作的法律承诺。在司法实践中,案件情况纷繁复杂、涉案财物权属关系盘根错节、刑事司法内外部环境相互作用,国家专门机关在刑事诉讼中对案外人财产权的侵犯有时无法避免。假如案外人的财产权在刑事诉讼中被国家公权力干扰或侵犯,那么案外人就需要诉诸权威机构,请求其对自己的合法权利予以确认并阻止侵权行为的继续进行,此时,案外人权利救济的问题就开始出现了。可以说,只要立法对公民的权利保护不仅仅停留于权利宣告层面,那么,如何对权利进行救济就是立法不得不予以解决的问题。

从域外国家和地区来看,对案外人财产权的救济,存在两种不同的做法:一是以德国、日本、澳大利亚等国家为代表的单一型案外人救济模式;二是以美国为代表的复合型案外人救济模式。

一、单一型案外人救济模式

所谓单一型案外人救济模式,指的是对案外人财产权的救济主要是通过一种途径予以解决的。采用该模式的代表国家为德国、日本、澳大利亚。在采用这一模式的国家中,对案外人财产权的救济是由法官主导的。案外人对涉案财物的处置存在异议,主要通过向法院提出申请并参与诉讼的方式获得救济。

(一)单一型案外人救济模式概述

为了分析单一型案外人救济模式的基本特征,我们首先需要简略考察一下德国、日本、澳大利亚的案外人救济机制。

在德国,案外人在审前阶段即获得充分的参与诉讼的权利。依据德国《刑事诉讼法》第98、111e、111f条之规定,对扣押和假扣押的合法性和正当性,以及执行扣押或假扣押中作出的措施,所涉及人①可以随时申请法院裁定。无论是定罪没收程序,还是单独宣告没收程序,如果案外人可能对被没收标的有法律上的请求权,均可以在侦查程序中接受讯问,并在中间程序与审判程序中参与诉讼。依据德国《刑事诉讼法》第431条之规定,当案外人拥有没收标的物所有权或其他权利,而此权利会因法院的没收命令而归于消灭,法院应命令该案外人以没收参与人的身份参与程序。于其参与的范围内,案外人拥有相当于被告人的权利,如受审判日期通知,在场,传唤证人,向证人、鉴定人提问,最后陈述,上诉等权利。如果受没收宣告影响的案外人并未在任何事实审程序中行使参与人的权利,且此情况不可归责于案外人,则其可以在得知确定裁判之日后1个月内申请事后程序,并在事后程序中对没收裁判提出异议。依据德国《刑事诉讼法》第431条的规定,案外人虽然可以提起救济,但其范围也受到一定限制。具体来说,因为犯罪通常构成没收的基础,所以当法院命令案外人参与有关没收的程序时,这项参与原则自然会涵盖被追诉人的罪责问题,没收参与人有权对被追诉人的罪责问题表明立场,法院也应听询其意见。② 如果案外人参与没收程序只涉及没收物品

---

① 所涉及人指物被保管在某人处时,这种保管状态受到扣押影响的人,或财产权和占有权因扣押受影响的人。参见宗玉琨:《德国刑事诉讼法典》,知识产权出版社2013年版,第53页。

② 参见林钰雄:《德国刑事没收程序逐条释义——第三人参与、单独宣告及事后程序》,载《法学丛刊》2017年第2期。

的权属问题,或者谁对没收物品享有权利的问题,不涉及犯罪本身,则法院只需要保证案外人澄清其对没收物品的法律关系就足以保护案外人的利益。在这种情况下,法院可以对案外人的参与范围作出限制,要求其参与行为不延伸至被追诉人的罪责问题。另外,依据德国《刑法典》第74(f)条第2项第3款的规定,当没收参与人亦可能依据非刑法的法规无补偿地长久失去没收物品时,法院只需要就有关没收的相关要件(如没收客体的危险性问题)听取参与人的意见即可,无必要让案外人参与有关被追诉人的罪责问题的审判。

日本《刑事诉讼法》第123条规定了对扣押物享有法定权利的人在审前请求法院裁定将扣押物暂时返还的程序。[①] 为在法院对涉案财物进行处理的过程中,充分赋予案外人了解相关情况并进行有效防御的机会,日本于1963年制定了《关于刑事案件中没收第三人所有物的程序的应急措施法》。[②] 依据该法,对没收财物享有法定权利的第三人可以通过两种程序获得救济:一是没收参与程序,即第三人可以参加刑事诉讼过程,主张相关财物不具有可没收性。二是撤销程序,即第三人可以在没收裁判确定以后向法院请求撤销该裁判,主张财物为法律上不能没收之物。具体来说,在第一审裁判之前,第三人可以向对被告案件享有管辖权的法院书面申请参加诉讼程序。对于没收财物可能为第三人所有的情况,检察院也应当公告或告知有关财物的扣押情况、被

---

① 日本《刑事诉讼法》第123条规定,没有扣留必要的扣押物,应当不待被告人案件终结,便裁定返还;法官依据所有人、持有人、保管人或者提出人的请求,可以裁定暂时返还,而在作出此裁定时,应当听取检察官和被告人或辩护人的意见。

② 参见张凌、于秀峰编译:《日本刑事诉讼法律总览》,人民法院出版社2017年版,第241页。

告人犯罪事实、犯罪事实与没收物品的关系等。法院在裁判时，必须听取第三人、检察官以及辩护人的意见，才能作出最后宣判。第三人对于法院作出的拒绝其参与审判的决定，可以提出即时抗告。对于属于第三人所有之物，该第三人除了因在法定期限内没有提出申请、申请格式错误、撤回参加的情况，而没有被允许参加诉讼的，法院不得作出相关没收裁判。该法第 4 条规定，参加被告案件程序的第三人，在没收方面享有与被告人相同的诉讼权利。基于此，参加程序的第三人在法律层面享有与被告人相近的诉讼地位保障。然而，第三人与被告人的权利也并非完全相同。例如，第三人不享有沉默权和再审请求权。第三人的权利并不依附于被告人而存在，其权利的行使具有相当的独立性和广泛性，且其诉讼行为效果不仅及于第三人本人，也应及于被告人。比如，如果法官被申请回避，无论该回避申请是第三人提出还是被告人提出，也无论第三人与被告人就申请回避的问题是否存在意见冲突，该法官均不得继续参与案件的审理。又如，第三人权利的行使范围并不局限于没收财物的权属问题。因为相关的犯罪事实也是财物没收需要考虑的要件之一，第三人可以就犯罪事实是否存在等问题提出意见并提供相关证据。[①]

与德国和日本不同，澳大利亚的犯罪收益追缴模式有相当大的独立性。一方面，犯罪收益追缴程序并未合并于对被追诉人的刑事责任追究程序。即使基于某人可公诉罪的定罪而签发的没收令程序，也需要在被追诉人定罪之后独立进行。[②] 另一方面，法庭签发的没收令可不以对有关人员的刑事定罪为前提。即使

---

① 参见董文：《日本刑法中的没收制度研究》，山东大学 2014 年硕士学位论文，第 24 页。

② 参见澳大利亚《2002 年犯罪收益追缴法》第 59 条。

法院因某人定罪而签发没收令，而该定罪在随后被撤销，检察官也可以申请法官依据该法的其他规定[①]重新确认没收令。在澳大利亚，根据《2002年犯罪收益追缴法》之规定，案外人自法庭对限制令申请进行审理时起，即可以通过直接参与犯罪收益追缴程序来保障自己的财产权。依据该法第26、30、61、64条之规定，限制令、没收令的申请与签发均必须通过合理方式及时告知对该财产享有权益的任何人。主张对财产享有权益的人既可以在法院审理限制令、没收令申请时出席并举证，也可以在法院就有关财物没收的问题作出决定后对目标命令提出上诉。对于因无可归责的事由未能参与限制令或没收令审理程序的，澳大利亚《2002年犯罪收益追缴法》第31、73、74条专门规定了排除令程序。对相关财产享有权益的案外人可以在限制令或没收令签发之后，申请法庭将财产排除出限制令或没收令，案外人的权利行使范围涉及有关财物没收的相关事项。例如，根据澳大利亚《2002年犯罪收益追缴法》第73条之规定，案外人可以就财产是否为犯罪或非法行为的收益、财产是否为案外人通过支付足额对价的方式善意取得等问题发表意见并提供证据。需要指出的是，在限制令和没收令的审理过程中，作为参与人的案外人可以对是否"有合理根据怀疑"有关人员实施了某些犯罪提出意见，但其只在涉及没收的前提范围内被审查，对刑事案件的认定并不产生任何影响。

(二)单一型案外人救济模式的特点

考察德国、日本、澳大利亚的案外人救济机制不难发现，这些国家对案外人财产权的救济主要是通过向法院寻求救济这一种方式实现的。这种法官主导的单一型案外人救济模式主要有以

① 如澳大利亚《2002年犯罪收益追缴法》第47条和第49条规定的基于行为构成严重犯罪而签发的没收令和基于构成可公诉罪等的行为而签发的没收令。

下特点。

第一，在法官主导的单一型案外人救济模式中，参与诉讼是案外人获得救济的主要方式。在单一型案外人救济模式中，将案外人纳入诉讼程序，并赋予其广泛的诉讼权利，是保障案外人财产权的主要方式。在该种模式中，案外人从审前阶段便可以有效地参与诉讼活动，通过申请法庭裁定、参加法庭审理的方式，避免自己的合法财产权受到国家公权力机关的侵害。尽管采取该模式的国家，在司法救济之外，有的也规定了相应的检察官救济方式，①但这种救济只具有补充性。一方面，检察官往往只有出于缓解没收严厉性或诉讼经济的考量时，才对没收的范围作出限定，且这种救济在司法实践中的适用较少或者需要受到法院的审查。例如，日本《刑事诉讼法》第 497 条规定了执行程序中检察官返还没收物品的权力。② 基于避免重复审查的考量，该条款在实践中的适用极为有限。事实上，目前日本的检察官也仅会在基于裁判后的具体情况认为没收裁判显然不当的极少数情形下，才会许可这样的交付请求。③ 德国《刑事诉讼法》第 430 条第 2 项规定，检察官可以因为诉讼经济的理由，将程序限缩在犯罪行为其他法律效果之上，并且在刑事诉讼初期就可以将财产没收从程

---

① 由于各国历史传统和政治制度不同，各国对检察机关的性质规定也有所不同。从各国立法看，有些国家将检察机关规定为行政机关，如英国、美国等。有些国家将检察机关规定为"准司法机关"，即既不认为检察机关为行政机关，也不认为其为司法机关，而认为其是介于二者之间的一种机构。采用这种做法的有法国、德国、日本等。

② 日本《刑事诉讼法》第 497 条规定，执行没收后 3 个月以内，有权利之人请求交付没收财物时，除应破坏或废弃之物外，检察官应交付之。没收物处分后提出前项请求者，检察官应交付因拍卖所得之对价。

③ 参见黄士轩：《概观日本"关于刑事案件中没收第三人所有物程序之应急对策法"》，载《月旦法学杂志》第 259 期（2016 年）。

序中加以排除。然而,检察官的此种裁量并不是终局性的,法院可以在程序的任何阶段撤销这种限制。另一方面,相关的检察官救济主要集中于执行程序中对执行方式的裁量。例如,澳大利亚《2002 年犯罪收益追缴法》规定,部长可以决定是否将没收财产上的权益转让给购买者、是否可以允许有权益的人赎回没收财物上的权利。① 可以说,在法官主导的单一型案外人救济模式中,案外人救济途径的设置从整体来看是单一化的。参与诉讼是案外人获得救济的最主要甚至是唯一的方式。

第二,在法官主导的单一型案外人救济模式中,法官往往享有很大的权力。其既可以决定赋予哪些案外人没收参与人的身份,又可以对案外人权利行使的范围作出限定,还可以对检察官作出指示,要求其对权利受到没收程序影响的人进行通知。例如,德国《刑事诉讼法》第 430、431 条规定,法院可以对检察官作出的限制没收范围的决定进行审查;法院可以命令其认为权利因没收而灭失的人参与涉及没收的程序;基于诉讼经济的原则,法院可以在保证裁判公正的情况下,对案外人的诉讼参与行为进行限缩,使其不延伸至被诉人的罪责问题。澳大利亚《2002 年犯罪收益追缴法》第 82 条规定,为保证相关权利人获得参与诉讼的机会,审理没收申请的法庭可以对检察官就申请发出通知的对象范围和方式作出指示。

二、复合型案外人救济模式

复合型案外人救济模式,是指在刑事诉讼中,当案外人的财产权受到国家公权力机关干预时,其可以通过多种方式寻求

---

① 参见澳大利亚《2002 年犯罪收益追缴法》第 89、90 条。

救济。采用复合型案外人救济模式的代表性国家为美国。在这种模式中,案外人既可以通过向法院提出申请并参与诉讼的方式获得救济,也可以通过检察官主导的减免没收程序和快速没收和解程序得到保护。在司法实践中,后者的使用更为多见。因此,我们也可以称其为检察官主导的复合型案外人救济模式。

(一)复合型案外人救济模式概述

在分析检察官主导的复合型案外人救济模式的基本特征前,我们同样需要对美国的案外人救济机制进行简要探讨。

1. 法官救济机制

在美国,案外人对于涉案财物的权利主张主要是通过向检察官寻求救济的方式进行的,[①]但这并不意味着案外人完全没有参与诉讼的途径。相反,美国的相关规定为案外人获得司法救济提供了较为充分的程序保障。

在美国,没收可以分为刑事没收和民事没收。刑事没收是以定罪为基础的。虽然作为一种刑罚措施,刑事没收原则上只能针对被追诉人的财产,但根据回溯原则,政府自导致没收的犯罪行为发生之时起即获得财产以及该财产所产生的收益,并排除此后其他人对该财产产生的权益。除非案外人符合善意取得等法定要件,否则即使财产为案外人所有,或案外人在财产上享有其他法定权利,法院也可对该财产宣告没收。为此,案外人为避免自己的权益遭受没收宣告的不利影响,需要通过有效的途径主张权利,并用证据加以证明。美国19世纪70年代颁布的第一部刑事没收法规,并没有对刑事没收中案外人的权利救济问题作出规

① *Asset Forfeiture Law and Practice Manual* (*3*), Washington, D. C., 1998, p. 6 – 78.

定。1984 年,国会制定了附属听证程序条款,为案外人主张权利提供了一个渠道,使其能够基于财产权属问题论证法官有关刑事没收的决定是“无效的”。附属听证程序记载于《美国法典注释》第 21 编第 13 章第 853 条(n)项。依据该规定,法官在刑事诉讼中应首先根据陪审团对被告人是否有罪以及涉案财物是否与犯罪存在关联的裁决对特定财物作出没收的初步命令(preliminary order of forfeiture)。在没收的初步命令生效后,政府应以总检察长指示的方式发布没收通知。案外人应自收到通知或没收公告发布的最后一天起 30 日内,向法院提出举行附属听证程序的申请。申请的内容应包含申请人对被没收财产的权利性质和范围、申请人对没收财物获得财产权的时间和情况,以及支持申请的任何其他事实和所寻求的救济。一般情况下,在案外人提出申请之日起 30 日内,法院应就案件进行听证。对于其他案外人提出的申请,法院可以合并审理。被告方和陪审团均不会参与附属听证程序。附属听证程序在本质上是确权诉讼。[①] 在附属听证程序中,案外人可以主张:(1)在导致没收的罪行发生时,财产属于他们,而不是被告人;或(2)他们在犯罪行为发生后向被告人购买财产,且没有理由知道该财产将被没收。案外人不应以有关财产不应没收为理由对没收提出怀疑,因为财产的可没收性不属于案外人应当考虑的范围。通常情况下,附属听证程序中的法庭调查依照美国《联邦民事诉讼规则》进行。参与程序的案外人可以提出证据,对证人进行交叉询问。政府也可以提供证据,并对案外人的主张进行反驳。除听证中提出的证据外,法院也可以考虑与没收相关的刑事案件记录。如果参与听证的案外人未能提供足

---

① *Asset Forfeiture Law and Practice Manual* (3), Washington, D. C., 1998, p. 6 – 78.

够的证据,则其申请将会被驳回。法官在附属听证程序作出相关裁判后,案外人可以在裁判生效之日起60日内提出上诉。上诉程序依据美国《联邦民事诉讼规则》进行。[①] 如果多名案外人在附属听证程序中主张权利,则必须等到所有案外人的申请均解决之后才可上诉,除非法官认为这可能导致不公正的迟延。[②] 根据法律,如果在规定的时间内没有人对没收财物主张权利,或者所有的权利申请均已被解决,则法院可以对财物作出最终的没收命令,政府获得对没收财产的所有权。换句话说,对于被告人来说,没收的命令在刑事判决作出时即为最终没收命令,但对案外人来说,没收命令只有在附属听证程序结束时才会变为最终命令。

民事没收是一种对物的诉讼程序。其只针对不法行为涉及的财产启动。在民事没收程序中,政府只需要证明该财物可能为不法行为所涉及即可。一旦政府完成其证明责任,对财物享有权益的人需要以优势证据的标准证明该财物为不法行为涉及的可能性不存在,或者其是该财物的无辜所有者(innocent ownership of the property)。基于正当程序原则要求所产生的所有程序保障机制,均需要纳入民事没收程序。对没收财产享有权益的相关利益方在财物被扣押之后,即可有效地参与民事没收程序,并获得充分的司法救济。根据联邦法律,政府在扣押可没收的财物之后,需要进行告知程序。在通知指明的截止日期之前,相关利益方可向政府主张权利。《美国法典注释》第18编第46章第983条(a)项(3)款规定,权利申请人在提出权利申请后的90

---

① *Asset Forfeiture Law and Practice Manual* (*3*),Washington,D. C. , 1998,p. 6 – 80; See *United States v. Lavin*,942 F. 2d 177(1991).

② Federal Rules of Criminal Procedure,Rule 32. 2 (c) (3).

日内,政府应当按照特定的海事请求补充规则(the Supplemental Rules for Certain Admiralty and Maritime Claims)规定的方式,向法院提起民事没收诉讼,并对没收诉讼通知进行告知。任何对该财产享有权益的人,都可以在收到民事没收起诉状之日起或没收通知公告期满之日起 30 日内向法院提出权利主张。[①] 权利申请人在向法院提出权利主张之日起 20 日内,需要就政府送达的民事没收起诉状提交相应的答辩状。[②] 如果相关权利人的权利主张存在程序上或实体上的缺陷(如未及时提出主张、没有对财产主张权利),检察官可以对其提出驳回的动议(a motion to strike a claim)。检察官可以就权利人的身份和权利人与被诉财产之间的关系进行调查,或向权利申请人送达专门的质询书(interrogatories)。如果权利申请人未能在适当的时限内对政府的调查请求(discovery requests)作出回应,或只提供了含糊的或不完整的答复,则检察官可以申请法院签发强制调查令。与普通诉讼程序不同,在民事没收诉讼中,政府是原告方,而作为被告方的是申请没收的财产,因此,相关的权利申请人只能作为第三方(intervener)参加民事没收诉讼。[③] 权利申请人在法院对没收问题进行审理时,可以主张自己是无辜所有者、与没收相关的犯罪

---

① 权利主张必须包括权利人享有权益的具体财产、权利人对该财产享有的具体权益、权利申请人的具体身份以及对作假将受到惩罚的承诺。

② 这里所说的答辩状(answer)与前面提到的权利主张(claim)并不是一回事,权利主张是对没收诉讼有异议的人以誓言表明自己对被诉财产享有权益的一种法律文书;而答辩状则是在表明了自己对被诉财产享有权益的基础上,进一步详细说明自己享有的具体权益以及享有这些权益的详细理由,并对民事没收起诉状中政府的主张和请求予以承认或否认的一种法律文书。

③ See *United States v. All Funds in Account Nos. 747. 034/278* (*Banco Espanol de Credito*),295 F. 3d 23 (2002).

没有发生、财物并非源于犯罪或用于实施犯罪,或没收财产范围与犯罪的严重性不成正比等事项。对于法院作出的对其不利的民事没收裁判,权利申请人可以依据有关民事案件上诉的程序规定,在相关判决或命令生效后60日内向上诉法院提出上诉。美国《宪法第四修正案》规定的证据排除规则适用于民事没收程序,执法机关通过非法搜查或扣押获得的证据或受非法搜查、扣押污染的证据不得成为定案的依据。在民事没收程序中,权利人可以提出排除非法证据的申请。

另外,在美国,案外人对财产扣押提出的程序性异议,也主要是通过司法救济途径实现的。例如,按照美国《联邦刑事诉讼规则》第41(a)条的规定,受非法搜查、非法扣押财产或者非法没收侵犯的人,可以向法院提起返还财产的动议。法院应当接受并裁决与动议有关的证据。法院批准动议的,应当将财产返还给相关权利人。

2. 检察官救济机制

就检察官救济机制而言,美国主要通过检察官主导的减免没收程序和快速没收和解程序为案外人提供救济。

(1)减免没收程序

免除(remission)或减轻(mitigation)民事或刑事没收是一种旨在缓解没收制裁严厉程度的补救措施,在本质上属于政府行政机关的"行政赦免"行为。减免没收程序附属并独立于没收的司法裁判程序,并形成了与司法救济并道而行的双轨救济机制。[①] 如果联邦司法部是在没收裁判未决期间作出有关减免没收的批准决定,则意味着财产即使最终被裁定没收,总检察长(the

---

① *Asset Forfeiture Law and Practice Manual* (*3*), Washington, D. C., 1998, p. 9 - 10.

Attorney General)也有权决定将其中的一部分归还给申请人。对于行政机关作出的减免没收的批准决定,法院在进行有关没收问题的审理时一般会例行公事予以认可。

总检察长对需要司法没收的财产享有减免没收的决定权。申请人需要在收到扣押通知书后30日内向提起没收程序的地区检察官提出减免没收申请,同时向财产的扣押机关送达申请的复印件。[①] 有关减免没收的申请可以由申请人本人、法定监护人或申请人的律师提出。在对被扣押财物有权提出申请的人数较多的情况下,该申请可以由申请人推选的代表提出。有关减免没收的申请必须包括宣誓书以及支持减免没收的事实和理由,具体包括:①与被扣押财物存在利害关系的人的姓名、住址和社会保险号;②扣押机关的名称、有关资产的标识、扣押日期和地点;③对财产的完整描述,包括其地址、型号、序列号等;④申请人对被扣押财物的权利说明,以及能够证明该权利的原始票据、合同、抵押贷款等书面证据。申请可以在从通知后到没收财产被正式使用、出售或依法以其他方式处置时的任何时间内进行。

免除没收的标准因财产是被刑事没收还是民事没收而有所不同。如果申请人对民事没收的财产申请免除没收,则相关主体必须按照《美国法典注释》第18编第46章第983条(d)项规定的无辜所有者的要求进行判断:①申请人对被扣押财产享有有效的、善意的且在法律上可以识别的所有权或留置权;并且②根据民事没收法规的规定可以提出无辜所有者抗辩。在刑事没收方面,申请人必须证明:①申请人对被扣押财产享有有效的、善意的且在法律上可以识别的所有权或留置权;并且②申请人是该财产

---

① 28 C.F.R. §9.4 (a) (2012).

的善意购买者，且在购买时没有理由相信该财产可能被没收，或者申请人在可能导致没收的违法行为发生时，对该财产拥有法律上可识别的，且优先于被告人的权利。无论是民事没收还是刑事没收，申请人均有责任证明对财产有足够的利益，以满足免除没收的要求。当财产所有权涉及所有权文件或公共备案要求时，申请人必须在其申请书中提供所有权文件的副本和符合任何国家备案要求的证明。

与免除没收不同，减轻没收并不会从整体上排除没收的适用，其主要是对符合条件的人在没收总额上作出一定的宽缓处理。依据美国《联邦法规》第 28 编第 1 章第 9. 5 条(b)项的规定，对于下列情况，执法人员可以决定对没有参与犯罪行为的案外人减轻没收：①申请人未达到免除没收的最低条件，但有必要给予某些减免；或②申请人已达到免除没收的最低标准，但根据总体情况不能完全免除没收。为避免极端困难，在符合正义需求且不会削弱法律威慑作用的情况下，执法人员也可以给予申请人一定减免。可以减轻没收的情况，主要是指那些可以减轻申请人因对违法行为、财产使用者犯罪记录有所了解，或者因未采取合理步骤防止财产的非法使用或他人对财产的获取而需要承担的责任的情形，例如，申请人没有前科、引起没收的犯罪行为轻微、申请人积极配合执法机关调查等。[①]

一旦申请人提出了没收减免的申请，财产的扣押机关就应当就与申请相关的案情进行调查，检察官应向资产没收和洗钱科(the Asset Forfeiture and Money Laundering Section)提交减免没收申请、调查报告，以及其关于减免没收的建议。对申请进行裁

---

① 28 C. F. R. § 9. 5 (b)(3) (2012).

决的官员并不会考虑现有的证据是否足以支持作出没收决定,但为对减免没收的申请进行审查,其会推定没收是有效的。这一推定仅适用于减免没收的申请程序,对其他任何司法程序都没有影响。因此,申请人无法在减免没收程序中,对证据的可采性、扣押的合法性等问题提出异议。在对减免没收申请进行调查的过程中,申请人的配合是至关重要的。申请人应被告知,不配合或不提供所要求的信息或文件可能导致申请被拒绝。对于减免没收申请不举行听证。[①] 减免没收申请程序并不解决个人的罪责问题,申请人将承担他们没有就罪责认定选择司法审查的后果。

当申请被拒绝时,申请人可以向资产没收和洗钱科提出一项复议请求。复议请求的提出必须基于以前未提交的证据,这些证据对之前申请的拒绝来说是重要的,或者清楚地表明拒绝申请是错误的。如果是司法没收,申请人应向资产没收和洗钱科提出重新审议请求,并应向进行没收诉讼的地区的美国检察官提交请求副本。

关于总检察长作出的减免没收的决定一般不受司法审查,因为减免没收属于总检察长自由裁量的范畴。只有在极个别情况下,司法审查才是必要的。例如,执法官员拒绝对减免没收的申请采取行动。在这种情况下,申请人必须证明执法人员拒绝对申请书予以考虑,或该执法机关就拒绝没收减免申请已经形成正式的政策。法院可以要求执法人员对减免没收的申请作出决定,但其不能就有关减免没收申请的案情进行审查。[②] 在申请人声称执法机关违反规定[③]、没收本身在程序上有缺陷[④]或申请人基于宪法对没

---

① 28 C.F.R. § 9.4 (g) (2012).

② *In re Sixty Seven Thousand Four Hundred Seventy Dollars*,901 F.2d 1540 (1990).

③ *Sammons v. Taylor*,967 F.2d 1533 (1992).

④ *Onwubiko v. United States*,969 F.2d 1392 (1992).

收提出质疑[①]时,法院也可以对减免没收程序进行有限的司法审查。

减免没收程序与司法救济程序属于两种并行的救济机制。对没收财物享有法定权利的自然人或法人可以向法院提出没收异议,或向检察官提出没收减免申请,或者两者同时进行。提出减免没收申请并不会影响其向法院提出没收异议的时限。[②] 相关的法规或判例法并没有明确处理减免没收申请的时间点,但相关执法人员不得不合理地拖延对减免没收申请进行的调查和决定。

(2)快速没收和解程序

在美国,除减免没收程序外,案外人还可以通过检察官主导的快速没收和解程序寻求救济。1991 年,美国司法部发布了抵押权人和留置权人的快速没收和解政策(Expedited Forfeiture Settlement Policy for Mortgage Holders),旨在解决留置权持有人对某一特定案件中应予没收的财产持有完善的留置权或抵押的问题。该政策最初仅限于金融机构和不动产抵押,但自 1993 年 2 月 1 日起,该政策适用于所有留置权人和抵押权人,无论他们是金融机构,还是其他对任何类型的有形财产享有留置权或抵押权的权利人。

该政策的制定目的,一方面是保障对被没收财产享有完整、有效的留置权和抵押权的人的权益不会受没收影响;另一方面是在没收程序的早期阶段促进和鼓励和解,并明确留置权人或抵押权人在此后不会因为保全其对没收财产享有的权益而与政府进行诉讼。该政策仅适用于在民事或刑事没收案件中,相关权利人对没收财物享有完善的留置权和抵押权,[③]且法律有明确规定可

---

① *Marshall Leasing, Inc. v. United States*, 893 F. 2d 1096 (1990).

② *Asset Forfeiture Law and Practice Manual* (*3*), Washington, D. C., 1998, p. 9 – 10.

③ 完善的留置权或抵押权,是指根据国家、联邦或财产所在地的法律确定的不动产或个人财产的完善担保权益。

以进行无辜所有者抗辩,或规定在司法程序中承认第三方利益的情况。[①]

依据该政策,快速没收和解(以下简称快速和解)是一种协议,即达成协议的一方不再基于其享有的留置权和抵押权而对在民事或刑事没收案件中被限制、扣押或据称可被没收的财产提出异议。该和解代替了:①政府与留置权人或抵押权人就民事没收问题而进行的诉讼;②政府与留置权人和抵押权人在刑事没收程序中进行的附属听证程序;③留置权人和抵押权人提出的减免没收申请。

依据该政策的要求,检察官可以在对财产提起民事或刑事没收诉讼后的任何时间,通知对标的财产可能有完善的留置权或抵押权的个人或实体,其有机会请求快速解决。该通知还应向对财产拥有或可能拥有利益的个人或实体提供。通知应包括与快速解决有关的和解请求、快速和解的初步要求、和解范围、和解的其他条件、未达成和解的后果等信息。

在收到有关快速和解的通知后,抵押权人或留置权人可以向对该财产提起诉讼的检察官发出快速和解请求。请求必须包括文件副本和其他证据,以确定抵押权人或留置权人对财产享有完善的留置权或抵押权,并使检察官相信,提出请求的个人或实体在没收中具有无辜所有者或善意购买者的资格。[②] 选择请求快

---

① Edmund T. Urban et al., § 15:8. *Forfeitures—Expedited forfeiture settlement policy for mortgagees and lienholders*, 1 N. C. Real Estate § 15:8 (3rd ed.), 2019, p. 1.

② 具体来说,快速和解请求应当包括下列资料:①财产的完整说明;②留置权人或者抵押权人财产的完善权益的详细情况,并附与该贷款有关的所有文件的复印件,包括但不限于贷款档案、贷款委员会会议记录、本票、信托契约、抵押票据、鉴定报告、财产意外伤害保险状况,以及美国律师可能要求的其他证据;③证据,即证明留置权或抵押权的事实和情况的令人满意的证据。上述声明适用伪证罪的相关规定。

速和解的个人和实体不能免除其根据美国《联邦民事诉讼规则》或适用的刑事规则规定的任何披露义务。检察官将在收到所有证明文件,包括检察官要求的任何其他文件后,在切实可行的情况下,尽快将是否接受和解请求的决定通知请求个人或实体。

如果相关权利人能够证明:①作为留置权人或抵押权人,其对财产享有有效且善意的担保权益,②其对财产享有的留置权和抵押权是完备的,③依据相关的法规和判例法,留置权人或抵押权人符合无辜所有者或善意购买者的要求,则其满足了达成快速和解的初步要求。政府可与其达成快速和解协议,并同意在按照中间出售令或最终没收令对财物进行出售后,向个人或实体支付下列款项:①合同约定的到期未付本金;②按基本合同利率(而不是违约利率)至付款之日的应计利息;③到付款之日为止,所有未支付的伤亡保险费。[①]

达成此种和解的决定应与美国法警署(USMS)协商,或在美国法警署不是财产托管人的情况下,与适合的机构或承包商协商。除其他因素外,进行快速和解的检察官应考虑在支付所有预期费用后,是否有可能从出售没收财产的收益中支付抵押权或留置权的费用。为了帮助检察官在财物是不动产或其他价值不确定的财产的情况下作出这一判断,应当对没有进行价值评估的财产,或现有的评估超过6个月的财产,进行价值评估。

在大多数情况下,和解协议将规定只有在财产出售后才能支付留置权和抵押权的费用,商定的付款将限于销售的净收益。在检察官和财产托管人谨慎协商后,也可以在特殊且必要的情况下,在财产出售前预付款项。[②]

---

① See *Asset Forfeiture Law and Practice Manual* (*3*), Washington, D. C., 1998, p. 7 – 11.

② See *Asset Forfeiture Law and Practice Manual* (*3*), Washington, D. C., 1998, p. 7 – 12.

虽然在刑事案件的早期阶段可以达成快速和解,但抵押权人或留置权人仍必须在刑事案件定罪后的附属听证程序中及时提出申请,以便和解成为最后没收令的一部分。作为快速和解协议的一部分,留置权人或抵押权人必须在快速和解协议中约定,其在财产所有人违约时不得行使其本来可能拥有的任何权利,包括但不限于提前赎回财产的权利、出售财产的权利,以及评估额外利息或处罚的权利。留置权人和抵押权人必须同意向政府解除留置权或抵押权,并放弃基于没收而对政府提起诉讼的权利。①

快速和解协议可在履行前任何时候因"法律"原因被撤销。例如,快速和解协议的履行取决于政府是否获得最后判决或没收令。如果没收案件因证据问题而被法院驳回,则该和解协议自然无存在的必要。又如,如果在支付抵押权或留置权之前,检察官获得的新信息表明抵押权人或留置权人根据适用的没收法规不是无辜所有者或善意购买者,则检察官可以取消快速和解协议。快速和解协议也可能因为某些"经济"原因被撤销。例如,检察官认为,清偿留置权和抵押权的费用以及其他费用的总和可能超过出售没收财产后可能获得的收益。在快速和解协议被撤销的情况下,政府应迅速通知抵押权人或留置权人。②

如果存在下列情况,检察官将以书面形式通知提出和解要求的个人或实体,告知其无法达成快速和解协议:①提出要求的个人或实体无法提供令检察官满意的文件或其他证据,以证明其在民事没收程序中具有无辜所有者资格,或在附属听证程序中可能胜诉,或其对没收财产享有完善的留置权或抵押权;或②检察官认为,提出请求的个人或实体不能进行和解,因为提出请求的个

---

① See *Asset Forfeiture Law and Practice Manual* (*3*), Washington, D. C., 1998, p. 7 - 12.

② See *Asset Forfeiture Law and Practice Manual* (*3*), Washington, D. C., 1998, p. 7 - 12.

人或实体没有满足和解政策规定的任何初步要求或任何其他正当理由。

该政策对没有达成和解的一方没有任何约束力。如果抵押权人或留置权人不能达成和解，则美国的政策是，抵押权人或留置权人的权利主张必须在没收程序中通过诉讼或减免没收程序解决。政府也将采取行动，停止或限制抵押权人或留置权人通过司法或非司法的方式提前赎回财产，以及其他通过在没收程序之外解决其对财产享有的权益的任何类似尝试。

快速和解必须符合有关没收和解与民事和刑事诉讼中的辩诉交易的政策。例如，政府可结合对被告人的刑事指控进行民事没收诉讼，该刑事指控提供了对财产提起诉讼的理由。然而，政府不应通过对部分财产解除没收的方式，逼迫被告人认罪，政府也不应通过撤销刑事指控以逼迫相关权利人就没收问题达成和解。又如，没收财产必须有法定依据，和解协议需要依据法规的要求对事实进行充分描述。所有的和解都必须与财产扣押机构进行协商。任何和解或认罪协议都不得包含约束司法部和其他联邦机构对减免没收申请所作的特别决定的任何条款。[①]

快速和解只是该政策所建议的，不具有强制性。是否适用快速和解程序由处理没收问题的检察官自行决定。

（二）复合型案外人救济模式的特点

考察美国的案外人救济机制不难发现，美国对案外人财产权的救济既可以通过司法的方式实现，也可以通过检察官与案外人合意的方式实现，且检察官救济在手段的灵活性、及时性方面均

---

① See *Asset Forfeiture Law and Practice Manual* (*3*), Washington, D. C., 1998, p. 3 – 10.

优于其他的法官救济机制。这种检察官主导的复合型案外人救济模式主要有以下特点。

1. 检察官享有广泛的权力

无论是在刑事没收程序中,还是在民事没收程序中,作为政府代表的检察官均享有广泛的权力。首先,检察官的权力行使范围具有广泛性。《美国法典注释》第 21 编第 13 章第 853 条(i)项规定,总检察长对根据该节规定下令没收的财产,有权:(1) 批准减轻或减免没收的请求、将没收的财产归还被害人,或基于公正的需要,在不违反该节规定的情况下,采取任何其他行动保护无辜者的权利;(2)根据该节规定作出让步的主张(compromise claims);(3)向提供与没收相关的资料的人提供赔偿;(4)主持对没收财产的处置,如公开出售财产或通过任何其他商业上可行的手段处置财产,并对无辜者的权利作出适当处理;(5)采取必要的适当措施,保护和维护根据该节下令没收的财产,等待其处置。另外,司法实践中,检察官还保留随时终止民事或刑事没收并释放扣押财产的权利。由此可见,在检察官主导的复合型案外人救济模式中,检察官权力的行使范围不仅涉及财物的限制、保管等程序性事项,还普遍涉及财物处置、权属认定等实体性事项。其不仅可以通过减免没收程序对财物的没收范围作出裁量,还可以通过快速和解程序与案外人达成合意。其次,检察官救济的范围较法官救济的范围更为宽泛。例如,由于无法就具体的涉案财物主张权利,无担保债权人普遍无法在附属听证程序中主张权利。然而,减免没收程序却给予部分债权人获得救济的途径。美国《联邦法规》第 28 编第 1 章第 9.6 条(f)项规定,已经获得法院生效裁判,但裁判尚未完全履行的判决债权人获得没收减免的资格。[①] 再次,检察官救济在司法实践中广泛适用。在美国,案外人对没收财物,尤其是刑事没收财物的权利主张,通常是通过减免没收和和解程序来解决的,对于附属听证程序的运用相对较少。[②] 最后,与法官主导的单一型案外人救济模式相比,检察官对财物的没收问题享有很大的自由裁量权,在诉讼程序中处于较为主动的地位。法院往往只能对检察官和案外人的申请作出中立的裁判,其无权命令案外人参与诉讼程序,也无权指示检察官向哪些案外人发出通知,对和解协议以及减免没收决定通常也只能例行公事地予以认可。可以说,在检察官主导的复合型案外人救济模式中,法官通常只能在法庭中扮演消极的裁判者角色。

2. 案外人对诉讼程序的参与较为有限

与法官主导的单一型案外人救济模式相比,在检察官主导的复合型案外人救济模式中,案外人对诉讼程序的参与是较为有限的。这一点在刑事没收程序中尤为明显。在刑事没收程序中,附随于刑事诉讼程序的附属听证程序是案外人针对没收财产主张权利的最主要的司法途径。为防止案外人的参与扰乱正常的刑事诉讼程序,相关规定对案外人的诉权行使范围作了极大的限缩。《美国法典注释》第 21 编第 13 章第 853 条(k)项明确禁止对没收财产享有权益的案外人介入刑事案件审判或上诉。案外人也不得向另一法院提起民事诉讼,以规避刑事没收程序。虽然

---

① 依据美国《联邦法规》第 28 编第 1 章第 9.6 条(f)项的规定,检察官应判决债权人有资格获得没收减免,如果:(1)判决在没收财产被扣押之前已正式记录在案;(2)根据当地法律,针对被没收财产的判决在没收财产被扣押之前作出;(3)在债权人根据判决对财产享有权利时,其不知道导致财产被没收的犯罪罪行。

② *Asset Forfeiture Law and Practice Manual* (*3*), Washington, D. C., 1998, p. 6 – 78.

案外人可以根据《美国法典注释》第21编第13章第853条(e)项的规定对审前限制令的范围提出怀疑，但这种怀疑只能基于限制令对其经济利益造成直接和不可挽回的损害、存在对财产权侵害较小的手段来保全财产、采取限制措施的财产与限制令指定的财产不同一等事由提出。实践中，案外人不能基于财产权属问题以及财产的可没收性问题对审前限制令进行干预。"由于定位为一种刑罚措施，美国刑事没收问题是一个有关被追诉人刑事责任承担的问题，从理论上讲，受罪责自负原则约束，与案外人无关，案外人无权参与该诉讼程序。"①另外，与法官主导的单一型案外人救济模式相比，复合型案外人救济模式中的案外人在附属听证程序中可以主张的权利范围也受到了极大的限制，其不仅不能就相关犯罪事实和罪责问题发表意见，甚至不能就财物是否与犯罪存在关联发表意见。可以说，在刑事没收程序中，复合型案外人救济模式中的案外人对诉讼的参与是极为有限的。

三、两种模式的比较分析

比较来看，单一型案外人救济模式与复合型案外人救济模式各具特点，但同时也存在一定的共性。

（一）两种模式的共同点

1. 案外人在诉讼过程中享有广泛的诉权

"所谓诉权，是国家法律赋予社会主体在其权益受到侵害或与他人发生争执时，请求审判机关通过审判方式保护其合法权益的权利。"②诉权在本质上是对实体权益或者实体争议的司法救济权。只有赋予案外人诉权以保护其合法权益，方可实现对刑事

---

① 吴光升：《案外第三人定罪没收参与模式：比较、反思与重构》，载《中国刑事法杂志》2015年第4期。

② 徐静村、谢佑平：《刑事诉讼中的诉权初探》，载《现代法学》1992年第1期。

诉讼当事人和案外人权益保护的均衡性。赋予案外人诉权并使其在刑事诉讼程序中能够与控辩双方相互抗衡，需要体系化的机制建设，需要根据不同诉讼阶段的特点给予案外人不同内容、不同程度的诉权保护。依据域外的相关规定，案外人在司法救济机制中的诉权主要包括以下方面。

第一，参诉权。参诉权并不是一个十分明确的概念。一般认为，公民的参诉权是指公民以个体或其形成的相关组织直接地参与司法活动，从而对司法机关在案件审理等诉讼活动中的行为产生影响与制约的权利。[①] 为使自己的合法权利不受已经启动的诉讼程序影响而主动参与诉讼程序，提出相应的诉讼主张并提供证据予以支持，是案外人参诉权的主要内容。[②] 赋予案外人参诉权的作用，在于使其能够在财产权受到干预的范围内，得到程序上若干权利的保障，并加入原本为被告人开启的审判程序或单独没收程序，以确保其能够了解涉案财物处置的依据，并获得影响法院裁判的机会。无论是在法官主导的单一型案外人救济模式下，还是在检察官主导的复合型案外人救济模式下，案外人均普遍享有一定的参诉权。在德国、日本和澳大利亚，参与诉讼程序的案外人普遍在其参与范围内享有与被追诉人相同的权利，如受审判日期通知、在场、传唤证人、证据申请、向证人或鉴定人提问等。其权利的行使范围也较为广泛，既可以就程序性事项（如扣押、限制令的签发等）主张权利，也可以就实体性事项（如没收、涉案财物返还等）主张权利。在美国，虽然在刑事没收程序中，案外人只有在附属听证程序中才可主张权利，但在案外人有机

① 参见胡弘弘、邓晓静：《公民的司法参与权研究》，载《现代法学》2007 年第 6 期。

② 参见崔玲玲：《第三人的诉权：参诉权、撤销权和异议权》，载《重庆理工大学学报（社会科学版）》2017 年第 12 期。

会参与附属听证程序并提出权利申请之前,初步没收决定对案外人并不发生效力。从这点来看,在涉及案外人的财产没收时,美国已经赋予了案外人参诉权,案外人实际上也拥有了参与诉讼程序并进行防御的充分机会。另外,由于美国采取案外人检察官救济和法官救济并行的复合型模式,法官对于相关事项仍保留最终救济权。在案外人无法通过其他途径获得救济的情况下,其仍可向法院提出权利申请,通过参与诉讼的方式获得司法审查和最终救济。需要指出的是,参诉是案外人的权利而非义务,案外人可以随时放弃参与诉讼。在美国,当事人主义刑事诉讼构架强调当事人对诉讼程序的积极推进作用,法院仅是补充性介入,案外人自然对自己的诉讼权利享有极大的处分权,其可以自行决定是否需要向法院提起或撤回权利主张。德国《刑事诉讼法》第431条第6项规定了案外人通过书面形式放弃参与程序的权利。① 在日本,《关于刑事案件中没收第三人所有物的程序的应急措施法》第3条第7项也规定,第三人可以撤回参加诉讼的申请。撤回申请的,应当以书面形式提出。在庭审期间,可以口头提出。案外人如舍弃参与没收程序,自然就不具有参与人地位。

第二,上诉权。“上诉权是法律赋予当事人及其家属或辩护人或代理人因不服一审裁判而向上级法院提起上诉的一项宪法性权利,它既体现了寻求二审法院给予救济的主体意志,又直接反映和体现了被告人寻求救济的愿望;它既以一审程序为基础,又以一审法院的裁判为检验对象,通过当事人上诉权的行使以缓

---

① 德国《刑事诉讼法》第431条第6项规定,某人向法院、检察院以书面形式或记入笔录的形式,或者向其他机关以书面形式表示对没收标的不提出异议,则不命令其参与程序或撤销该命令。

和当事人与司法机关的冲突、避免裁判错误或纠正量刑不公的权利保障和救济。”[①]无论是法官主导的单一型案外人救济模式，还是检察官主导的复合型案外人救济模式，法律普遍赋予案外人提出上诉的权利。与被告人提起上诉后可能引起的法院对案件的全面审查不同，在案外人提起的上诉程序中，法院应仅限于在案外人提出的异议范围内，对案件进行审查。例如，德国《刑事诉讼法》第437条规定，在上诉程序中，法院仅在没收参与人提出异议的范围内对裁判进行审查，且除法定例外情况，没收参与人无权要求法院对裁判中有关被告的有罪宣告部分进行事后审查。[②]在日本，为保证诉讼的及时性，作为被告事件不可分原则的一个例外，在只有参加人提起上诉的情况下，主刑部分已经确定，上诉法院对原裁判的审查仅及于与没收相关的内容。[③] 澳大利亚《2002年犯罪收益追缴法》第322条的规定，也将案外人上诉程序的审查范围，限定于目标命令的合理性问题。就定罪没收而言，有关被告人罪责认定的主判决成立，是对案外人财产进行没收的重要前提。如果主判决在上诉程序中被推翻，那么相关没收裁判的基础也就荡然无存。对于主判决的上诉程序与案外人的上诉程序的关系，域外有两种不同的模式：一种是以日本为代表的一并上诉模式。在这种模式中，对于主判决的上诉，其效力及于相关没收之判决。法官需要在上诉程序中，对没收问题进行审

---

① 潘庸鲁、孙晔：《上诉权的现实与理想》，载《中国刑事法杂志》2011年第8期。

② 德国《刑事诉讼法》第437条规定，在法律救济程序中，审查对没收参与人的没收是否有正当理由，仅限于没收参与人提出异议的范围，且先前程序中就有罪宣告没收参与人不可归责地未被听询时，才延伸至被提出异议的判决中的有罪宣告。审查依此延伸至有罪宣告时，在没收参与人的异议未要求重新审查的范围内，法院以在罪责上作出的认定为根据。

③ 参见黄士轩：《概观日本“关于刑事案件中没收第三人所有物程序之应急对策法”》，载《月旦法学杂志》第259期（2016年）。

查。日本《关于刑事案件中没收第三人所有物的程序的应急措施法》规定,在检察官或被告人提出上诉的情况下,作为参加人的案外人自动取得参加人的地位。另一种是以澳大利亚为代表的独立模式。在澳大利亚,犯罪收益追缴程序具有较强的独立性。对主判决提出的上诉的效力并不及于相关的没收判决。如果相关定罪在上诉程序中被撤销,则法院应另行撤销基于该定罪而签发的没收令。

第三,撤销权。为避免有关涉案财物处置的生效裁判损害案外人的利益,域外国家和地区的相关法律普遍赋予了案外人于事后对生效裁判提出异议的撤销权。该权利是案外人享有的一种特殊程序救济权。尽管各国对其称谓不同,但根据其具体内涵,本书称之为撤销权。德国《刑事诉讼法》第439条规定,如果已经具有确定力的命令要求没收标的,而某人释明:(1)在裁判具有确定力时,其对标的享有权利,此权利因裁判受到了侵害而不复存在,且(2)其无可归责地,既未能在第一审程序中又未能在上诉程序中行使没收参与人的权利,那么此人可以在事后程序中主张没收对其无正当理由。日本《关于刑事案件中没收第三人所有物的程序的应急措施法》第13条也对案外人的撤销权作出了相似的规定。[①] 在澳大利亚,案外人撤销权的行使,主要是通过申请排除令的方式实现的。《2002年犯罪收益追缴法》第74条规定,如果涉及个人财产的没收令已经签发,且该人有合理理

---

① 日本《关于刑事案件中没收第三人所有物的程序的应急措施法》第13条规定,对于法律上不能没收之物,没收的裁判已经确定时,该物的所有者因不能归责于自己的理由在被告案件程序中未能主张权利的,只有在知道没收的确定判决之日14日以内,可以向作出没收裁判的法院请求撤销该裁判。从没收的裁判确定之日起经过5年的,不得提出该请求。参见张凌、于秀峰编译:《日本刑事诉讼法律总览》,人民法院出版社2017年版,第246页。

由不出庭,或该人现在有在审理时所不掌握的、与其申请相关的证据;或该人没有申请不是由于他本人的疏忽,或存在其他许可的特殊理由,则法院可以许可该人提出的排除令申请。在美国,依据美国《联邦刑事诉讼实践与程序》(Federal Practice & Procedure Criminal)第574条以及《联邦刑事诉讼规则》第32.2条的规定,如果作为第三方的申请者没有收到有关没收程序的足够通知,则该申请者可以依据《联邦民事诉讼规则》第60(b)条的规定提出重新开启附属听证程序的动议。赋予案外人撤销权是法律正当程序的要求,也是保障案外人参诉权和陈述意见的权利的必然要求。案外人撤销权的行使,并不必然会导致执行程序的停止,法院需要依据具体情况决定继续执行裁判还是中止执行裁判。[①] 法院对撤销申请的审理可以以言词审理的方式进行,检察官可以在申请审理时出庭并提供证据。申请人应对自己的权利主张承担证明责任。[②] 对于法院作出的裁判,申请人可以提出上诉。[③] 在撤销权行使的范围内,排除再审程序的适用。[④]

2. 案外人的参与使原有的诉讼构造发生变化

随着案外人诉权的赋予和扩张,在控辩双方之外出现了新的诉讼主体,接踵而至的便是不同诉讼主体之间的法律关系与诉讼地位的问题。在未定罪的没收中,因为该程序只是围绕物展开,并不牵涉与罪责追究程序的关系问题,所以诉讼结构较为简单。具体结构如图3-1所示。

---

① 德国《刑事诉讼法》第439条第1项。

② 德国《刑事诉讼法》第441条第3项;澳大利亚《2002年犯罪收益追缴法》第75条。

③ 德国《刑事诉讼法》第441条第4项。

④ 德国《刑事诉讼法》第439条第6项规定,依照该法第359条第5项的再审程序,其目的是主张没收对其无正当理由的,不得提出。日本《关于刑事案件中没收第三人所有物的程序的应急措施法》规定,第三人并不享有再审请求权。

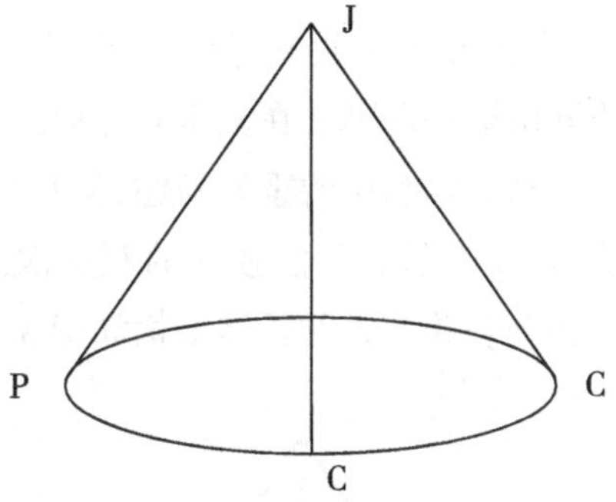

图 3－1　未定罪没收诉讼结构

其中，J 代表法官，P、C 分别代表检察官和权利申请人。以 P、C、C 三点确定的实线划定的圆形代表检察官与权利申请人就财物没收问题所容许的诉权行使范围。因为程序仅围绕财物是否应予没收展开，与定罪量刑程序并无关联，所以呈现的是一种单层次结构。

在定罪没收程序中，诉讼主体扩张与诉讼构造变更的问题显得尤为突出。刑事诉讼原有的控辩审三方构造原则上只能将控辩双方之间就涉案财物存在的争议纳入诉讼进行裁判，为有效保障案外人的权益，就需要突破刑事诉讼传统的控辩审三方诉讼构造。根据案外人救济程序与被追诉人刑事责任追究程序的关系，案外人对诉讼程序的参与可分为三种模式。

一是以德国和日本为代表的，案外人救济程序与刑事诉讼程序完全合并的模式。在这个模式中，案外人直接参与刑事诉讼程序，法院实际是在刑事诉讼程序中同时解决被追诉人的刑事责任、涉案财物的可没收性与权属问题。案外人在刑事诉讼中既可以对被追诉人的罪责问题发表意见，也可以对涉案财物是否与犯罪行为存在关联，以及涉案财物是否为被告人所有等问题发表意见。可以说,案外人虽然不是直接意义上的当事人,[①]但享有与被追诉人相近的诉讼地位保障。在完全合并模式中,尽管涉案财物的处理是审判活动需要解决的重要问题,但其与被告人刑事责任的追究关系紧密,尚未形成全然独立的双层次结构,因而诉讼结构比较复杂。完全合并模式的具体结构如图 3 –2 所示。

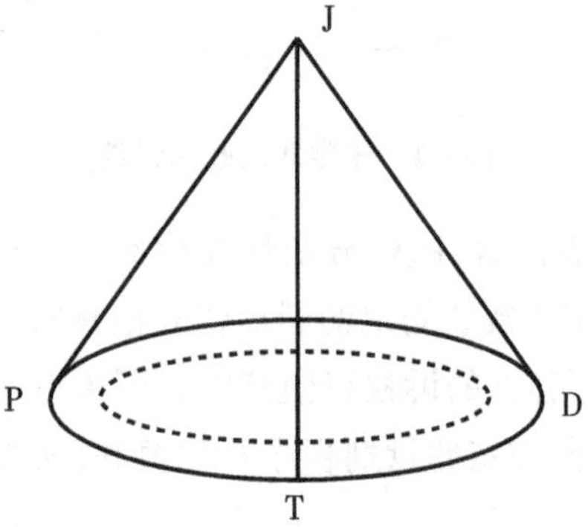

图 3 –2 完全合并模式诉讼结构

其中,J 代表法官,P、D、T 分别代表检察官、被告人和案外人。检察官、被告人、案外人与法官之间都是诉权与裁判权的关系。以 P、T、D 三点确定的实线划定的圆形代表检察官、被告人、案外人就财物没收问题所容许的诉权行使范围。虚线画定的圆形则代表与被告人定罪量刑有关的内容。以实线划定的圆形与以虚线划定的圆形相互包含,形成完全合并模式。

二是以澳大利亚为代表的,案外人救济程序与刑事诉讼程序

① 例如,日本《关于刑事案件中没收第三人所有物的程序的应急措施法》是将第三人作为参加人参与本案诉讼,而非将第三人直接作为当事人,以符合日本刑法将没收规定为从刑的原则。参见黄士轩:《概观日本"关于刑事案件中没收第三人所有物程序之应急对策法"》,载《月旦法学杂志》第 259 期(2016 年)。

分离的模式。在这种模式中,由于没收程序与以定罪量刑为目的的刑事诉讼程序可相互独立,案外人实际上仅是参与独立于刑事诉讼程序的犯罪收益追缴程序,案外人的诉讼行为不会对被告人刑事责任的追究产生影响。犯罪收益追缴程序实际上只解决涉案财物是否应当没收,以及涉案财物的权属确定这两个问题。尽管为避免财物的限制和没收,案外人可能会对犯罪事实等问题发表意见,但该意见仅在没收的效力范围内被审查,对被告人的定罪量刑不会有任何约束作用。[①] 刑事诉讼程序也仅解决被告人的追责问题,其运行范围不涉及涉案财物的处理。在相对分离模式中,犯罪收益追缴程序与刑事责任追究程序相并列,形成双层次的诉讼构造。相对分离模式的具体结构如图 3 - 3 所示。

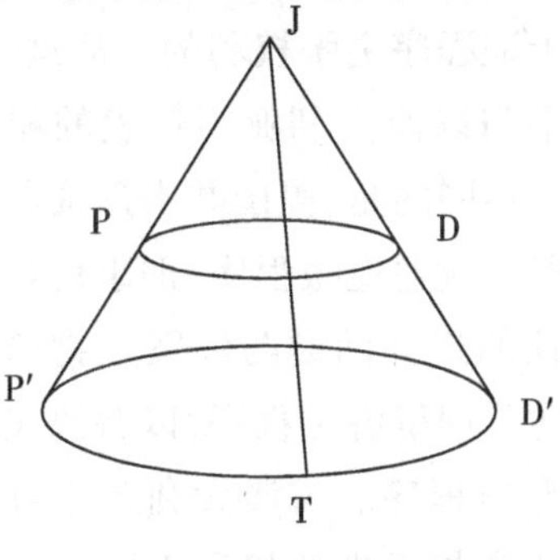

图 3 - 3 相对分离模式诉讼结构

注:P′:检察官;D′:被告人。加"′"是为了与 J、P、D 所代表的传统刑事诉讼构造相区分。

---

① 尽管澳大利亚《2002 年犯罪收益追缴法》并没有对案外人参与诉讼可以主张的事项范围作出明确规定,但澳大利亚各州立法对此予以细化。例如,西澳大利亚州《2000 年犯罪收益追缴法》(Criminal Property Confiscation Act 2000)第 82、83 条规定,对冻结财产主张权益的人,可以通过证明财产更可能不是犯罪工具或犯罪收益、主张权益人为善意第三人、冻结财产并非为犯罪行为人所有等事项,申请法院排除冻结令的适用。

其中,J代表法官,P、D、T分别代表检察官、被告人和案外人。检察官、被告人、案外人与法官之间都是诉权与裁判权的关系。以J、P、D三点确定的圆锥结构展现的是以被告人罪责追究为中心的传统刑事诉讼构造,而以J、P′、D′、T四点确定的圆锥结构展现的是以物的没收为中心的犯罪收益追缴程序诉讼构造。两个圆锥结构虽然相互套叠,共同服务于对同一犯罪行为的刑事司法应对,但两者并不完全重合。案外人只是参与犯罪收益追缴程序,并不会对原有的刑事诉讼结构产生影响。

三是以美国为代表的,案外人救济程序附随于被追诉人刑事责任追究程序的模式。在这种模式中,案外人实际上是通过专门设置的附属听证程序主张权利的。从这一点看,美国的案外人参诉模式似乎与以澳大利亚为代表的相对分离的参诉模式存在相似之处。不同的是,美国并未形成与罪责追究程序全然独立的系统的犯罪收益追缴程序,刑事诉讼程序需要同时解决被告人刑事责任的追究问题与涉案财物的处置问题。附属听证程序只是附随于刑事诉讼程序,以解决案外人对财物的权属主张为目的的专门程序。与澳大利亚相对分离模式中案外人所享有的广泛地参与诉讼的权利不同,在美国,案外人对诉讼程序的参与主要集中于附属听证程序,其对刑事诉讼审前程序、审判程序的介入是极为有限的。附随模式的具体结构如图3-4所示。

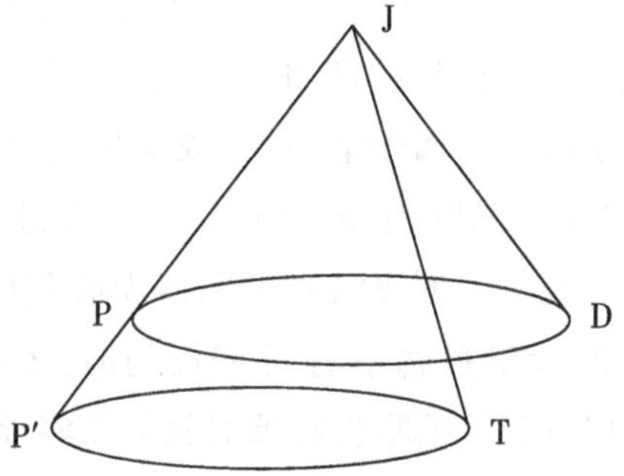

图 3－4 附随模式诉讼结构

注：P′：检察官。加“′”是为了与 P 所代表的传统刑事诉讼构造相区分。

其中，J 代表法官，P、D、T 分别代表检察官、被告人和案外人。检察官、被告人、案外人与法官之间都是诉权与裁判权的关系。以 J、P、D 三点确定的圆锥结构展现的是以被告人罪责追究为中心的传统刑事诉讼构造，而以 J、P′、T 三点确定的圆锥结构展现的是以解决案外人对物权利主张为中心的附属听证程序诉讼构造。以 J、P′、T 三点确定的圆锥结构附随于以 J、P、D 三点确定的圆锥结构。案外人主要参与附属听证程序，并不会对原有的刑事诉讼结构产生影响。被告人对涉案财物的权利主张在刑事诉讼中即告解决，其并不能参与附属听证程序。

3. 案外人的救济具有限制性

首先，案外人获得救济的前提具有一定的限制。案外人获得救济的前提是相关财物的扣押和处置可能侵害其财产权。如果相关的诉讼活动根本不涉及财物的认定或处理，或者虽然涉及财物的认定与处理，但不可能侵害案外人的利益，案外人也就失去了寻求救济的基础。基于此，域外国家和地区普遍为案外人财产权救济机制规定了主体要件限制。例如,德国《刑事诉讼法》第431条规定,只有刑事诉讼程序需要对是否没收作出裁判,且认为没收对象属于或应当属于案外人,或案外人对没收对象拥有其他的、可能被没收裁判剥夺的权利时,法院才能命令案外人参与诉讼程序。在美国刑事没收和民事没收程序中,案外人只有在对拟没收的特定财物享有特定权利时,才可提出权利申请。澳大利亚《2002年犯罪收益追缴法》第64条也规定,只有对没收令申请所涉财产主张权益的人,才可以在审理该申请时出庭并举证。

其次,案外人财产权救济范围具有一定的限制。为避免不必要扩大案件的规模,尽可能节约司法资源,域外国家和地区普遍对案外人财产权救济的范围作出了明确限制。无论是单一型案外人救济机制,还是复合型案外人救济机制,其主要的救济范围均只限于与涉案财物存在直接利害关系的案外人。例如,《美国法典注释》第18编第46章第983条(d)项(6)款明确对可以提出权利申请的第三人范围作出了限定。根据该规定,只有对所要没收的特定财产具有所有权(ownership interest)的人才可以在民事没收程序中提出权利申请,具体包括租赁权(leasehold)、留置权(lien)、抵押权(mortgage)、有记录的担保权益(record security interest)或有效的所有权转让(valid assignment of an ownership interest)。仅对另一人的财产享有无担保债权的人(general unsecured interest)、受托人(bailee),或对财产没有支配权或控制权的名义上的权利持有人(nominee),不属于可以提出权利申请的所有权人范畴。该规定同样适用于附属听证程序和检察官救济程序。在日本,如果案外人单纯对没收标的物有债权的请求权,亦无资格参加诉讼程序。[①] 在德国,对没收客体有权利,系指特定的物及权利。通说认为,单纯的债权人不能参与审判程序,也不能启动事后撤销程序。[②]

最后,案外人权利行使范围具有一定的限制。在案外人参与诉讼的情况下,诉讼程序往往会涉及多重法律关系的交织,诉讼结构较为复杂。这一点在定罪没收程序中尤为明显。通常来说,案外人仅是因为涉案财物的处置可能影响其合法权利而参与诉讼程序。其诉讼权利的行使范围自然也应围绕涉案财物处置进行。为在不影响刑事诉讼主体程序进行的情况下,充分保障案外人的财产权,域外国家和地区普遍对案外人诉讼权利的行使范围作出限定。例如,在美国,案外人在附属听证程序中仅能就财物的权属和自身是否存在可非难的行为进行论证。财产是否具有可没收性不是案外人应当考虑的范围。在德国,法院虽然是在刑事诉讼程序中同时解决被追诉人的刑事责任、涉案财物的可没收性与权属问题,但依据德国《刑事诉讼法》第 431 条的规定,基于不拖延原诉讼的目的,法官对案外人参与权的行使具有较强的自由裁量权,其可以在必要的情况下,对案外人的参诉范围进行限缩,将罪责问题排除于参诉行为延伸的范围之外。[③] 在上诉程序

① 关于现行日本《刑法典》第 19 条第 2 项的"属于"的解释。日本刑法学界一般认为同条项所规定的"不属于犯人以外之人",系指就没收的标的物不存在第三人之所有权,或者设定其他物权的情形。若是第三人就该物有债权的请求权的情况,该物仍非"属于犯人以外之人"之物。若第三人就没收标的物有所有权(含共有的情形),或者已设定物权于其上,则依照《刑法典》第 19 条第 2 项前段规定,该物即非没收之标的物。参见黄士轩:《概观日本"关于刑事案件中没收第三人所有物程序之应急对策法"》,载《月旦法学杂志》第 259 期(2016 年)。

② 参见林钰雄:《没收之程序问题(下)——德国法之鸟瞰与借镜》,载《月旦法学教室》第 152 期(2015 年)。

③ 德国《刑事诉讼法》第 431 条第 2 项。

中,案外人原则上无权要求法院对判决中的有罪宣告进行事后审查,即救济法院若认为上诉有理由,也只能针对没收本身撤销,不会改变被告的有罪认定。[①] 在日本,法院对于参与诉讼的第三人权利行使范围也可以作出限缩。依据日本《关于刑事案件中没收第三人所有物的程序的应急措施法》第6条的规定,法院可以基于是否对保护第三人权利有必要,决定是否进行相应的证据调查。在澳大利亚,虽然澳大利亚《2002年犯罪收益追缴法》并没有对案外人权利的行使范围作出明确限缩,但从各州相关的法律和判决来看,案外人权利的行使仍主要是围绕财物的限制和没收展开的。例如,昆士兰州《2002年犯罪收益追缴法》(Criminal Proceeds Confiscation Act 2002)第68条第2项规定,如果法院确信申请人对财物拥有可以排除没收令的权利,或者申请财产更有可能不是非法获得的财产,则法院应当向申请人签发排除没收的命令。[②]

4. 民法及民事诉讼规则的引入

财产的干预与剥夺从一开始,就因为它与民事诉讼及强制执行法的广泛联系,而被认为极为复杂。在域外国家和地区的相关法律中,对案外人财产权的救济程序大量准用民法和民事诉讼法的相关规定。

刑事法律与民事法律的主要的差别在于不同价值取向所表现的程序与实体规则的不同,以及不同程序规则与证据规则所体现出来的对当事人权利保障的力度差别。一方面,在传统以对犯罪人定罪量刑为中心的刑事实体法与程序法中,涉案财物的处置

---

① 参见林钰雄:《德国刑事没收程序逐条释义——第三人参与、单独宣告及事后程序(续)》,载《法学丛刊》第3期(2017年)。

② See *Queensland v. Harper*, [2009] QSC 267.

和财产权的保护并非法律规范的重点。与民事法律相比,刑事法律对财产权干预与救济的相关规定有时较为粗糙。在这种情况下,在涉案财物处置的相关程序中准用较为成熟的民法及民事诉讼法的规定,无疑更有益于相关规则的完善。另一方面,刑事诉讼程序涉及公民重大权益的剥夺问题,属于国家与个人的对抗,其应对可能被剥夺权益的当事人的权利保障更为严格,如排除合理怀疑的更高证明标准、存疑有利于被告人的诉讼规则等。相反,民事诉讼程序仅涉及财产权益的得失,属于平等主体之间的对抗,其对诉讼双方的权利保障是相当的,对于当事人的权利保障相对较低,如优势证据的证明标准、推定的大量适用等。民事诉讼规则对案外人财产权救济程序的渗透主要体现在以下几个方面。

第一,民法及民事诉讼程序规则的准用。例如,德国《刑事诉讼法》的扣押和假扣押规定大量参考民事扣押和假扣押程序。德国《刑事诉讼法》第 111d 条第 2 项规定,德国《民事诉讼法》第 917 条(假扣押的理由)、第 920 条第 1 款(假扣押的申请)、第 923 条(假扣押的免除)、第 928 条(假扣押的执行)、第 930 条(对动产与债权的执行)至第 932 条(假扣押抵押权)和第 934 条第 1 款(假扣押执行的撤销)的规定适用于刑事诉讼程序对追征财物的审前保全程序。日本《刑事诉讼法》第 490 条规定,日本《民事执行法》以及其他有关强制执行程序法令的规定,同时适用于没收、追缴等裁判的执行。在美国,审前财物的处置、附属听证程序和民事没收程序中的法庭调查,及上诉程序均依照美国《联邦民事诉讼规则》的相关规定进行。

第二,民事诉讼证据规则的适用。案外人参与诉讼程序实际上只是为了避免其享有财产权的财物被采取强制措施或被没收。案外人权利主张主要围绕物的处置与分配,并不涉及生命权和自由权等重大法益,在裁判出现错误的情况下,也可以通过相应的程序获得补救。另外,虽然刑事没收在体系上属于刑事司法范畴,但其重点在于预防,而不是制裁。基于此,域外国家和地区普遍放宽了刑事诉讼程序的证据要求,并大量引入民事诉讼证据规则。例如,在德国刑事没收程序中,在被告人是否获得有罪判决、案外人是否受到处罚与案外人的没收之间,是不需要一个严格的从属关系的,刑事诉讼法所强调的无罪推定原则也是不适用的。[①] 估算条款[②]在实践中被广泛运用。澳大利亚《2002年犯罪收益追缴法》第315条明确规定,对于该法规定的程序,适用民事程序中的证据规则,仅在刑事诉讼中适用的证据规则不予适用。在美国,无论是附属听证程序还是民事没收程序,均适用民事诉讼程序。民事证据规则自然也应适用于相关程序。

具体来说,在证明责任方面,在没收程序中,域外立法普遍依据民事诉讼"谁主张,谁举证"的原则分配证明责任。在美国,证明拟没收财物属于没收范畴或者与犯罪行为存在实质联系的责任在于政府,而主张权利的案外人需要对其提出的抗辩理由加以证明。澳大利亚《2002年犯罪收益追缴法》第317条将签发命令的证明责任交由申请方。[③] 基于此,当检察官申请限制令、没收

---

① 参见王士帆:《2017年德国犯罪所得没收新法——刑法基础规定综览》,载《政大法学评论》第153期(2017年)。

② 德国《刑法典》第73(b)、74(c)条规定,违法所得及其价值、特定客体及其上权利负担的价值,得以估算认定。即若对于没收或追征之范围及价额认定显有困难,或虽相对可能但基于诉讼经济(计算耗时耗费不成比例),得改以估算为之,求其盖然性。估算降低证明要求,不适用严格证明,仅以自由证明为已足。参见林钰雄:《估算条款》,载《月旦法学教室》第205期(2019年)。

③ 澳大利亚《2002年犯罪收益追缴法》第317条规定,在该法规定的任何程序中,申请人承担签发被申请的命令所需要确定的理由的证明责任。

令、罚金令时,其需要对申请符合法律规定的命令签发要求承担证明责任。当案外人申请排除令时,其也要对主张符合排除令签发要件承担证明责任。

在证明标准方面。从域外立法来看,大部分国家都明确规定没收的证明标准是一种优势证据标准。即使在没有明确准用优势证据标准的国家,立法也放宽了没收程序中对证据的要求。在美国和澳大利亚,只要证明没收事实存在的证据更具说服力,法院即可作出没收裁判。在未定罪没收程序中,对于犯罪事实问题的证明,也不需要达到排除合理怀疑的要求。与此相对,如果案外人对权利主张的证明也达到了优势证据的标准,其证明责任即告完成。虽然德国《刑事诉讼法》并没有明确降低刑事没收程序的证明标准,但估算条款的大量运用也在实质上降低了刑事诉讼对证明标准的要求。

需要指出的是,在案外人财产权救济程序中准用民事诉讼规则,并非全然以民事诉讼规则替代刑事诉讼规则,而是通过两种规则的相互协调,共同实现国家追诉犯罪与案外人财产权保护两种价值之间的平衡。例如,在美国,虽然在民事没收程序中民事诉讼规则被广泛运用,但基于其本身所具有的惩罚性,司法实践中人们普遍认为民事没收在法律性质上并非单纯民事上的“恢复原状”,而是带有“准刑事”的色彩。[①] 基于此,刑事诉讼程序中所适用的非法证据排除规则在民事诉讼程序中同样适用,且民事没收同样受过度罚款条款(Excessive Fines Clause)的限制。澳大利亚《2002 年犯罪收益追缴法》第 315 条确认了追缴程序的民事

---

① 参见何帆:《刑事没收研究——国际法与比较法的视角》,法律出版社 2007 年版,第 91 页。

属性,[①]但该法“搜查与扣押”一章仍然沿用了刑事诉讼法严格的程序规定。

5. 针对案外人建立完善的救济保障机制

为确保合法权益受到刑事诉讼程序影响的案外人能够获得充分的救济,建立完善的救济保障机制是非常必要的。总体来说,域外国家和地区案外人救济保障机制主要包括两方面内容:告知机制和律师代理机制。

(1)告知机制

从字面意思来讲,告知是指把相关情况告诉某人,使其知晓。告知强调两方面的内容:一是向某人陈述的告知行为;二是通过告知使某人知晓相关结果。完备的告知机制是使案外人知情权得以实现的重要途径,是案外人行使其他权利的重要基础,也是正当程序原则和国家权力机关诉讼关照义务的必然要求。从各国告知机制的规定来看,针对案外人的告知机制主要包括以下内容。

①告知的情形

从域外的相关立法来看,针对案外人的告知可分为以下几种情形。

第一,对涉案财物进行强制处分时的告知。德国《刑事诉讼法》第98条规定,扣押应当在扣押所涉及人在场的情况下进行。办案人员应当告知所涉及人享有随时申请法院裁定的权利。澳大利亚《2002年犯罪收益追缴法》第26条规定了检察官在向法院申请限制令之前应当履行的告知程序。[②]《美国法典注释》第

---

① 澳大利亚《2002年犯罪收益追缴法》第315条规定,程序是民事的,而不是刑事的。

② 澳大利亚《2002年犯罪收益追缴法》第26条规定,检察官在向法院提出签发限制令的申请之前应当向财产所有人以及与有关财产有利害关系的人员发出书面通知,并向上述人员抄送有关申请的副本和支持该申请的陈述材料。

21编第13章第853条(e)项规定,法院在签署限制令之前应当通知对财产可能享有权益的人,并给予其参与听证的机会。《美国法典注释》第18编第46章第983条(a)项也规定,在民事没收中,扣押机关应当自扣押之日起60日内,向所有与涉案财物具有利害关系的人发出没收通知。

第二,对涉案财物进行先行处置时的告知。德国《刑事诉讼法》第111i条规定,命令将扣押标的紧急转让前应当通知相关权利人,并听取其意见。[①] 澳大利亚《2002年犯罪收益追缴法》第279条规定,官方托管人打算销毁或处置被控制财产时,应当将该通知送达官方托管人认为可能与该财产有权益的其他人。加拿大现行《刑法典》也规定,在对涉案财物进行处置之前,法官应将该情况依据法定途径告知所有其认为可能对财物享有法定权利的人,并听取其意见。美国刑事诉讼中对涉案财物的先行处置依据《联邦民事诉讼规则》进行,根据《联邦刑事诉讼规则》第32.2(7)条之规定,法院在作出中间出售或转让(interlocutory sale or delivery)的命令之前,应当通过公告或法院指令的方式向任何与该财产存在利害关系的人进行告知。

第三,对涉案财物进行处理时的告知。日本《关于刑事案件中没收第三人所有物的程序的应急措施法》第2条规定,检察官在提起公诉以后,认为可能需要对第三人所有的物品进行没收的,应当及时向第三人书面告知或公告有关没收的相关事项,并向法院提交证明该告知和公告的文书。在美国,根据《美国法典注释》第21编第13章第853条(n)项(1)款之规定,在法院作出

---

① 德国《刑事诉讼法》第111i条规定,命令紧急转让前,应当听询被指控人、所有权人和其他物上权利人。只要看来可执行,就应当向他们通知转让命令,以及转让的时间和地点。

初步没收决定后,政府应对该没收决定以及以检察长可能指示的方式处置财产的意图进行公告告知。政府也可以在可行的情况下,向任何已知的可能对没收财产主张权利的人进行直接的书面通知。

②告知的方式

从域外国家和地区的立法来看,针对案外人的告知方式主要有以下几种:

第一,公告告知。涉案财物处置所涉及的利益关系通常较为复杂,在刑事诉讼中,国家权力机关往往很难对可能与涉案财产存在利害关系的案外人进行准确认定。在这种情况下,通过报纸、新媒体等大众媒体进行公告告知可以保证告知辐射的范围具有一定的广泛性,尽可能确保与涉案财产存在利害关系的案外人能够获知有关涉案财产处置的信息。例如,日本《关于刑事案件中没收第三人所有物的程序的应急措施法》第2条规定,因第三人下落不明等而不能发出有关没收的告知的,检察官应当按照政令规定的方法,公告该款所列事项。在美国,资产没收和洗钱科建议,对于没收命令及财产处置计划的通知,应在一般发行的报纸上发布三次。根据德国《刑事诉讼法》第291条、第293条第2项及第443条第3项之规定,财产保全扣押之裁定及扣押之撤销应通过在联邦公报登载的方式进行公告。

第二,登记告知。公告告知是一种以人为中心的告知方式,其告知目的的实现需要告知对象的主动关注,而现实生活中,民众可能对案件的情况并不了解,也不知道案件处理的进程可能会对自己的财产权产生影响。在这种情况下,民众一般不会主动关注涉案财物处置的相关信息。基于此,域外国家和地区在强调传统以人为中心的公告告知的同时,增加了以物为中心的告知——登记告知,以保证案外人在进行物的买卖和物权变动的过程中,能够及时了解诉讼的相关信息。例如,澳大利亚《2002 年犯罪收益追缴法》第 34 条规定,对特定财产进行登记的登记机构可以详细登记涉及该类财产的限制令。该法第 35 条进一步规定了限制令变更登记制度。德国《刑事诉讼法》第 111c 条规定,扣押地产、船舶和航空器等财产,应当在土地登记簿、船舶登记簿、造船登记簿或航空器质权登记簿上进行扣押登记。

第三,书面告知。公告告知和登记告知的方式虽然在一定程度上延展了告知的辐射范围,但并不能保证所有与涉案财产存在利害关系的案外人均可以及时了解告知的有关内容。基于此,在案外人身份和地址已经查明或易于查明的情况下,告知应以书面的方式直接进行。日本《关于刑事案件中没收第三人所有物的程序的应急措施法》第 2 条规定,检察官在提起公诉以后,应当及时用书面的方式向可能涉及权利的第三人告知有关情况。只有在第三人下落不明等情况下,才可通过公告进行告知。在美国,通过报纸进行告知的方法不能取代针对个人进行的具有指定性的告知,而且对于诸如身份和地址已经查明或易于查明且受法律保护的权益直接受到没收影响的第三人,仅通过报纸进行告知不能满足正当程序原则的要求。美国《联邦刑事诉讼规则》第 32. 2 条明确要求,针对刑事没收,政府应当发布有关没收命令的公告,并向任何看起来有资格对没收提出异议的申请人直接送达通知。

③告知的内容

告知的意义在于使案外人能够为诉讼参与和诉讼策略的选择进行充分准备,因此,一项通知应当提供使案外人能够准备于己有利的所有相关证据的信息。总体来看,对案外人的告知主要包括三方面的内容:决定的内容、决定的理由,以及案外人的权利。例如,澳大利亚《2002 年犯罪收益追缴法》第 26 条规定,检察官在将申请限制令的消息通知对所涉财产享有权益的人时,通知中应包括申请的副本以及申请所依据的任何陈述书。相较之下,日本和美国对告知的内容作出了更为详尽的规定。日本《关于刑事案件中没收第三人所有物的程序的应急措施法》第 2 条对第三人受告知的内容作了详细的列举,具体包括管辖法院、案件名称、应没收之物名称、财物的详细信息(如数量、特征等)、相关案件事实、第三人权利、申请参加诉讼的期间、案件审判日期等事项。美国《联邦刑事诉讼规则》第 32.2 条第 6 项规定,政府对初步没收决定的告知应当包括对初步没收决定所涉及的财产的描述、法定提交申请的时间,以及将会受理申请的政府律师的姓名和联系信息。

④违反告知义务的后果

法律责任是任何违反法定义务的必然结果,也是立法思维活动的必然延伸。[①] 为确保国家权力机关切实履行告知义务,域外国家和地区普遍规定对案外人不按照规定履行告知义务的,负有告知义务的机关将承担程序上的不利后果。

第一,返还财物。在美国,不适当的告知行为意味着对《宪法第五修正案》的正当程序原则的违背,这可能使程序无效。财产所有人可以基于未受到合理告知而要求返还财产或对其价值进行等价补偿。《美国法典注释》第 18 编第 46 章第 983 条(a)项规定,如果扣押机关没有在规定的期限内向被扣押财物的人发

---

① 参见陈瑞华:《大陆法中的诉讼行为无效制度——三个法律文本的考察》,载《政法论坛》2003 年第 5 期。

出通知,其必须在不影响政府稍后进行的没收程序的情况下,归还该财产,但为法律所禁止拥有的违禁品除外。依据《联邦法规》第28编第1章第9.4条(1)项的规定,如果对没收财产享有所有权或留置权的人,在最终没收令签发前没有收到有关财产扣押的通知,也不可能知道没收程序的进行,且被没收的财产已被政府机构保留或交付政府机构正式使用,则所有权人或留置权人可依据减免没收程序提出申请,要求返还出售没收财产所得收益,或支付与没收财产同等的价额。

第二,程序停滞。通常来说,国家专门机关对告知义务的履行是刑事诉讼推进的必经程序,告知程序的缺失可能导致后续诉讼程序的停滞。例如,澳大利亚《2002年犯罪收益追缴法》第26条明确规定,除非法庭确信申请所涉财产的所有人已经收到合理的关于申请的通知,否则法庭不得就签发限制令的申请进行审理。该法第49条规定,在以限制令为基础作出没收决定之前,法庭也应当审查检察官是否采取了“合理步骤以甄别和通知与财产有权益关系的人员”。美国《联邦民事诉讼规则》第32.2(7)条也规定,在未通知与涉案财产存在利害关系的人的情况下,不得中间出售或转让该财产。

第三,程序重启。依据美国《联邦刑事诉讼实践与程序》第574条以及《联邦刑事诉讼规则》第32.2条的规定,如果作为第三方的申请者没有收到有关没收程序的足够通知,则该申请者可以依据《联邦民事诉讼规则》第60(b)条的规定提出重新开启附属听证程序的动议。澳大利亚《2002年犯罪收益追缴法》第42条也赋予没有收到通知的人申请撤销限制令的权利,相关权利人申请撤销限制令的,法庭应当对限制令进行重新审查。[①]

第四,恢复先前状态。德国《刑事诉讼法》第44条规定,某人无可归责地无法遵守告知期间时,应当依申请对其准予恢复先前状态。这包括司法机关未履行告知义务的情况。

(2)律师代理机制

刑事诉讼中的律师代理,是指律师依照代理的权限范围,以被代理人名义参加诉讼,并由被代理人承担相关诉讼行为所产生的法律后果的一项诉讼活动。在刑事诉讼中赋予案外人获得律师代理的权利,是强化案外人诉讼地位的必然要求,是案外人获得公正审判权的关键要素,也是诉讼效率提高的重要保障。域外国家和地区普遍为参与诉讼的案外人设立了较为完备的律师代理机制,并比照主诉讼程序中辩护人的权利对代理人的权利作出了规定。

①代理人的选任

从德国、日本、美国等国家的立法来看,案外人在刑事诉讼中普遍享有获得律师帮助的权利和机会,只是在代理人的选任范围和选任代理人的时间方面存在一定差异。在德国,案外人享有的代理权是极为广泛的。依据德国《刑事诉讼法》第434条之规定,案外人的律师代理权贯穿于刑事诉讼程序的始终。案外人可以在任何诉讼阶段(包括侦查程序)委托律师或其他满足辩护人资格的人作为其代理人。选任代理人以三人为限,参与人的法定代理人也有独立委任的权限。另外,代理人的选任原则上应当以书面委任为前提,在欠缺书面委任文件的情况下,其行为不发生

① 澳大利亚《2002年犯罪收益追缴法》第42条规定,没有收到限制令申请通知的人可以在收到限制令通知后28日内申请法庭撤销限制令。法庭应当就签发限制令是否合理进行重新审查,检察官也可以就该申请向法庭举证。

代理的效力。日本《关于刑事案件中没收第三人所有物的程序的应急措施法》第10条也赋予参与被告案件程序的第三人从律师中聘请代理人的权利。在美国,虽然《美国法典注释》第18编第46章第983条只对有关法律援助的问题作出了一些规定,但因实行对抗制,律师在诉讼中的作用举足轻重,赋予参与没收程序的案外人律师代理权似乎已经成为实践中约定俗成的做法。

②代理人的权限

从域外国家和地区的相关规定来看,立法及司法实践对案外人委任的代理人的权限范围主要是依据主诉讼程序中辩护人权限范围进行设定的。德国《刑事诉讼法》第434条规定,该法有关辩护人权利的部分规定对代理人依旧适用。具体而言,代理人的权限包括检阅卷宗证物、申请证据调查、受审判日期的通知、收受相关通知、与参与人不受干扰地以书面或言词沟通、替参与人提起救济等。在经过参与人特别授权的情况下,代理人可以代为舍弃参与或撤回救济。值得注意的是,在德国,代理人权利的行使不仅仅局限于审判阶段,在侦查程序阶段,代理人就可以行使德国《刑事诉讼法》第145a条规定的接受送达及第147条规定的检阅卷宗证物的权利。在美国,代理人权利的行使主要基于委托人的授权。律师基于委托人的授权行使提出动议、放弃救济、参与审理等程序性权利。律师在证据收集和策略选择方面有很大的灵活度。人们普遍认为及早获知政府收集的相关证据对于在没收程序中提出权利申请的人来说极为重要。基于此,在司法实践中,任何传统证据收集方法均被允许适用于没收程序。代理律师可以依据实践经验对证据收集的时间和策略进行选择。[1] 日本《关于刑事案件中

---

① See Zeldin, Michael F., Jane W. Moscowitz, *Innocent Third Parties in Federal Forfeiture Proceedings: What Are Their Rights*, Criminal Justice, Vol. 8, p. 11 – 63 (1993).

没收第三人所有物的程序的应急措施法》第10条规定，代理人没有参加人的书面同意，不得撤销参加、撤回正式裁判请求、撤回或者放弃上诉。代理人享有与辩护人相同的阅卷权。①

③法律援助

法律援助制度通常是指国家对经济困难的公民或特殊案件中的当事人以给予减免收费或者由国家支付律师费等方式提供法律帮助，以维护其合法权益的一种法律制度。② 法律援助作为一项重要的国家责任，在平衡诉讼利益、保障公民权利、推动司法公正等方面发挥着不可替代的作用。从域外国家和地区的相关规定和司法实践来看，虽然针对被追诉人的法律援助制度日趋完善，但就案外人是否能够获得法律援助、如何获得法律援助的问题，不同国家和地区存在较大差异。德国《刑事诉讼法》第434条第2项对没收程序中的指定代理制度作出了详细的规定。依其规定，当事实或法律状态复杂，或参与人无法维护自己权利时，参与人或检察官可以申请法院指定代理人；在欠缺申请的情况下，法院可以依职权决定是否指定代理人。法院也可斟酌实际情况，将代理限制在程序中的特定阶段，在需要指定代理人的事由已经不存在，或者参与人已经自行选任代理人的情况下，法院可以撤销其代理人的指定。所谓事实或法律状态复杂，并非要去衡量诉讼整体，而仅需衡量与参与相关的事实、法律以及其程序；即便在事实或法律状态单纯的案件中，如果参与人无法独立行使其

---

① 日本《刑事诉讼法》第40条规定，在提起公诉以后，辩护人可以在法院阅览和抄录有关诉讼文书和物证，但抄录物证应当经审判长许可。该条为日本《关于刑事案件中没收第三人所有物的程序的应急措施法》第10条准用。参见张凌、于秀峰编译：《日本刑事诉讼法律总览》，人民法院出版社2017年版，第19页。

② 参见宋英辉、甄贞主编：《刑事诉讼法学》（第4版），中国人民大学出版社2013年版，第118页。

权利,法院也可为其指定代理人。尽管从该法第 434 条第 2 项的文义来看,法院在指定代理人方面似乎有裁量权限,但若就公正审判的角度而言,当有指定代理人的事由出现时,法院应有义务为其指定代理人。[①] 同时,依据德国《刑事诉讼法》第 142 条和第 434 条的规定,在指定辩护人前,应当给予参与人在指定期间内提报律师人选的机会。若没有重要理由与此相抵触,审判长应指定由参与人提报的代理人。对于法院拒绝指定代理人的裁定,参与人和检察官均可以提出控告。对于指定代理人的部分,参与人甚至可以提出法律审上诉。《美国法典注释》第 18 编第 46 章第 983 条(b)项授权申请人在涉及住所的没收案件中获得法律援助。依该规定,如果有权对没收提出异议的人因为经济原因无法获得律师代理,并且没收的对象是其主要住所,法院可以根据该异议人的申请,确保其获得法律服务机构提供的律师代理。这一规定是 1999 年通过的 H. R. 1916 规定的延续。根据该法的规定,在几乎所有的申请人经济困难的民事没收案件中,申请人均可以获得律师帮助。参议院法案 S. 1701 和 S. 1931 作出了更为广泛的律师任命规定,授权在任何申请人的权利主张获得支持(substantially prevails)的情况下由政府支付律师费和其他诉讼费用。然而,如果申请人在州或联邦的刑事案件中被定罪,或者其提出了多项权利主张,而政府在至少一项主张中获得胜利,政府将不会支付律师费。[②]

---

① 参见林钰雄:《德国刑事没收程序逐条释义——第三人参与、单独宣告及事后程序》,载《法学丛刊》第 2 期(2017 年)。

② See Stefan D. Cassella, *The Civil Asset Forfeiture Reform Act of* 2000: *Expanded Government Forfeiture Authority and Strict Deadlines Imposed on All Parties*, Journal of Legislation, Vol. 27, p. 112 – 113 (2001).

(二)两种模式的优势和缺陷

1.单一型案外人救济模式的优势和缺陷

法官主导的单一型案外人救济模式主要通过司法权的运作为案外人提供救济。司法救济是法院基于权利人提起的诉讼,依据法定程序和职权范围对权利人受到的侵害进行认定和补救。①司法救济的实质在于实现公平正义,这是区别于其他救济方式的根本标志。“按照法律的正当性理论,司法权的力量不是源于其所拥有的有限强制手段,而是司法公正所产生的巨大力量。”②在本质上,司法权的运行是一个由外部中立的第三方对双方当事人的纠纷以法律规定和法律思维进行评判的过程。在法官主导的单一型案外人救济模式中,案外人对涉案财物的权利主张通过富有交涉性和参与性的诉讼程序予以解决。这在增强案外人的认同感、提升程序透明度、保证程序运行公正性和权利救济充分性等方面具有极大优势。

法官主导的单一型案外人救济模式的缺陷也是显而易见的。一方面,案外人的介入导致刑事诉讼结构过于复杂,这不仅在一定程度上影响诉讼效率,也给法官的专业能力带来了极大挑战。这一点在以德国和日本为代表的完全合并模式中更为显见。因为在完全合并模式中,法院需要一并解决被告人的罪责认定问题和涉案财物的处理问题,诉讼标的较为复杂。控辩双方及案外人既可能对犯罪事实、罪责认定等刑事问题发表意见,也有可能对财物权属等民事问题发表意见,由此导致控诉方在是否应当没收财物的问题上面临刑事、民事两种不同性质的抗辩。庭审程序也

---

① 参见秦前红、涂云新:《经济、社会、文化权利的保障路径及其选择——在立法裁量与司法救济之间》,载《交大法学》2013年第1期。

② 黄竹胜:《司法权新探》,广西师范大学出版社2003年版,第87页。

可能因为诉讼主张的多元交叉和证据规则的交替适用而变得极为烦琐。正是在这个基础上,德国和日本的刑事诉讼法普遍明确了不拖延原诉讼的基本要求,并赋予法官较大的庭审指挥权和自由裁量权。例如,根据德国《刑事诉讼法》第 431 条第 7 项的要求,程序进程不因没收参与人参与诉讼而耽搁。应尽可能使有罪的人被定罪,使无罪的人免于刑事程序带来的不利益。为平衡诉讼顺利进行与案外人参诉权保障两方面的价值追求,法官可斟酌个案的具体情况对案外人的参与范围和方式作出限定。为此,德国《刑事诉讼法》分别于第 431 条第 2 项、第 435 条、第 437 条、第 438 条第 2 项规定了参与不延伸至被告人罪责的情形、公示送达程序和参与人缺席审判程序、可以对参与人救济范围进行限缩的情形,以及仅对参与人异议作裁定时的简化程序。

另一方面,完全依托司法救济可能带来极大的资源投入。诉讼是劳动密集型活动,诉讼的过程必然伴随大量的时间和资源的耗费。这些成本包括价格高昂且项目繁杂的诉讼费、律师费、差旅费、取证费等,以及其他无法通过金钱形式表现出来的时间和劳动投入。[①] 为实现司法资源的合理配置,诉外纠纷解决途径(Alternative Dispute Resolution,ADR)以及快速裁判机制,已经为不同法域、不同国家所重视。在司法实践中,涉案财物的权属关系往往纷繁复杂,诉讼牵涉的案外人范围极为广泛。在侦查、起诉和审判过程中,由于办案人员掌握的案件信息较为有限、案外人对诉讼了解不及时等,依靠一次诉讼程序通常很难解决所有可能存在的案外人的权利主张。诉讼程序的重复提起必然导致法院案件负荷和开支的攀升。在澳大利亚等人口较少的国家,诉讼

① 参见王福华:《论民事司法成本的分担》,载《中国社会科学》2016 年第 2 期。

案件相对较少,法院的办案压力尚不显著,法官主导的单一型案外人救济模式尚可应对司法实践的现实需求。[①] 然而对于人口密度较大、案件积压问题较为严重的国家来说,法官主导的单一型案外人救济模式可能带来的诉讼高成本和诉讼拖延问题,是人们不得不面对的重要问题。

2. 复合型案外人救济模式的优势和缺陷

与法官主导的单一型案外人救济模式相比,复合型案外人救济模式具有以下优势:第一,检察官的介入有助于通过司法外程序分流案件,促进司法资源的优化配置。司法救济所具有的公正性和权威性,与其带来的高成本和诉讼拖延之间存在激烈的矛盾。为化解这一矛盾,如何优化司法资源配置,转变司法功能成为世界各国普遍需要面对的问题。在检察官主导的复合型案外人救济模式中,以减免没收程序和快速和解程序为代表的多种诉外纠纷解决途径,有效促进了案件分流,极大地降低了法院的工作负担和诉讼的运行成本,在一定程度上实现了司法资源的增容和扩大化。第二,检察官的介入有利于提高救济的及时性和灵活性。检察官救济具有效率优先、结果导向等特点。检察官可以在涉案财物被扣押后的任何时间,对案外人的权利主张进行处理,及时明确涉案财物的权属关系,确保案外人能够及时对相关经济活动作出合理安排,在切实保障案外人财产权益的同时,有效维护社会经济秩序的稳定。法官救济由于受到严格的程序制约,在救济的及时性和灵活性上远不如检察官救济。第三,复合型案外人救济模式保持了法官最终救济的适宜机制,有利于在充分发挥检察官救济优越性的基础上保证"底线正义"。虽然相较于法官

① 参见傅郁林:《多层次民事司法救济体系探索》,载《当代法学》2013 年第 2 期。

主导的单一型案外人救济模式，在复合型案外人救济模式中，案外人对诉讼程序的参与较为有限，但这并不意味着专门机关在未经案外人抗辩的情况下即可没收案外人财产。在民事没收中，案外人享有参与诉讼的广泛权利；在刑事诉讼中，案外人也可以通过附属听证程序实现权利救济。在复合型案外人救济模式中，具有主动性和灵活性的检察官救济，与具有最终性和被动性的法官救济，形成案外人财产权救济的双轨机制，二者并行不悖，为案外人自愿选择提供真正多样化的途径供给。

鉴于在复合型案外人救济模式中，大量的案件可能通过检察官单方决定的程序予以解决，司法机关对其制约相对薄弱，这种模式的缺陷也是极为明显的。一方面，检察官救济的运作机制并不透明，社会公信力也远不如法官救济。如果缺乏外部监督，单纯的检察官救济很难确保公正的实现。一些学者也指出，检察官的广泛介入使没收程序中存在大量权钱交易的可能，不利于实现国家追诉和惩罚犯罪的利益需求。[①] 为此，美国专门制定了《关于没收和解以及民事和刑事诉讼程序中的辩诉交易政策》（Policy Regarding Forfeiture by Settlement and Plea Bargaining in Civil and Criminal Actions），[②]并于《联邦法规》第 28 编第 1 章第 9.1 条至第 9.9 条对减免没收的条件与程序作出详细规定，以对检察官的权力行使进行约束。另一方面，检察官救济缺乏司法程序所具有的“两造”诉讼构造，难以兼听则明，对案外人的权利主张作出公正处理。无论是减免没收程序还是快速和解程序，对于案外人的权利申请均不需要举行听证程序。相关决定完全在案

---

① See Adam Crepelle, *Probable Cause to Plunder: Civil Asset Forfeiture and the Problems it Creates*, Wake Forest Journal of Law and Policy, Vol. 7, p. 327 (2017).

② *Asset Forfeiture Law and Practice Manual (3)*, Washington, D. C., 1998, p. 3 – 10.

外人申请提供的信息，以及检察官进行的相关调查的基础上作出。与法院基于诉讼场域所获得的“信息优势”[①]相比，检察官对案件信息的掌握很有可能失于全面。根据不全面的信息作出的决定，出现错误的风险相对较高。这对案外人救济程序的公正性极为不利。

① ［美］阿德里安·沃缪勒：《不确定状态下的裁判：法律解释的制度理论》，梁迎修、孟庆友译，北京大学出版社2011年版，第180页。

第四章

我国刑事诉讼案外人财产权保护的主要问题

比较法的概览,仅指明了案外人财产权保护的理想范式。当然,这一理想范式,是在对域外国家和地区司法实践进行归纳和概括的基础上产生的,在一定程度上代表着案外人财产权保护的普遍规律与基本的精神内核。目前来看,相对于域外国家和地区近年来对案外人财产权保障的高度关注和研究热忱,我国在立法层面、司法层面和理论层面均稍显落后,但揆诸实践,我国刑事诉讼活动中对案外人财产权的关注已出现萌芽。对此,以域外的立法与司法实践为参照,具体分析我国刑事诉讼案外人财产权保护的实际运行状态无疑大有裨益。在这一部分,笔者试图集中对我国刑事诉讼案外人财产权保障的实践以及存在的问题和缺陷进行详细的分析和解释。

第一节　刑事诉讼案外人财产权保护范围模糊

明确划定刑事诉讼案外人财产权保护范围是限制公权力扩张、保证案外人获得充分救济的前提和基础。在我国,对于涉案财物处置,《刑法》第64条规定,犯罪分子违法所得的一切财物,应当予以追缴或者责令退赔;对被害人的合法财产,应当及时返还;违禁品和供犯罪所用的本人财物,应当予以没收;《刑事诉讼法》第245条规定,对查封、扣押、冻结的赃款及其孳息,除依法返还被害人的以外,一律上缴国库。对于如何协调涉案财物处置与案外人财产权保护之间的关系,无论是《刑法》还是《刑事诉讼法》均没有提及。现阶段,我国有关刑事诉讼案外人财产权保护范围的规定散见于一些司法解释、部门规章,以及最高人民法院、最高人民检察院的批复之中,但这些规定难以应对司法实践中纷繁复杂的情况。概括来说,我国对刑事诉讼案外人财产权保护范围的界定存在如下几方面的缺陷。

一、刑事诉讼对财产权干预范围缺乏明确界定

(一)供犯罪所用之物界定模糊

我国法律及其司法解释并未对“供犯罪所用的本人财物”的概念、性质及其认定标准作出规范,对于“供犯罪所用”“本人”的理解均太过抽象,导致司法实践中法官自由裁量权较大,判决时认定标准不一。例如,就供犯罪所用之物与犯罪行为之间的关系来说,我国实务界的判断标准并不统一。有的法院认为只有专门

用于或主要用于犯罪的财物才可认定为犯罪工具;[①]有的法院则认为只要该财物被用于犯罪行为,或者与犯罪存在联系就可以认定为犯罪工具;[②]有的法院在对财物性质认定没有把握时,基于有利于被告人原则,作出不予没收的决定。[③] 由于缺乏统一标准,司法实践中出现类似案件在不同法院有不同处理方式的现象,严重破坏了法律适用的统一性和严肃性。又如,就本人财物的判断来说,立法惯例认为,没收的供犯罪所用之物应是犯罪分子享有所有权的财物。然而,在司法实践中,存在供犯罪所用之物为犯罪人和他人共有,或其他人对财物享有担保物权等多种情形。面对这些复杂的实践样态,如何理解本人的含义成为刑法理论界和实务界争论不休的话题。有观点认为,对本人财物的范围应作限制性解释,本人财物应仅限于为犯罪人所独自享有,且不存在其他人合法权利主张的财物。有观点则认为,对本人财物的范围不宜限定过窄。无论其他人是否对财物享有权利,只要财物为犯罪人所有,即可没收。界定模糊很容易导致司法实践中"供犯罪所用的本人财物"的范围涵盖过于宽泛,将被告人与案外人的普通财产也纳入没收范围;也很容易出现案外人财产权的保护范围不够确定,司法实践中法律适用混乱等情况。

(二)违法所得之物界定模糊

首先,违法所得的内涵存在争议。在我国,违法所得是一个刑法、民法、行政法共同使用的概念。由于我国《刑法》第 64 条

---

① 参见李晓琦:《供犯罪所用的本人财物的认定》,载《人民法院报》2011 年 8 月 17 日,第 6 版。

② 参见向燕:《论刑事没收及其保全的对象范围》,载《中国刑事法杂志》2013 年第 3 期。

③ 参见林前枢、林毅高:《作案工具的认定和处理》,载《人民司法》2019 年第 29 期。

仅采用了“违法所得”这一普适性的概念，人们对如何理解此处违法所得所指涉的财物范围存在较大争议。在理论界，有学者认为《刑法》第 64 条规定的违法所得，仅指犯罪所得；也有学者认为，无论是犯罪所得还是通过一般违法行为获得的财物均应涵盖于该条规定的违法所得范围之内。[①] 在实践中，一些实务人员甚至将违法所得与犯罪所得作区别对待，并提出作为刑事审判的重要内容，犯罪所得的认定应当经由法庭程序作出，而违法所得仅是通过一般违法行为获得的财物，其认定无须经过法庭审判程序，由检察机关进行处理即可。[②] 由于法律及相关司法解释并未对《刑法》第 64 条规定的违法所得进行细化，实践中违法所得之物的没收存在不当扩张的倾向。

其次，可没收违法所得与犯罪行为之间的联系规定不清。对于《刑法》第 64 条中的“违法所得的一切财物”的范围，可能存在以下几种形态：犯罪直接所得、犯罪直接所得的孳息及其转化物、犯罪间接所得的收益及转化物[③]。其中，对于犯罪直接所得的没收，理论界和实务界通常不存在异议。随着最高人民法院 2015 年《关于审理掩饰、隐瞒犯罪所得、犯罪所得收益刑事案件适用法律若干问题的解释》与最高人民法院、最高人民检察院 2017 年《关于适用犯罪嫌疑人、被告人逃匿、死亡案件违法所得没收程序若干问题的规定》的出台，犯罪直接所得的孳息及其转化物的可没收性，也被人们普遍认同，但是对于犯罪间接所得的收益及

---

① 参见李长坤：《论违法所得及其他涉案财物的界定——兼论对没收程序司法解释第 6 条的理解》，载《法律适用》2017 年第 13 期。

② 参见梁玉霞、何正华：《违法所得探析》，载《人民检察》2005 年第 6 期。

③ 例如，犯罪行为人将贪污所得 50 万元用于炒股，净赚 10 万元，然后又用此 10 万元开一个小店，再赚 20 万元，此 20 万元便是犯罪间接所得的收益。

转化物的性质及其司法处理，却成为困扰理论界和实务界多年的疑难问题。例如，一些学者认为，所谓违法所得产生的收益，应限于违法所得财物直接产生的收益，利用犯罪间接所得获得的收益不得予以没收。[①] 另有一些学者认为，违法所得不能限于犯罪直接违法所得及其收益，有些犯罪的间接违法所得的收益也应当作为违法所得没收。[②] 在司法实践中，行为人在通过实施犯罪行为获得收益后，多将其用于投资企业或从事其他经济活动，在这种情况下，犯罪直接所得的孳息及其转化物以及犯罪间接所得的收益及其转化物往往处于混杂不清的状态，在实践操作中，司法机关大多不加区分而予以模糊处理，或者统一以罚金刑的方式予以替代，是否妥当则有待商榷。

再次，违法所得的计算方式缺乏规定。我国法律对于违法所得的计算方式没有明确规定。虽然部分司法解释有所涉及，但相关规定存在矛盾。例如，最高人民法院《关于审理非法出版物刑事案件具体应用法律若干问题的解释》第 17 条将违法所得限定为获利数额，似乎主张对违法所得的计算应采取扣除犯罪成本而没收"净利润"的做法。然而，2014 年最高人民法院、最高人民检察院、公安部《关于办理非法集资刑事案件适用法律若干问题的意见》第 5 条以及《全国法院审理金融犯罪案件工作座谈会纪要》却又采取"总收入原则"，明确实施非法集资、金融诈骗过程中的代理费、中介费、好处费、返点费、佣金、提成、回扣、行贿、赠与等费用，均应纳入违法所得的范畴予以没收。在理论界，学者对这一问题也存在不同的看法。总体来看，可以分为以下三种：一是净利润说。该说主要认为，如采用总收入原则，则可能使没

① 参见张明楷：《论刑法中的没收》，载《法学家》2012 年第 3 期。

② 参见吴光升：《刑事涉案财物处理程序研究》，法律出版社 2018 年版，第 16 页。

收具有惩罚色彩，与没收违法所得的主旨，以及罪责刑相均衡的原则要求不符。[①] 二是总收入说。该说认为，对犯罪成本予以追缴不仅有利于对犯罪人进行制裁，防止财物继续用于犯罪，也符合国际社会的普遍趋势。[②] 三是毛利润说。该说认为在计算违法所得时，既不应采净利润原则，也不应采总收入原则，而应允许从总收入中扣除合法的边际成本。[③] 由于缺乏明确的规则指引，在司法实践中，对违法所得的计算也是相当混乱的。无论是净利润原则还是总收入原则均有相关裁判予以支持，[④]进而使违法所得的没收范围处于一种不确定的状态。

最后，关于违法所得推定的规范缺失。我国关于违法所得推定的规范很少，只有国家工作人员巨额财产来源不明罪中存在对违法所得推定问题的规定。除此之外，有关违法所得推定的规定在我国几乎空白。违法所得推定规则的缺失并不意味着我国司法实践中不存在违法所得的证明难题。只是我国司法机关大多对此采取一种回避态度，或通过概括性没收的方式对此予以模糊处理，或通过罚金刑代替违法所得没收以回避对该问题的回应。然而，无论哪种方式，均可能导致违法所得的没收范围不当扩张，进而影响当事人和案外人财产权保障。

（三）替代物没收缺乏明确规定

在司法实践中，经常会出现没收原物发生灭失或无法予以没

---

① 参见谢雄伟：《论刑事违法所得没收的本质、内涵与计算方法》，载《法学论坛》2016年第5期；刘清生：《论刑事违法所得的认定与追缴》，载《湖南社会科学》2009年第2期。

② 参见张磊：《论我国经济犯罪收益追缴制度的构建》，载《政治与法律》2009年第5期；王晓燕：《犯罪收益追缴范围探析》，载《盐城工学院学报（社会科学版）》2014年第2期。

③ 参见吴光升：《刑事涉案财物处理程序研究》，法律出版社2018年版，第25页。

④ 参见谢雄伟：《论刑事违法所得没收的本质、内涵与计算方法》，载《法学论坛》2016年第5期。

收的问题。一旦出现这种问题,司法机关是否可以对替代物进行没收?对此,我国法律规定得较为模糊。《刑法》第64条仅对原物没收和责令退赔作出了原则性规定。当作为没收对象的原物已转换形态,或与其他之物混同时,实践中该如何操作,尚无明确规范。至于"责令退赔",全国人民代表大会常委会法制工作委员会刑法室人员给出的解释意见是"指犯罪分子已将违法所得挥霍、使用或者毁坏的,也要责令其按违法所得财物的价值退赔"[①]。从形式上来看,责令退赔在功能上与替代物没收颇为相似,但由于适用范围有限且规定较为原则,在应对实践中的各类情形时,难免捉襟见肘。如果犯罪所得与他物混同或衍生出更多利益时,应该如何计算退赔的价值?另外,由于责令退赔一般只适用于"犯罪分子非法所得的财物",其范围难以涵盖"供犯罪所用的本人财物"。在此类财物存在没收必要,又无法没收原物的情况下,是否可以对替代物进行没收,缺乏明确的法律指引。在我国的一些司法解释和地方性法规中,也可以看到替代物没收的痕迹。例如,最高人民法院、最高人民检察院2017年颁布的《关于适用犯罪嫌疑人、被告人逃匿、死亡案件违法所得没收程序若干问题的规定》第6条规定,违法所得已经部分或者全部转变、转化为其他财产的,转变、转化后的财产应当视为违法所得。2012年最高人民法院等四部委印发的《关于办理黑社会性质组织犯罪案件若干问题的规定》第21条规定,依法应当追缴、没收的财产无法找到、被他人善意取得、价值灭失或者与其他合法财产混合且不可分割的,可以追缴、没收其他等值财产。1986年出台的《河北省追缴处理刑事犯罪赃款赃物条例》(已失效)第6条也对原物无法执

① 胡康生、李福成主编:《中华人民共和国刑法释义》(第2版),法律出版社2004年版,第62页。

行的情况下,折价退赔和责令赔偿的问题作出规定。[①] 然而,由于相关规定法律位阶较低,且适用范围具有一定的局限性,对于替代物能否没收的问题,我国法律层面尚无详细、统一的规定。

(四)财产保全的范围缺乏明确限制

财产保全,是指办案机关为确保没收判决最终实现,避免相关财产因毁损、转移而丧失可执行性,而在诉讼中对相关财产采取扣押、冻结等限制性措施。[②] 我国《刑事诉讼法》及司法解释未明确规定对没收对象的财产保全,而仅要求扣押的对象必须是与犯罪有关系的物品和文件。易言之,现行《刑事诉讼法》上的查封、扣押、冻结仅针对证据保全而非没收财产保全。2015 年《人民检察院刑事诉讼涉案财物管理规定》第 2 条、《公安机关涉案财物管理若干规定》第 2 条,将查封、扣押、冻结的范围扩展到违法所得的一切财物、违禁品和供犯罪所用之物。2012 年最高人民法院等四部委印发的《关于办理黑社会性质组织犯罪案件若干问题的规定》第 17 条在一般涉案财物范围的基础上,对黑社会性质组织犯罪案件中没收保全的范围作了进一步细化。根据该规定,在办理黑社会性质组织犯罪案件中,公安司法机关可以依法查询、查封、扣押、冻结与案件有关的:(1)黑社会性质组织的财产;(2)犯罪嫌疑人、被告人个人所有的财产;(3)犯罪嫌疑人、被告人实际控制的财产;(4)犯罪嫌疑人、被告人出资购买的财产;(5)犯罪嫌疑人、被告人转移至他人的财产;(6)其他与黑社

---

① 1986 年《河北省追缴处理刑事犯罪赃款赃物条例》(已失效)第 6 条规定,犯罪分子所得一切赃款赃物,包括赃物变价款或用赃款赃物购买的物品、赃款存入银行已得利息,均应追缴。不能追回原物的,可以折价退赔。已经挥霍或腐败变质的,责令犯罪分子赔偿损失。

② 参见向燕:《论刑事没收及其保全的对象范围》,载《中国刑事法杂志》2013 年第 3 期。

会性质组织及其违法犯罪活动有关的财产。由于实体法并未对财产保全问题作出明确规定,且有关违禁品、供犯罪所用的本人财物、违法所得的一切财物的范围本身存在不小的争议,实践中,侦查机关极有可能以证据保全之名行没收保全之实,进而不当扩大没收保全的范围。另外,就财产保全而言,一个极为重要的问题是办案机关能否以及在多大范围内可以对被追诉人、案外人的普通财产采取保全措施,即在原物灭失或不可没收的情况下,能否对替代物进行扣押。由于我国尚没有明确替代物的没收制度,也不存在任何法律或司法解释对此加以规定,在实践中,对于普通财产的保全往往在退赔被害人的案件,以及涉黑涉恶犯罪案件中普遍存在。[①] 事实上,为保证没收得以顺利实现、被害人能够得到充分赔偿,在审前对普通财产进行保全确实存在一定的必要性。这种办案机关为追求政策落实、社会效果而自发采取的普通财产保全措施,因缺乏必要的法律规制,在实践中具有极强的扩张性和侵犯性。在一些案件中,办案机关在不查清权属、不确定范围的情况下,就对被追诉人的所有财产采取查封、扣押等强制措施,导致相关企业无法继续经营,案外人的财产权受到严重影响,当地的市场秩序也受到严重干扰。2012 年《刑事诉讼法》修正时增加了第 115 条(现《刑事诉讼法》第 117 条),规定了相关权利人可就办案机关"对与案件无关的财物采取查封、扣押、冻结措施"的行为进行申诉、控告。然而,对于财产保全的情形,如果法律无法对"与案件有关的财物"的种类和判断标准作出明确限定,则实践中办案机关会对保全范围作出扩大解释,《刑事诉讼法》赋予相关权利人的申诉、控告权,也会因法律的模糊规定

---

① 参见向燕:《论刑事没收及其保全的对象范围》,载《中国刑事法杂志》2013 年第 3 期。

而丧失行使依据。

二、刑事诉讼案外人财产权保护范围缺乏明确界定

(一)供犯罪所用之物与案外人关系的界定缺乏合理性

我国1963年《刑法(修正草案)》并未对供犯罪所用之物的权属作出限定。[①] 基于该规定,供犯罪所用之物,无论是否属于犯罪人所有,均应予以没收。后考虑在行为人将通过盗取、借贷获得的公私财物用于犯罪的案件中,供犯罪所用之物原则上不应纳入没收的范围,1979年《刑法》第60条对供犯罪所用之物的没收增加了"本人"的限制性条件。[②] 从文义解释的角度来看,这里的"本人"应当理解为犯罪者本人(包括共犯),即犯罪者应对财物享有所有权。不属于犯罪者所有的财产,不可作为供犯罪所用之物予以没收。尽管《刑法》将案外人所有的财产排除于"供犯罪所用之物"没收的范畴,但面对过于受限的没收范围,一些司法解释曾对该规定作出一定程度的调整。例如,1990年《全国人民代表大会常务委员会关于禁毒的决定》(已失效)第12条规定,"……供犯罪使用的财物,一律没收"。该规定实际将毒品犯罪中供犯罪所用之物的没收范围扩大为一切供犯罪所用的财物,而不以财物属于本人为限。这一规定也被1994年最高人民法院《关于执行〈全国人民代表大会常务委员会关于禁毒的决定〉的若干问题的解释》(已失效)第14条认可和强调。公安部1992年《关于对用

---

① 1963年《刑法(修正草案)》第65条规定:"供犯罪所用的一切财物,应当予以没收。"参见高铭暄:《中华人民共和国刑法的孕育诞生和发展完善》(精编本),北京大学出版社2020年版,第33页。

② 参见高铭暄编著:《中华人民共和国刑法的孕育和诞生》,法律出版社1981年版,第96页。

于毒品犯罪的他人财物是否应予没收的批复》(已失效)不仅沿袭了毒品犯罪案件中供犯罪所用之物没收范围的扩张性规定,还对他人财物的没收增加了主观方面的限制。依据该规定,除犯罪分子本人的财产外,对于财产所有者在明知或者借以渔利的情况下,供犯罪分子使用的他人财物,也应当依法予以没收。[①] 司法解释层面的调整并未对《刑法》规定产生影响,我国现行《刑法》第 64 条继续沿用 1979 年《刑法》第 60 条的规定,仅将"供犯罪所用的本人财物"作为没收对象。依据这一立法惯例,没收的供犯罪所用之物应属于犯罪分子本人财物。对于仅为案外人所有的财物,无论案外人对财物被用于犯罪是否存在过错,均不得没收。

从没收的立法目的来看,没收制度的设立主要是希望通过没收犯罪人财物来惩罚犯罪,且消除其利用该财物继续犯罪之危险。[②] 如果法律对没收对象的范围作出过于限制性的规定,则可能有碍于通过没收对抗犯罪目的的实现。基于利益平衡原则的考量,对财物的没收还应考虑案外人合法权利的保护。没收目的的实现与案外人财产保护之间应保持合理平衡,不能失之偏颇。我国《刑法》第 64 条将没收对象限定为"供犯罪所用的本人财物"。与域外国家和地区的有关规定相比,我国对"供犯罪所用之物"的没收效果仅限于本人所有的财物,范围相对狭窄。在案外人明知自己的财物被用于犯罪或对自己的财物疏于管理而放任其用于犯罪的情况下,案外人仍然可以保有该财物,这显然有

---

① 《关于对用于毒品犯罪的他人财物是否应予没收的批复》(已失效)指出,属于犯罪分子本人所有的财物,应当一律没收;不属于犯罪分子本人所有,但在财物所有者明知或者借以从中渔利的情况下,供毒品犯罪人使用的财物,也应当没收;行为人盗用他人财物或者违背财物所有者的意愿而利用其财物进行毒品犯罪的,对这类财物不应没收。

② 参见李润华:《"供犯罪所用的本人财物"的认定与没收》,载《中国检察官》2012 年第 3 期。

欠公平。在《中华人民共和国刑法释义》一书中，作者对“本人”的界定进行了一定程度的扩展。该书指出，对于财物所有人事前不知是供犯罪使用的财物应当予以返还。[①] 由此，案外人在明知财物供犯罪使用，仍借予犯罪行为人的情况下，其财物应当没收。但如何对“事前不知”的主观状态进行认定，在实践中仍存在很大的模糊性和不确定性。因为“不知”到底意味着全然不知，还是根据当事人平时情状，认识到其有从事犯罪行为、违法行为的可能，但没有制止，从字面上很难确定。另外，实践中也存在财产所有人因受到威胁而不得不使其财产被用于犯罪，或者财产所有人积极采取制止措施但仍未能阻止财产被用于犯罪等情形。在这些情形中，财产所有人显然对其财产供犯罪使用的情况有所了解，但如果仅以此为由而将其财产予以没收，显然有欠妥当。综上所述，我国《刑法》第 64 条对供犯罪所用之物的没收与案外人财产权保护关系的界定缺乏合理性，把犯罪工具的没收仅限于犯罪行为人本人所有的财物，范围显得格外狭窄。

(二)善意取得制度适用的混乱

所谓善意取得，是指为维护交易安全，当无权处分人对财产进行处分时，善意受让人依法即时取得对财产的所有权或其他物权。[②] 在刑事诉讼中，供犯罪所用之物以及违法所得之物能否适用善意取得制度，是实务界和理论界早已关注的问题。对于这一问题，我国民事法律和刑事法律均没有明确规定，司法解释的相关规定也较为零散。我国对这一问题的规定最早出现于 1958 年

---

① 参见胡康生、李福成主编：《中华人民共和国刑法释义》，法律出版社 2004 年版，第 62 页。

② 参见李长坤：《刑事涉案财物处理制度研究》，华东政法大学 2010 年博士学位论文，第 105 页。

最高人民法院《关于不知情的买主买得的赃物应如何处理问题的复函》之中。根据该复函,不知情的买主买得的赃物,如果是从市场、商店等合法买得的,应认为已取得所有权。1965 年《关于没收和处理赃款赃物若干问题的暂行规定》(已失效)也有条件地认可赃款赃物适用善意取得制度。1992 年最高人民法院研究室《关于对诈骗后抵债的赃款能否判决追缴问题的电话答复》(已失效)否定善意取得适用于"以赃抵债"的案件。该答复明确指出,对赃款赃物应当一追到底,即使是享有债权的人善意取得的赃款,也应追缴。此后,随着理论界与实务界对该问题的不断关注,相关部门出台了大量的规范性文件。根据这些文件,对于诈骗所得的财物,以及盗窃、抢劫所得的机动车适用善意取得的问题已经基本得到了认可。[①] 2014 年最高人民法院颁布的《关于刑事裁判涉财产部分执行的若干规定》第 11 条进一步统一了法院执行程序中涉案财物的善意取得问题,明确指出"第三人善意取得涉案财物的,执行程序中不予追缴",并具体列举了符合没收条件的"恶意取得"的情形。从目前来看,我国对于善意取得制度是否适用于供犯罪所用之物和违法所得之物,总体上持肯定态度。

尽管如此,我国有关涉案财物适用善意取得制度的规定仍较为零散,缺乏必要的统一性。事实上,在公、检、法三机关制定的司法解释和部门规章中,只有 2014 年最高人民法院颁布的《关于

---

① 具体参见 1996 年最高人民法院《关于审理诈骗案件具体应用法律的若干问题的解释》(已失效),1997 年公安部下发的《关于办理利用经济合同诈骗案件有关问题的通知》第 5 条,1998 年最高人民法院、最高人民检察院、公安部、国家工商行政管理总局(已撤销)《关于依法查处盗窃、抢劫机动车案件的规定》第 12 条,以及 2011 年最高人民法院、最高人民检察院《关于办理诈骗刑事案件具体应用法律若干问题的解释》第 10 条规定。

刑事裁判涉财产部分执行的若干规定》第 11 条对涉案财物善意取得的问题作出统一规范,其他的司法解释和部门规章均只是对特定类型案件中涉案财物的善意取得制度进行了部分认可。对于公安机关、检察机关处理的其他案件中的涉案财物是否也应适用善意取得制度,却缺乏明确的规定。由此观之,我国对于涉案财物能否适用善意取得制度尚没有形成真正统一、权威的规范。立法的回避极易使执法陷入混乱的状态,无论是诉讼当事人还是案外人的权利均难以得到应有的保障。这一问题在审前阶段涉案财物的处理过程中尤为明显。通过查阅相关的判决,笔者发现,对于案外人善意取得的涉案财物,公安司法机关主要通过以下几种方式处理:第一,追缴后返还被害人。例如,在黑龙江省鸡西市鸡冠区人民法院审理的一起抢劫案中,被告人将抢得的金戒指以 920 元的价格卖给他人。案发后,公安机关在善意第三人处扣押金戒指一枚,并将其返还给被害人。[①] 第二,追缴后返还被害人,并将交易钱款归还善意第三人。例如,在吉林省前郭尔罗斯蒙古族自治县人民法院审理的一起盗窃案中,被告人先后两次盗取两辆电动三轮车,并将其以 2600 元和 2500 元的价格卖予他人。案发后,这两辆电动三轮车被公安机关依法扣押,并返还给被害人,善意第三人则获得被告人退赔的交易钱款。[②] 第三,不予追缴。有学者经调查发现,在实际工作中,有的办案机关基于朴素的公平价值判断或和谐社会的需要,在追赃容易引起严重后果、破坏社会和谐的情况下,暂停追缴涉案财物或采用其他方式

---

① 参见黑龙江省鸡西市鸡冠区人民法院刑事判决书,(2016)黑 0302 刑初 152 号。

② 参见吉林省前郭尔罗斯蒙古族自治县人民法院刑事判决书,(2016)吉 0721 刑初 291 号。

对被害人进行补偿。[①] 据此，在刑事诉讼中是否适用善意取得制度的问题上，司法实践中的做法尚不统一，这对案外人财产权保护而言是极为不利的。

（三）替代物没收与案外人物权保护的关系缺乏界定

由于我国法律本身对替代物没收缺乏明确规定，替代物没收与案外人之间的关系在司法实践中就更是一笔“糊涂账”。一方面，就是否可以对案外人进行替代没收来说，我国缺乏明确规定。《刑法》第64条仅对责令退赔作出原则性规定，但对具体责令退赔的对象是否仅限于犯罪分子，却缺乏明确指引。实践中的普遍共识是案外人可以出于自愿，以自己的合法财产帮助被告人进行退赔。[②] 在案外人恶意取得涉案财物并将之挥霍的情况下，对司法机关是否可以要求其退赔或没收其等值财产，无统一规定。立法的缺失极易导致司法实践的混乱，进而使案外人的财产权处于不确定的状态。另一方面，就对被追诉人的替代没收与案外人财产权保护之间的关系来说，立法也无一定之规。一般认为，对被追诉人的替代没收不应影响案外人的所有权、担保物权等合法财产权。由于法律规定的缺失和“先刑后民”原则的影响，在司法实践中，对该问题的处理极为混乱。例如，在替代物上存在案外人担保物权的情况下，案外人的担保物权有时难以充分实现。在一起非法吸收公众存款案中，海口市中级人民法院于2018年作出的刑事判决第5项指出，“查封、扣押、冻结在案的财物由查封、扣押、冻结机关依法处理，按比例返还集资参与人投资本金的损

① 参见胡宝珍、陈茂华：《刑事涉案财物追缴的法律问题调研》，载《福建警察学院学报》2009年第5期。

② 参见杨富柱、张静：《刑事“责令退赔”与第三人自愿加入债务并存时的司法处理》，载《天津法学》2016年第2期。

失”。判决书所附公安机关查封、扣押、冻结财物清单包括珠江公司二期项目的抵押房产，该项目本身是一个独立的合法借贷项目，而上述财产权益由72名二期项目债权人享有。珠江公司已将上述抵押物对应的债权款项13,625,300元转入海口市中级人民法院账户，如果海口市中级人民法院依据判决书所判按比例发还所谓集资参与人将严重侵害珠江二期项目债权人的合法利益。72名债权人在多方申诉无果后，只能以被害人的身份参加财物分配程序。[①] 又如，在案外人获得被告人赠与的情况下，司法机关可能会将案外人获得的财产作为替代物予以追缴、退赔。在北京市高级人民法院审理的一起非法吸收公众存款案中，由于扣押、查封财产部分尚不足以赔偿被害人的全部经济损失，故法院判决查封被告人为案外人购买，并登记在案外人名下的房产一套。[②] 以上做法确实满足了赔偿被害人的需要，但是否妥当却值得商榷。另外，一些司法实务人员也表示，当被追诉人的财产不足以赔偿被害人的损失，且存在其他民事责任主体时，是否可以责令其他民事责任主体对被害人的损失进行赔偿，在实践中也存在较大的争议。

（四）案外人债权保护的范围缺乏明确规定

域外国家和地区对案外人债权的保护主要是通过界定案外人债权保护范围，并协调刑事诉讼程序与民事诉讼程序的关系来实现的。即通过严格区分被追诉人合法财产以及违法所得，在保证民事程序顺利运行的情况下，还要保证刑事没收的目的得以实现。然而，在我国，对于案外人债权的保护，无论是法律还是司法解释都甚少提及。现阶段，在《刑法》、《刑事诉讼法》以及公、检、

---

① 参见海南省高级人民法院执行裁定书，(2020)琼执复91号。

② 参见北京市高级人民法院刑事通知书，(2019)京刑申16号。

法三机关制定的司法解释和部门规章中，只有最高人民法院《关于刑事裁判涉财产部分执行的若干规定》第11条明确指出，被执行人将刑事裁判认定为赃款赃物的涉案财物用于清偿债务、转让或者设置其他权利负担，具有善意取得情形的，执行程序中不予追缴。基于此，在被追诉人已经将涉案财物用于偿还善意债权的情况下，案外人的债权可以得到优先保护。然而，此规定并不足以应对司法实践中出现的复杂多变的各种情况。我国有关刑事诉讼案外人债权保护的范围规定，在实践中仍显得捉襟见肘。

首先，在已存在针对涉案财物的生效民事裁判的情况下，如何协调刑事诉讼程序与民事执行程序的关系，法律没有明确规定。2014年最高人民法院、最高人民检察院、公安部《关于办理非法集资刑事案件适用法律若干问题的意见》第7条规定，对于民事执行中有非法集资嫌疑的财物，人民法院应当裁定中止执行。① 在非法集资案件之外，其他刑事案件如何协调刑事诉讼程序与民事执行程序的关系，有关规定极为模糊。《公安机关办理刑事案件适用查封、冻结措施有关规定》第48条规定，需要查封、冻结的或者已被查封、冻结的涉案财物，涉及扣押或者民事诉讼中的抵押、质押或者民事执行等特殊情况的，公安机关应当根据查封、冻结财物的权属状态和争议问题，与相关国家机关协商解决。协商不成的，各自报请上级机关协商解决。协助执行的部门和单位按照有关争议机关协商一致后达成的书面意见办理。最高人民检察院、公安部《关于公安

① 《关于办理非法集资刑事案件适用法律若干问题的意见》第7条规定，国家专门机关在侦查、起诉、审理非法集资刑事案件时，发现被申请执行的财物属于涉案财物的，应当及时通报人民法院。人民法院发现有非法集资嫌疑的，应当裁定中止执行。

机关办理经济犯罪案件的若干规定》第74条第1款规定，公安机关在受理、立案、移送以及涉案财物处置等过程中，与人民检察院、人民法院以及仲裁机构发生争议的，应当协商解决。必要时，可以报告上级公安机关协调解决。上级公安机关应当加强监督，依法处理。由此可见，在生效民事裁判执行与原物没收发生竞合的情况下，我国主要是通过部门之间的协商解决的，在具体的顺序安排上，我国并没有统一的规范。在司法实践中，当发现申请执行的财物属于涉案财物时，法院通常会依据先刑后民的原则，中止民事裁判的执行，并将案件移送公安机关或检察机关处理。在这种情况下，案外人获得清偿的期待利益可能落空。[①]

其次，替代物没收与案外人债权的关系缺乏合理界定。最高人民法院《关于刑事裁判涉财产部分执行的若干规定》第13条确定了退赔被害人的损失优先于其他民事债务清偿的原则，但对民事债务的范畴却没有明确规定。在一些案件中，案外人在刑事诉讼开始前即获得相关的民事判决，此时便出现了刑事诉讼程序与民事执行程序交叉的问题。对于这一问题，似乎很难单纯通过该规定予以解决。在司法实践中，对这一问题的解决存在以下几种情况：第一，中止民事裁判的执行，待刑事裁判作出后一并执行。例如，在平顶山市中级人民法院审理的一起案件中，洛阳市河阳建设工程有限公司于2017年获得要求平

---

① 例如，在合肥市中级人民法院审理的一起案件中，案外人合肥工程建设承包公司在公安机关查封案涉标的之前已经获得确认涉案房产为其所有的民事调解书，只是尚未办理过户手续。在执行程序中，合肥工程建设承包公司提出执行异议，申请解除查封涉案房产，但法院以权利基础为债权为由，不予支持。参见合肥市中级人民法院执行裁定书，(2018)皖01执异102号。

顶山市隆旭房地产开发有限公司支付工程款 113 万余元的民事判决书。该民事案件进入执行程序后,舞钢市公安局经济犯罪侦查大队以平顶山市隆旭房地产开发有限公司在舞钢市怡景花园项目中的土地与房产涉及非法吸收公众存款案为由,不仅将该项目中的土地及房产全部查封,还查封了平顶山市隆旭房地产开发有限公司其他不属于怡景花园项目的土地和房产。舞钢市人民法院基于先刑后民的原则,中止洛阳市河阳建设工程有限公司已经获得的民事判决的执行,导致洛阳市河阳建设工程有限公司的债权需要等刑事执行过程完毕才可能实现。[①] 第二,替代物没收不影响其他民事正当债务的履行。例如,在临沂市中级人民法院审理的一起案件中,法院指出刑事案件的查封、冻结效力并不当然优先于民事案件的查封、冻结效力。案外人在临沂市兰山区人民法院民事执行案件中对执行房产的查封为首封,享有对争议房产的处置权。费县法院立案执行的刑事退赔案件对争议房产为轮候查封,其不能对争议房产进行处置。[②] 第三,将替代物没收与民事执行合并,重新制定分配方案。例如,在金华市中级人民法院审理的一起案件中,案外人已经在刑事裁判作出之前依据已经生效的民事裁判对被告人的房屋拆迁补偿款进行了分配,所有民事申请执行人都已先后领取了执行款。然而,在刑事裁判作出后,法院实施了执行回转,撤销民事诉讼中的分配方案,并将刑事案件中的被害人列入分配。案外人向法院提出执行异议,但法院认为,被执行人虽然已按民事裁判进行了分配,但执行程序尚未整体终结,执行过程中人民法院发现执行有错误的,可以依法予以纠正,

① 参见平顶山市中级人民法院执行裁定书,(2019)豫 04 执复 3 号。

② 参见临沂市中级人民法院执行裁定书,(2019)鲁 13 执复 40 号。

该房产所得拆迁款属于退赔被害人的范围，将被害人加入分配方案进行重新分配并无不当。[①]

最后，破产程序与刑事诉讼程序的关系缺乏明确规定。一方面，我国立法目前还没有关于刑事诉讼与破产程序衔接和协调的明确规定。2014 年最高人民法院、最高人民检察院、公安部《关于办理非法集资刑事案件适用法律若干问题的意见》和 2015 年最高人民法院《关于审理民间借贷案件适用法律若干问题的规定》虽然均确定了先刑后民的处理方式，但由于破产程序在本质上属于区别于民事诉讼的特殊程序，该处理方式是否适用于破产程序仍存异议。实践中，对于此类案件缺乏统一规范，在破产程序与刑事诉讼出现交叉的情况下，办案机关的处理方式并不一致，案外人债权受到侵害的现象十分普遍。有学者对我国破产程序与刑事程序的衔接问题进行实务考察后发现，实务中许多地方法院刻板固守先刑后民的做法，对于刑事诉讼过程中涉案企业提出的破产申请一律不予受理，对于办理破产案件的过程中出现涉嫌犯罪的情况，一律中止破产程序的进行。在 2014 年至 2019 年的 23 起相关非法集资案件中，当针对债务人企业启动刑事程序后，法院在面临针对债务人企业的破产申请时裁定不予受理或驳回破产申请的案件有 13 起；法院受理了针对债务人企业的破产申请，而后债务人企业被发现涉嫌犯罪，法院裁定驳回破产申请的案件有 4 起。只有 6 起案件的法官在债务人企业涉嫌犯罪时，坚持继续受理破产申请，而不受刑事案件的影响。[②] 企业破产往往牵涉大量担保权人和企业债权人的利益。破产法的价值基础

---

① 参见金华市中级人民法院执行裁定书，(2020)浙 07 执复 46 号。

② 参见马更新：《界限与协同：破产程序与刑事程序适用顺位辨析》，载《北京联合大学学报(人文社会科学版)》2020 年第 1 期。

在于公平和效率。如果不区分具体情况,单纯坚持先刑后民的做法,则可能使破产案件的办理因受刑事程序的牵扯而变为一个漫长的过程,涉案企业的剩余价值可能在这个过程中消耗殆尽,债权人的债权也可能因为各种不确定因素的存在而难以获得充分实现。

另一方面,我国现阶段也没有对破产财产范围与刑事没收范围的明确界分。企业的破产财产是企业合法取得的财产。作为没收对象的违禁品、供犯罪所用之物,以及违法所得之物,因其本身所具有的违法性而应当从破产财产中剔除。对于替代物是否可以作为破产财产,如何划定破产财产与责令退赔之间的关系,法律没有明确规定。实践中,企业一旦涉嫌刑事犯罪,在刑事案件办理的过程中,公安司法机关为尽可能满足退赔被害人的需要,往往不恰当地扩大查封、扣押、冻结企业财产的范围。至刑事诉讼程序结束后,查封、扣押、冻结的企业财产会优先用于退赔被害人。由于企业资产被刑事查封,在没有解封的情况下,即使进行破产重整程序,也很难充分调动企业资产,实现重整。作为重整的投资方对上述情况也会存有顾虑,很难通过投资和债务重组的方式重整企业。可以说,我国司法实践中对于破产程序与刑事诉讼程序关系的处理,实际上使权利救济的天平更加偏向被害人,从而在一定程度上挤压了债权人权利变现的空间。[①]

---

① 参见马更新:《界限与协同:破产程序与刑事程序适用顺位辨析》,载《北京联合大学学报(人文社会科学版)》2020 年第 1 期。

第二节　国家专门机关权力行使缺乏限制

在现代法治国家，司法审查原则、比例原则、明确性原则已成为刑事诉讼活动中约束国家专门机关公权力行使的普遍性法治原则。从我国的立法和司法实践来看，刑事诉讼程序中的司法审查机制尚未完全建立，比例原则和明确性原则应有的指导和约束作用也未受到人们的充分重视。一旦权力的行使缺乏必要的限制，其极有可能使公民的私有财产权遭受难以挽回的损失。由于我国公安司法机关在查封、扣押、冻结、处置涉案财物的过程中，在一定程度上并未受到司法审查原则、比例原则、明确性原则的严格限制，司法实践中，案外人的合法财产权很可能会受到公权力滥用的侵害。

一、司法审查原则的不完善

(一)令状原则的缺失

从域外国家和地区的相关规定来看，对涉案财物采取强制措施时，原则上应当由法院或法官予以判断并签署令状，只有在紧急的情况下，办案人员才可以进行无证搜查和扣押。近年来，为规范刑事涉案财物处置工作，司法解释、部门规章以及相关规范性文件对涉案财物处置的规定日臻完善，但我国立法仍没有对侦查活动设定令状原则，司法权对对物强制措施实施的控制和制约仍十分有限。《刑事诉讼法》第136、141、144条仅规定公安机关和检察机关可以根据侦查犯罪的需要，对涉案财物采取搜查、查询、查封、扣押、冻结措施，但对于强制性措施的审批程序却未予明确。有关对物强制措施的内容都是规定在《人民检察院刑事诉讼规则》《公安机关办理刑事案件程序规定》等法律文件中。依据《公安机关办理刑事案件程序规定》第222条之规定，搜查需要经县级以上公安机关负责人批准。该法第228条规定，办案部门负责人应当对扣押的适用进行审批，并制作扣押决定书。在特别情况下，[①]对扣押的审批，应当由县级以上公安机关负责人进行。与此相似，《人民检察院刑事诉讼规则》第203条和第210条也对检察机关采取的搜查、扣押、查封等强制性措施，规定了内部审批机制。由此可见，我国侦查机关对刑事涉案财物采取搜查、查询、查封、扣押、冻结措施，均可由其内部审批直接执行。夸张地说，只要侦查机关认为存在"侦查犯罪的需要"，即可自行决定对物采取强制措施，既不需要向法院提出申请，也不需要向法院证明存在搜查和扣押的"可能理由"。对于对物强制措施的合法性、适当性、必要性，法院无法作为中立的第三方进行有效的干预和审查。因此，在对物强制措施的实施上，未能形成令状原则必然要求的司法控制和程序制约。

（二）涉案财物实体性处置权力配置分散

从域外国家和地区的相关规定来看，对于涉案财物的实体性处置原则上应通过诉讼程序予以解决，或者由司法机关对涉案财物的处置给予事后审查和终局保障。在我国，涉案财物的实体性处置权并非由法院独占。在涉案财物处置程序中，司法机关的中心地位和终局性地位并未建立。

一方面，公安机关、检察机关以及其他行政机关均有权对涉案财物进行实体性处置。例如，根据2015年最高人民检察院印

---

① 主要指扣押财物价值较高或可能影响正常生产经营的情形。

发的《人民检察院刑事诉讼涉案财物管理规定》和2015年公安部印发的《公安机关涉案财物管理若干规定》，我国审前返还程序的适用阶段可以分为三类：一是撤销案件的审前返还；[①]二是不起诉案件的审前返还；[②]三是不需要在法庭出示的涉案财物的审前返还。[③] 公安机关决定对涉案财物进行返还的，应当报请县级以上公安机关负责人批准，并在案卷中注明返还的理由，将原物照片、清单和被害人的领取手续存案备查。检察机关确定返还涉案财物的，应当由办案部门提出意见，报请检察长决定，并由涉案财物管理部门办理相关的处理手续。由此可见，公安机关和检察机关在审前程序的任何阶段均有权将权属明确的被害人的合法财产返还被害人，而且无论是公安机关主持的审前返还程序还是人民检察院主持的审前返还程序，对于返还决定的审批均采取的是内部审批制，司法机关对审前返还程序的介入是微乎其微的。又如，2007年国务院《关于同意建立处置非法集资部际联席会议制度的批复》在重大非法集资案件中，设置了通过行政部门联席会议对非法集资进行处置的工作模式。[④] 2008年，处置非法

① 根据《公安机关涉案财物管理若干规定》第20条之规定，人民检察院和公安机关均有权在案件撤销的情况下，将属于被害人的合法财产直接返还被害人。人民检察院对于冻结的犯罪嫌疑人的存款、汇款等财产需要返还被害人的，可通知金融机构予以返还。

② 《人民检察院刑事诉讼涉案财物管理规定》第23条和第25条规定，人民检察院在作出不起诉决定后，应当对涉案财物进行处理，对于属于被害人合法财产的，应在30日内返还。

③ 《公安机关涉案财物管理若干规定》第19条指出，对于权属明确的被害人的合法财产，凡返还不影响案件正常办理的，应及时返还被害人。

④ 2007年国务院《关于同意建立处置非法集资部际联席会议制度的批复》指出，原银监会可以牵头国家发展改革委、公安部、监察部等行政部门，对于重大非法集资案件，召集联席会议，对涉嫌非法集资案件进行性质认定，制定处置非法集资的工作制度和工作程序，研究非法集资处置事项。

集资部际联席会议印发《处置非法集资工作操作流程》,进一步对非法集资案件的办理程序进行细化,并明确了处置非法集资工作的政府主导原则。在非法集资工作的处置流程中,法院主要负责案件的受理、审判、执行以及必要的协调工作,而非法集资案件的定性和资产的审计、清收、变现和清退则由省级人民政府领导的专案组负责。非法集资类案件影响范围广泛,由政府协调联席会议成员单位对非法集资类案件进行处置,能够结合各职能部门的专业所长,灵活应对案件处理过程中可能出现的各种疑难问题,妥善处理社会各方面的利益关系。究其根本,联席会议的工作模式,无疑使本身不属于审判机关的政府部门"联合体",在一定程度上分担本应由法院承担的审判职能。"政府决定受理、定性与财产处置,省级人民政府主导,银监会①代表担任主席,这些安排为行政机关取得潜在的审判权准备了制度基础。"②部际联席会议制度以及政府主导原则的确立,在一定程度上分割了非法集资案件中的司法审判权,也使涉案财物实体处置的权力分散到以行政机关为主导的联席会议之中。事实上,在司法实践中,涉案财物的合法性、善意取得问题的认定,以及财产分配方案的确定等实体性事项,在很大程度上是由侦查机关、检察机关、法院执行部门、行政部门等涉案财物"执行机构"自行决定的,法院既无法在事前予以干预,也缺乏事后审查的合理途径。

另一方面,就审判阶段实体性处置来说,我国尚未形成一套独立于被追诉人刑事责任认定的对物处置程序。从立法和司法解释层面来讲,我国相关规定已将涉案财物的处置问题纳

---

① 现为国家金融监督管理总局,后文不再赘述。

② 陈醇:《非法集资刑事案件涉案财产处置程序的商法之维》,载《法学研究》2015 年第 5 期。

人法庭审理的范畴。根据《刑事诉讼法》第245条之规定,人民法院作出的判决,应当对查封、扣押、冻结的财物及其孳息作出处理。最高人民法院《关于适用〈中华人民共和国刑事诉讼法〉的解释》第442条和第444条进一步对涉案财物的法庭审理问题作出强调和细化。[①] 由于缺乏配套的程序构建,在司法实践中,除独立没收程序外,涉案财物的处置问题很少受到法庭审理活动的重视。[②] 第一,请求法院对涉案财物进行处置并非起诉的内容。依据不告不理原则,法庭对案件的审理范围应受到起诉的限制,未经起诉的事项,不得成为审判的客体。[③]《人民检察院刑事诉讼规则》第358条仅要求起诉书附有查封、扣押、冻结的财物及其孳息的清单,而并未将涉案财物处置的事实依据和法律根据等作为起诉书的主要内容予以规定。一些学者通过实证调研指出,在实务中,检察官通常只是在附件中提请法院对扣押的财产依法处理,并将涉案财物清单随案移送法院。[④] 由于涉案财物处置并非起诉的主要内容,其很难成为法院诉讼程序的标的并受到审判活动的足够重视。第二,法庭审理通常不会围绕涉案财物处置的问题展开,因为缺乏专门针对涉案财物处置的法庭调查和法庭辩论程序规定。庭审中,法官往往关注对被告人罪

---

① 依据最高人民法院《关于适用〈中华人民共和国刑事诉讼法〉的解释》第442条和第444条之规定,法院在审理过程中,应当对查封、扣押、冻结的财物及其孳息的权属、是否属于依法应当追缴的涉案财物等情况进行调查,在作出刑事判决时,应当在判决书中写明名称、金额、数量、存放地点及其处理方式等。涉案财物较多,不宜在判决主文中详细列明的,可以附清单。

② 参见吴成杰:《刑事涉案财物的审查认定及处理》,载《人民司法》2014年第13期。

③ 参见宋英辉等:《刑事诉讼原理》(第3版),北京大学出版社2014年版,第175页。

④ 参见何永福:《刑事诉讼涉案财物处置程序研究》,西南政法大学2017年博士学位论文,第171页。

责问题的审查,而涉案财物的权属和定性通常处于法庭审理的边缘地带。公诉机关在庭审过程中仅发表定罪意见及量刑建议,不发表对涉案财物具体的处理意见,被告人及其辩护人在诉讼中难以获得涉案财物处理的信息,无法形成争点,也无法真正就涉案财物处置问题进行抗辩。即使被告人或其辩护人对涉案财物处置提出抗辩意见,检察官也仅就财物的权属或性质作概括说明,不会进一步举证或发表意见。一般来说,法院对涉案财物的认定都是通过阅卷的方式进行的,庭审的作用微乎其微。第三,法院对审前涉案财物处置的情况缺乏审查和制约。尽管最高人民检察院、公安部《关于公安机关办理经济犯罪案件的若干规定》第46条对公安机关在诉讼终结前处置涉案财物的行为作出极为严格的限制,[①]但学者通过调查发现,实践中,相关财产在法院判决前被评估、变现、返还、赔偿的情况大量存在,而对于审前涉案财物处置的程序和结果,无论合理与否,法院大都不予审查而直接承认。[②] 由此在实践中形成了以审判前处置为主、以审判处置为补充的局面。涉案财物实体性处置的重心前移至审前阶段,而法院对审前涉案财物处置活动的司法控制极为有限。

二、比例原则限制的缺失

(一)任意侦查和强制侦查缺乏区分

我国《刑事诉讼法》及相关司法解释并未依据受侦查人的同

---

① 最高人民检察院、公安部《关于公安机关办理经济犯罪案件的若干规定》第46条规定,"除法律法规和规范性文件另有规定以外,公安机关不得在诉讼程序终结之前处置涉案财物"。

② 参见陈醇:《非法集资刑事案件涉案财产处置程序的商法之维》,载《法学研究》2015年第5期。

意与否对侦查措施进行区别规定。侦查机关可以对包括案外人在内的相对人采取搜查、查封、扣押等带有强制色彩的侦查措施。《刑事诉讼法》及相关的司法解释并未对任意侦查和强制侦查的程序性限制进行区分，也未针对案外人规定区别于被追诉人的强制性措施实施程序。以搜查为例，《刑事诉讼法》第 136 条规定，为了收集犯罪证据、查获犯罪人，侦查人员可以对犯罪嫌疑人以及可能隐藏罪犯或者犯罪证据的人的身体、物品、住处和其他有关的地方进行搜查。然而，对于不同的搜查对象，搜查的启动是否应当满足不同的程序性要求，法律并未明确规定。由此来看，只要侦查人员认为可能存在与犯罪有关的证据，无论搜查对象是否为被追诉人，也不论搜查对象是否同意，就可以启动搜查程序。以查封和扣押为例，《刑事诉讼法》第 141 条对侦查活动中查封、扣押措施的实施程序作出规定，[①]但此条规定也未区分被追诉人所有的和案外人所有的财物，而完全将查封、扣押的启动权委诸侦查机关的主观认识。只要侦查机关认为有必要，就可以对相关财物进行查封、扣押。由此可见，我国法律并没有针对案外人规定较被追诉人更为严格的强制侦查措施启动要件和实施程序。对于案外人来说，其必须与被追诉人一样，承担对强制性措施的忍受义务。相较于作为诉讼当事人的犯罪嫌疑人、被告人来说，案外人对案件情况了解较少，对刑事诉讼的进展也缺少足够的知悉渠道。在其合法权利在刑事诉讼程序中遭到公权力侵害时，案外人往往更难获得有效的法律救济。不加区别而对被追诉人与案外人适用同样的查封、扣押程序，极有可能使案外人遭受更为

---

① 《刑事诉讼法》第 141 条第 1 款明确规定："在侦查活动中发现的可用以证明犯罪嫌疑人有罪或者无罪的各种财物、文件，应当查封、扣押；与案件无关的财物、文件，不得查封、扣押。"

严重的权利损害。

(二)对物强制措施的功能定位不全

与域外国家和地区不同,我国尚未形成“证据保全扣押”与“财产保全扣押”双轨制模式。我国《刑事诉讼法》在“侦查”一章中对查封、扣押的相关问题进行规范,并将其认定为调查犯罪事实、获取犯罪证据的侦查手段。易言之,查封、扣押等对物强制措施主要是以证据保全的形式规定于《刑事诉讼法》中的。对于财产保全,《刑事诉讼法》有明确规定的实际上只有三种:一是附带民事诉讼的财产保全。根据《刑事诉讼法》第 102 条之规定,法院在附带民事诉讼中可以对被告人财产采取保全措施。二是独立没收程序中的财产保全。根据《刑事诉讼法》第 298 条的规定,人民法院可以在必要时,对申请没收财产采取保全措施,以保障没收违法所得裁判的可执行性。三是通过冻结对财产进行保全。《刑事诉讼法》第 144 条规定,人民检察院、公安机关根据侦查犯罪的需要,可以对犯罪嫌疑人的相关款项进行冻结。根据立法工作者释义,所谓的“侦查犯罪的需要”包括“防止赃款转移,挽回和减少损失”。[①] 基于此,冻结除具有查明案件事实、固定犯罪证据的作用外,还具有一定的财产保全功能。从《刑事诉讼法》的立法规定来看,我国的“财产保全性扣押”仅适用于附带民事诉讼、特别没收程序,以及需要查询、冻结存款、汇款的案件之中,且只能通过查封、扣押、冻结等转移占有或禁止使用的方式进行。适用范围极其狭窄,保全手段较为单一。近年来,一些司法解释和其他规范性文件突破了《刑事诉讼法》的限制,提前了财

---

① 参见郎胜主编:《〈中华人民共和国刑事诉讼法〉修改与适用》,新华出版社 2012 年版,第 268 页。

产保全的适用时间并扩大了财产保全的适用范围。[①] 然而,与域外国家和地区相比,我国刑事诉讼程序中的“财产保全性扣押”存在以下问题。

一方面,相关规定位阶较低。财产保全措施实际属于一种干预被追诉人及利害关系人基本权利的诉讼行为。根据程序法定原则,只有在获得法律明确授权的情况下,国家专门机关才可以实施该行为。然而,我国的财产保全性扣押主要是通过司法解释和部门规章加以规范的。这些规定实际上难以在《刑事诉讼法》中找到依据,存在“司法立法”的问题。

另一方面,财产保全执行手段单一化,尚未形成层次性的财产保全措施。我国的财产保全性扣押主要是通过查封、扣押、冻结的方式进行的。一旦实施查封、扣押,即意味着国家专门机关将实际占有和控制相关财物,从而排除了权利人对财物的占有、使用及收益。尽管现阶段一些规范性文件在一定程度上扩充了财产保全的执行手段,[②]但这些规定只具有“宣示性”意义,对于如何执行缺乏具体规定。由于缺乏明确的程序规定和强有力的司法审查机制,“全查全扣”“一扣到底”的情况难以避免。

总体来说,我国《刑事诉讼法》主要将对物强制措施界定为

---

① 例如,2015 年《人民检察院刑事诉讼涉案财物管理规定》第 3 条规定,对于违法所得的一切财物,人民检察院应当予以追缴或责令退赔;对于违禁品和供犯罪所用的财物,人民检察院应当予以查封、扣押、冻结。2015 年《公安机关涉案财物管理若干规定》第 2 条也规定,公安机关在办理刑事案件的过程中,可以对违法所得、实施违法犯罪行为的工具、违禁品等采取查封、扣押、冻结、先行登记保存、追缴、收缴等措施。

② 2015 年《公安机关涉案财物管理若干规定》第 6 条规定,根据案件具体情况,在保证侦查活动正常进行的同时,可以允许有关当事人继续合理使用有关涉案财物,并采用必要的保值保管措施,以减少侦查办案对正常办公和合法生产经营的影响。最高人民法院《关于适用〈中华人民共和国刑事诉讼法〉若干问题的解释》第 437 条规定,查封不动产、车辆、船舶、航空器等财物,既可原地封存,亦可交持有人、被告人的近亲属保管。

证据保全措施,而对物强制措施的财产保全功能则在一定程度上受到了立法者的忽视。

(三)涉案财物实体性处置缺乏比例原则限制

在对涉案财物进行实体性处置时坚持比例原则,需要立法机关与司法机关在平衡刑事诉讼程序不同价值目标的基础上,妥善处理所采取措施与欲达成目的之间的关系,结合案件实际情况,统筹没收的必要性和均衡性,使没收的严厉性与犯罪危害性、涉及权利人的可责性等因素相适应。①

在我国,《刑法》第 64 条仅规定了涉案财物处置的基本范围和主要方式,对于没收是否需要受到比例原则的限制,缺乏明确规定。相关司法解释和规范性文件也未对此问题予以回应。现阶段,对于涉案财物没收案件中比例原则的适用的讨论主要存在于部分法院的司法裁判以及学者的相关论述中。立法的缺位导致比例原则运用在实践中缺少具体标准。一方面,对于涉案财物没收是否需要符合比例原则,司法实践做法各异。有法院在对涉案财物作出是否没收的裁判时,会考虑比例性的问题,也有法院在作出相关裁判时不会考虑比例性的问题。例如,王某某与刘某驾驶轿车到某小区盗走 50 套消防水带,对于该案中轿车的定性,法院认为犯罪行为人驾驶的轿车对于盗窃的实施不具有专门性、车辆实际价值远高于行为人的犯罪所得,且案件社会危害性较小,故判决对该轿车不予没收。② 在另一起盗窃案中,犯罪行为

① 参见谢丽珍、叶扬:《论犯罪工具的没收——兼评没收“供犯罪所用的本人财物”规定的不足》,载《温州大学学报(社会科学版)》2014 年第 4 期。

② 参见蒋为杰:《相当性原则在刑事涉案财物没收中的运用——刘某、王某某盗窃相关法律问题分析》,载北京法院网,http://www.chinacourt.org/article/detail/2016/02/id/1804409.shtml。

人张某用自己价值3万元人民币的面包车，运输其窃取的20块价值总共1050元人民币的铁质模板，法院将该面包车认定为犯罪工具并予以没收。[①] 另一方面，关于没收的比例性审查应当考虑哪些因素，理论和实践也缺少具体指引。在我国理论界，关于犯罪工具没收的比例性审查应当考虑哪些因素，有人提出，应当考虑没收的严厉程度、财产所有人的责任大小等[②]；有人则认为，应当考虑没收财物的价值、犯罪适用的主刑、犯罪的情节、共有财物没收是否给行为人家庭生活带来严重困难等因素。[③]

三、明确性原则限制的缺失

（一）法律规定缺乏明确性

根据程序法定原则，国家专门机关只有在获得法律明确授权的情况下，才可以进行干预被追诉人基本权利的诉讼行为。[④] 在我国，法律有关财产权限制或剥夺的规定存在概括性授权和实体要件虚化的问题。

1. 刑事诉讼法的概括性授权

一般来说，相关主体只有在获得法律明确授权的情况下，才可以实施可能对公民财产权产生干预的行为。我国《刑事诉讼法》对一些明显干预财产权的诉讼行为，并没有作出明确的主体限制和程序性规范。相关程序往往是通过司法解释、部门规章等规范性文件予以具化的，由此形成相关程序规定效力等级“下

---

① 参见向燕：《论刑事没收及其保全的对象范围》，载《中国刑事法杂志》2013年第3期。

② 参见王飞跃：《犯罪工具没收研究》，载《中外法学》2010年第4期。

③ 参见向燕：《论刑事没收及其保全的对象范围》，载《中国刑事法杂志》2013年第3期。

④ 参见樊崇义主编：《走向正义：刑事司法改革与刑事诉讼法的修改》，中国政法大学出版社2011年版，第105页。

况”的情况。例如,作为一种对涉案财物的实体性处分,审前返还程序不可避免地对被追诉人及案外人的财产权造成重大的,甚至难以逆转的影响。然而,《刑事诉讼法》对涉案财物的返还问题实质上只规定了“对被害人的合法财产,应当及时返还”,既没有指明返还能够在哪些诉讼阶段进行,也没有规定返还的决定机关。在这种情况下,通过司法解释和部门规章授予公安机关和检察机关在审前决定返还涉案财物的权力难以在《刑事诉讼法》中找到依据,存在“司法立法”的问题。又如,我国《刑事诉讼法》第245 条仅对违禁品或者不宜长期保存的物品的先行处置作出了概括性授权,并没有明确先行处置的决定和执行机关。我国最早关于涉案财物先行处置的规定是最高人民法院、最高人民检察院、公安部、财政部于 1965 年公布的《关于没收和处理赃款赃物若干问题的暂行规定》(已失效)。根据这一规定,公安司法机关对财物采取变卖、销毁等先行处置措施,需要经过公安局局长、法院院长或者检察长批准。在此之后,关于先行处置的规范性文件不断更迭,但由公安机关、检察机关对审前阶段涉案财物先行处置进行内部审批的审查决定模式却并未改变。在《刑事诉讼法》尚未对先行处置的行为主体作出明确授权的情况下,通过司法解释等对先行处置程序进行细化,实际上存在“自我授权”和“越权扩大解释”之嫌。

2. 权力行使的实体性要件虚化

基于法律明确性的要求,《刑事诉讼法》应当对限制公民基本权利的强制措施进行程序性限制,明确权力机关的权力行使条件和行使方式,但在我国,《刑事诉讼法》及相关司法解释存在权力行使实体性要件虚化的问题。根据《刑事诉讼法》第 141 条和第 144 条之规定,查封、扣押、冻结等强制性措施的启动条件仅为发现可以证明犯罪嫌疑人有罪或者无罪的各种财物，以及存在“侦查犯罪的需要”。尽管《人民检察院刑事诉讼涉案财物管理规定》和《公安机关涉案财物管理若干规定》将查封、扣押、冻结等措施的适用范围扩大到违法所得、违禁品和供犯罪所用的财物，但这些规定均没有对这些措施适用的具体情形和启动的证据要求作出具体界定。在实践中，是否对相关财物采取强制性措施，完全由侦查机关自行决定，这显然与明确性原则所追求的防止国家公权力滥用、增强法律的预见性和安定性等价值目标相违背。

同样的问题也存在于审前返还程序和先行处置程序。我国审前返还程序的启动条件为涉案财物权属明确、不影响诉讼顺利进行，以及犯罪事实清楚。然而，何谓“不影响诉讼顺利进行”，“权属明确”和“犯罪事实清楚”应如何认定，在利害关系人提出异议的情况下，利害关系人应提供哪些支持材料，相关法律均没有作出具体的规定。另外，审前返还程序强调及时性，但及时的标准如何界定，被害人是否可以申请公安司法机关进行审前返还，在被害人提出申请的情况下，办案机关对申请应如何处理，被害人是否应承担证明责任，应对哪些问题承担证明责任，提供的证据又应达到什么样的要求，有关的法律和司法解释也没有给出明确的答案。在先行处置程序中，尽管我国通过一系列司法解释和规范性文件对先行处置的程序进行完善，但整体来说，我国的相关规定仍然存在启动条件不清、行为方式不明的问题。《关于进一步规范刑事诉讼涉案财物处置工作的意见》要求对易损毁、灭失、变质等不宜长期保存的物品，易贬值的汽车、船艇等物品，或者市场价格波动大的债券、股票、基金份额等财产，经权利人同意或申请，并经相关机关批准后可以依法出售、变现或者先行变卖、拍卖。然而，该意见仅对先行处置的对象要件和权利人同意要件作出了规定，对于先行处置启动的具体条件缺乏明确限制。2015 年先后生效的《人民检察院刑事诉讼涉案财物管理规定》和《公安机关涉案财物管理若干规定》在整体上承继了上述意见有关先行处置程序的基本要求，并未对相关问题作出进一步细化。在这种情况下，财物只要落入规定可予先行处置的对象范围，办案机关即可采取变卖、拍卖等措施。由于司法审查机制的缺失，办案机关可以对"易损毁""易贬值""市场波动大"等内容自行作出解释，从而使上述意见有关先行处置的对象要件的限制性作用在实践中变得微乎其微。

(二)国家专门机关诉讼行为缺乏明确性

1. 搜查证和扣押决定书内容空泛

在我国，基于搜查证而进行的有证搜查，相关证件对搜查内容的记载是极为简单的。在实践中，搜查证一般由存根和正本两部分构成。存根通常包括被搜查人、住址、搜查批准人、执行人、搜查时间、填发人等内容。正本的主要内容是："根据《中华人民共和国刑事诉讼法》第 × 条之规定，兹派侦查人员 × ×、× × 持此证对现居住于 × × 的 × × 进行人身、住处搜查。"这些内容过于简单，缺乏对搜查理由、搜查范围的详细描述，也没有规定搜查证的有效期限，侦查机关可以根据具体情况对搜查内容进行"自由发挥"。由于搜查证没有事先对搜查范围作出明确限定，办案人员即可为收集证据、查获赃物而进行全面搜查；由于搜查证的使用缺乏有效期限制，同一搜查证被反复使用的情况在实践中难以避免；由于搜查证不必对搜查理由进行释明，即使搜查缺乏合理理由，从搜查证中也无法看出。除此之外，我国司法实践中还存在全权由搜查执行人员临机填写的空白搜查证。与搜查证内容过于简单相比,空白搜查证的适用对明确性原则的侵蚀更为严重,其已从根本上影响了搜查证对搜查行为的限制作用。在无证搜查方面,我国《刑事诉讼法》第 138 条对无证搜查进行了简单规定。① 至于无证搜查的适用范围和程序,如可以在哪些具体情形下采取无证搜查、"紧急情况"的判断标准如何界定、无证搜查需要接受哪些事后审查,相关规定根本没有提及,这实际使无证搜查的适用几乎不受任何限制。由于无证搜查不需要签发搜查证,无证搜查的变相扩大适用无疑影响了有证搜查制度对侦查机关权力的制约。

就查封、扣押程序来说,以扣押是否依附于搜查为标准,可以将我国的扣押决定程序分为两种:提取式扣押决定程序和搜查式扣押决定程序。对于提取式扣押决定程序,《公安机关办理刑事案件程序规定》第 228 条规定,在侦查程序中需要对财物进行扣押的,需要制作扣押决定书。《人民检察院刑事诉讼规则》第 208 条也对检察机关进行提取式扣押的程序作出了大体相同的规定。② 在扣押时出具扣押决定书和相关证明文件的目的在于,使相对人充分了解扣押的范围,并对国家专门机关的扣押权力划定明确的边界。在司法实践中,相关的扣押决定书或调取通知书通常不会具体指明所要扣押的财物,而只是对将要进行的扣押行为进行概括性描述。即使未按规定填写,也不会导致扣押决定书和调取通知书无效。对于搜查式扣押决定程序,《公安机关办理刑

① 《刑事诉讼法》第 138 条第 2 款规定,在执行逮捕、拘留的时候,遇有紧急情况,不另用搜查证也可以进行搜查。

② 《人民检察院刑事诉讼规则》第 208 条规定,检察人员可以凭人民检察院的证明文件,向有关单位和个人调取能够证明犯罪嫌疑人有罪或无罪以及犯罪情节轻重的证据材料。

事案件程序规定》第228条赋予现场指挥人员自行决定的权力。由于扣押依附于搜查程序,而搜查证的内容并不包含搜查对象以及需要扣押的财物范围,司法实务中,侦查人员可以随时对满足“侦查犯罪的需要”的财物采取查封、扣押、冻结措施。

2.起诉书中缺乏对涉案财物的处置意见

一般来说,依据明确性原则的要求,检察机关对于涉案财物处置的指控或申请应当是明确的,这对贯彻不告不理原则,保障当事人及案外人进行有针对性的诉讼准备是极为必要的。如上所述,由于《刑事诉讼法》及《人民检察院刑事诉讼规则》第358条对起诉书中有关涉案财物处置内容的“降格性”规定,在实务中,检察官通常只是在附件中提请法院对扣押的财产依法处理,并将涉案财物清单随案移送法院,而起诉书中缺乏对涉案财物处置问题的独立、明确描述,也不会具体记载有关财产来源违法的事实及相关证据。另外,有的办案部门在采取搜查、扣押、冻结措施后,对涉案财产拒不移送或者开列的清单缺乏规范性和明确性,导致即使检察机关随案移送了涉案财物的清单,法院也很难从中看出涉案财物的数量、类别和去向。[①] 调查显示,实践中清单对扣押物品的名称、型号、数量等主要特征记载不全面、不准确,格式不规范等情况极为常见。例如,清单对于扣押的外币,不注明币种;对于扣押的贵金属制品,不注明金属种类。这导致法院在对相关财物进行处理时,很难作出公正的判断。[②]

3.法院裁判的概括性裁判

虽然依据最高人民法院《关于适用〈中华人民共和国刑事诉

① 参见刘静坤:《应如何进一步规范涉案财物处理》,载《人民法院报》2014年2月17日,第2版。

② 参见王铢:《侦查扣押若干问题探析》,载《检察日报》2002年6月10日,第3版。

讼法〉的解释》第442条和第444条对法院裁判有关涉案财物处理情况的记载作了较为细致的规定①，但司法实践中，由于庭审涉案财物处置程序缺失、涉案财物性质和权属难以查明等，法院在判决主文中对涉案财物的处理仍然存在概括性裁判的问题，即在判决中不判明违法所得、违禁品和供犯罪所用的本人财物的具体内容（种类、名称、数量等），而是笼统写明对违法所得予以追缴或者责令退赔，对违禁品、供犯罪所用本人财物予以没收，或仅概括列明追缴、没收的数额。

具体来说，法院判决书对涉案财物的概括性裁判主要存在以下几种情形。

第一，法院没有在判决主文中对涉案财物的性质作出认定。例如，实践中，一些法院会在刑事判决书中载明扣押在公安机关的财物由扣押机关发还被害人，其余赃款继续予以追缴，或者扣押的涉案财物以及被告人退出的违法所得，由扣押机关依法处理，对被告人的违法所得，继续予以追缴或者责令退赔，或者查封、扣押、冻结的涉案财物，未随案移送的，以及与本案无关的，依法由查封、扣押、冻结机关处理。②

第二，判决虽然对涉案财物的性质予以认定，但并没有对涉案财物的处置作出判决。例如，在湖南省岳阳市岳阳楼区人民法院审理的一起诈骗案中，判决中只认定被告人诈骗所得的钱款及房产属于违法所得。对于房产的权属认定和具体处置，判决只提

---

① 依据最高人民法院《关于适用〈中华人民共和国刑事诉讼法〉的解释》第442条和第444条的规定，法院作出的判决，应当对查封、扣押、冻结的涉案财物及其孳息作出处理，判决书应写明名称、金额、数量、存放地点及其处理方式等；涉案财物较多，不宜在判决主文中详细列明的，可以附清单。

② 参见四川省广汉市人民法院刑事判决书，(2019)川0681刑初2号。

出因本案案涉房屋的权属可能涉及房屋买卖合同的效力、实际交付、善意取得等法律问题，故对被告人应予退赔给明确、具体权利人的事项在本案中不作判定，相关利害关系人可通过其他法律途径予以确认。①

第三，对涉案财物不作任何处理。例如，某市城市管理委员会副主任张某某，于2006年至2012年，利用职务便利，为他人谋取利益，收受贿赂现金人民币416.6万元、2万美元。上述赃款在侦查程序中已被检察院扣押。法院仅判处被告人有期徒刑11年，没收个人财产人民币50万元。对扣押在案的赃款的处理，裁判只字未提。②

第四，以罚金刑代替对涉案财物处置的裁判。例如，在四川省成都市中级人民法院审理的一起走私、贩卖、运输、制造毒品案中，判决并未对涉案财物的性质和权属进行详细认定，而仅指出虽在案证据不能证实扣押的现金系违法所得或用于犯罪，但可供本案财产刑执行，故不予返还。③

第五，不径直判决追缴涉案财物，将涉案财物交由执行阶段处置。例如，在湖南省娄底市中级人民法院审理的一起非法吸收公众存款案中，上诉人提出司法机关查封的房产为其前妻所有。法院认为，根据已生效的民事调解书，该房产确实归其前妻所有，但房产及车位确为上诉人从事犯罪活动期间所购，上诉人前妻是否合法取得该房产所有权，需进一步查证。因其前妻是案外人，未能充分参与案件审理，为平等保护案外人权利，法院部分采纳

---

① 参见湖南省岳阳市岳阳楼区人民法院刑事判决书，(2020)湘0602刑初224号。

② 参见徐检波：《检察机关刑事诉讼涉案财物处理的实践难题探讨》，载《检察调研与指导》2016年第5期。

③ 参见四川省成都市中级人民法院刑事判决书，(2019)川01刑初223号。

上诉人意见，不再径直判决追缴房产及车位，涉案财物应在本案执行阶段依法处置。上诉人提出的解封房产请求，法院不予支持。[①]

四、权力运行缺乏限制对案外人财产权的影响

（一）在未认定权属的情况下对案外人财产随意查封、扣押、处置

基于保障被害人损失获得赔偿的需要，“一揽子”扣押、冻结的情况在我国的司法实践中并不少见。“一揽子”扣押、冻结免去了侦查机关对涉案财物进行调查的麻烦，使其在财产的性质和权属极为模糊的情况下，也可以采取扣押、冻结措施，并将其一并移送人民检察院处理。检察机关通常也不予审查，仍然“一揽子”移交给法院认定。由于在审前阶段公安机关、检察机关没有充分取证，且法院很少围绕涉案财物处置展开独立调查，这些财产的具体情况就成为一笔“糊涂账”，法院裁判时也只能对其进行“概括处理”，将财产确权的责任转移给执行庭。“一揽子”扣押、冻结的做法确实有益于追究犯罪效率的提升，但由于涉案财物权属认定不清，其也对相关权利人的财产权造成严重损害。这在违法所得与家庭共同财产或企业财产产生混同的情况下，尤为常见。

在家庭关系中，夫妻一方通过犯罪行为获得的违法所得往往混同于家庭共同财产之中。办案机关如若不加区分地进行“一揽子”的扣押、冻结，则极有可能侵害家庭成员的合法财产权。例如，在徐某案中，公安司法机关在案件侦办的过程中，查封、扣

① 参见湖南省娄底市中级人民法院刑事判决书，(2019)湘13刑终93号。

押、冻结了徐某及其家庭财产约210亿元。法院判决对扣押在案的财物并没有作出清晰的权属认定。① 侦查阶段的“一揽子”扣押、冻结和审判阶段对涉案财物的概括性处理，使徐某案财产在执行过程中困难重重。除徐某的个人财产外，一些属于徐某家庭、朋友的财产，其中包括夫妻共同财产，也被扣押、冻结在案。尽管多位法学专家向法院提出了专家意见，其妻子应某也多次发表公开信对案件财产处置问题予以声讨，但徐某案涉案财物处理却进展缓慢，由此导致被冻结的合法财产严重缩水，作为案外人的家属、朋友的财产权受到严重侵害。②

在企业职工或股东犯罪的案件中，企业职工或股东的违法所得与企业合法财产发生混同的情况时有发生。实践中，侦查机关时常以财产难以分割为由，而将混合财产全部予以追缴，甚至扩大查封、扣押的范围，直接对企业的全部财产采取强制措施。例如，在孙某永合同诈骗案中，公安机关在对孙某松立案的同时，一并查封了孙某松仅占10%股份的神羊公司，这不仅使神羊公司面临瘫痪，其他股东权利受到严重影响，还导致该公司投资的游乐园项目成为巨大的烂尾工程。③ 又如，在2018年洛阳市中级人民法院处理的一起国家赔偿案中，洛阳市公安分局因港资洛阳展球金工有限公司的职工涉嫌合同诈骗罪，而对企业财产进行扣押。法院判决并未对财产权属进行认定，而是直接对涉案财物作出概括性判决。此后，港资洛阳展球金工有限公司多次提起返还

---

① 法院在判决中只指出，徐某通过瑞丽金泽投资管理有限公司非法持有的东方金钰股票及孳息依法上缴国库，随案移送的涉案财物依法处置。

② 参见李小平：《徐翔200亿资产甄别进入尾声　波及多家上市公司》，载《证券时报》2020年6月1日，A3版。

③ 参见陈山：《辽宁农民企业家孙长松被关5年无罪获释　盼项目重启》，载中国网，http://www.china.com.cn/legal/2017-02/11/content_40267936.htm。

财产、赔偿损失的请求,但相关机关均以警务机制改革、请求明显超过诉讼时效为由,予以否决。[①]

(二)违法扣押、一扣到底的情况时有发生

由于国家专门机关的权力行使缺乏制约,司法实践中,侦查机关对涉案财物违法扣押、一扣到底的情况时有发生。

一方面,由于《刑事诉讼法》及相关司法解释对查封、扣押的启动和决定标准规定得极为含糊,[②]查封、扣押措施在实践中的运用具有很大的随意性和不确定性。加上司法审查等外部制约机制的缺失,追诉机关权力异化的情况更为普遍,立法对扣押仅有的规制也不断遭到突破。查封、扣押的启动随意,“未立案,先扣押”“虚假立案,后扣押”“白条扣押”“无凭证扣押”的情况时有发生。违法查封、扣押对相关权利人财产权的侵害不容忽视。例如,在 2019 年汕尾市中级人民法院审理的一起国家赔偿案件中,森林分局在立案前即将案外人所有并被犯罪嫌疑人使用的挖掘机扣押,且没有制作扣押决定书和扣押笔录,导致案外人在长达 8 个月的时间内无法使用该挖掘机进行生产、经营活动。这给案外人带来了巨大的经济损失。[③]

另一方面,尽管《刑事诉讼法》第 145 条、《人民检察院刑事诉讼规则》第 210 条、《人民检察院刑事诉讼涉案财物管理规定》第 4 条、《公安机关涉案财物管理规定》第 6 条均规定,对查封、扣押的财物应当及时审查,经查明确实与案件无关的,应当在 3 日内解除查封或者予以退还,但实践中,公安司法机关很少对与案

---

① 参见洛阳市中级人民法院赔偿决定书,(2018)豫 03 委赔 17 号。

② 《刑事诉讼法》及相关司法解释大多将查封、扣押的启动规定为“侦查人员认为有必要或需要”,将决定扣押的标准规定为“与案件事实有关”“可以证明有罪或无罪”。

③ 参见汕尾市中级人民法院赔偿决定书,(2019)粤 15 委赔再 1 号。

件无关的财物主动解除查封、扣押等强制措施。超期扣押、一扣到底成为司法实践中的突出问题。据学者调查，60.5%的受访警察承认自己很少、基本没有或者从来没有对无关财产主动解除查封、扣押。[①] 虽然《刑事诉讼法》及相关的司法解释为冻结存款规定了6个月期限，但这一规定在实践中的运行效果并不理想。学者指出，由于对续冻没有次数限制，公检法办案人员可以通过在期限届满前进行续冻的方式，无限期地冻结财产。即使办案人员未能及时续冻，银行等机构也不敢自行解除冻结。[②] 由于我国对物强制措施未依据干预强度进行阶梯化设置，一扣到底的扣押方式往往会使财产权利人在相当长的一段时间无法对财产行使权利，这对权利人财产权的影响是巨大的。例如，湛江市公安局在1998年侦查湛江市经济技术开发区华顺实业有限公司（以下简称华顺公司）走私普通货物案件时，以蓝之灵公司法人代表陈某基被聘任为华顺公司副经理为由查封了蓝之灵公司的工业生产厂房，并将其交给刑警支队、禁毒支队、网侦支队办公使用，查封时间长达18年。在此期间，蓝之灵公司多次向办案机关及广东省公安厅申请，请求解除对厂房的查封，但办案机关均以案件尚在侦查阶段为由而予以否决。由于生产厂房被长期查封无法使用，蓝之灵公司在案件侦查期间生产经营遇到极大困难，经济利益遭受极大损失。[③]

---

① 参见向燕：《刑事涉案财物处置的实证考察》，载《江苏行政学院学报》2015年第6期。

② 参见向燕：《刑事经济性处分研究——以被追诉人财产权保障为视角》，经济管理出版社2012年版，第214页。

③ 参见广东省高级人民法院赔偿决定书，(2017)粤委赔19号。

（三）涉案财物保管不当、随意处置问题严重

由于相关规定实体要件的虚化和监督机制的缺失，涉案财物保管和先行处置均缺乏有效的程序控制。加上涉案财物处置可能带来的经济利益的诱惑，“贱卖”“保管不当”“暗箱操作”等情况在实践中难免发生。

一方面，目前我国许多地区以“自建自管”的方式对涉案财物进行管理，即财物在不同的诉讼阶段由不同的国家专门机关负责管理。[①] 公检法均设有保管场所，但却没有统一的管理标准。涉案财物大都没有专人管理，导致管理专业性不强、监管力度不够。财物长期扣押贬值折损，或被低价贱卖的情况较为常见。这不仅会给被追诉人造成巨大的财产损失，还会给其他对涉案财物具有财产性利益的案外人带来难以弥补的损害。例如，在2016年唐山市中级人民法院审理的一起国家赔偿案中，唐山市公安局以犯罪嫌疑人涉嫌盗窃罪为由，将其租用的船舶扣押。在扣押期间，由于扣押机关保管不当，船上的各类财物及主要设备丢失，且最终船舶沉没、全损，造成船舶实际所有人财产损失近300万元。[②] 又如，在彭某民被判刑之前，政府对彭某民的八家公司进行托管。但由于管理不善，上述公司在托管期间产生大量负债。[③]

另一方面，由于实践中涉案财物往往价值较高，在“罚没收入返还”的隐性制度刺激下，涉案财物可能被一些司法机关和行政机关视为补充司法经费和地方财政收入的一种渠道。“在实

---

① 参见何成军、王明东：《刑事案件涉案财物保管若干问题研究——以委托第三方机构保管为视角》，载《人民法治》2018年第23期。

② 参见唐山市中级人民法院赔偿决定书，(2016)冀02委赔10号。

③ 参见周远征：《重庆“涉黑资产”归途坎坷》，载《中国经营报》2013年10月14日，A9版。

践中,有的侦查机关随意拒绝随案移送涉案财物并自行处置。处置过程不公开、不透明,处置结果的不可逆以及被处置财物利益相关人司法救济措施的缺乏,导致侦查机关通过查封、扣押、冻结、处置涉案财物谋取利益的情形在实践中较为常见。"[①]由于办案机关在涉案财物处置的过程中有不受约束的权力,无论是被追诉人的违法所得,还是案外人的合法财产,均有可能在审前被处置或直接罚没上缴财政。例如,在牟某案中,公安机关在侦查过程中,扣押了牟某和其企业与案件无关的2020万元,并在未经法庭审理的情况下,直接以罚没的形式将这笔资产上缴到吉林省财政厅的罚没账户,由此导致该企业因资金不足、经营困难而彻底宣告倒闭。[②] 同时,在法院尚未作出最终判决之前,犯罪嫌疑人的罪责和涉案财物的性质均处于尚未确定的状态,办案机关此时擅自对涉案财物进行处置,势必给人们以涉案财物就是赃款赃物的印象。受制于公检法三机关分工负责、相互配合的关系,办案机关对财物的处置行为也必然会对最终裁判产生重大影响,进而动摇裁判的公正性。

第三节　刑事诉讼案外人财产权救济机制缺失

从比较法的视野来看,刑事诉讼案外人财产权的救济制度存在两种构造:法官主导的单一型构造和法官与检察官并行的复合

① 柯明:《刑事诉讼视野下民营企业家犯罪涉案财物的处置》,载《河北法学》2017年第12期。

② 参见滑璇:《牟洋案后续　最高法院:刑事违法扣押,本息全赔》,载南方周末2016年9月8日,https://www.infzm.com/contents/119516?source=131。

型构造。我国有关案外人财产权救济的规定主要集中于《刑法》、《刑事诉讼法》以及相关的司法解释和部门规章。总体来说,我国的刑事诉讼案外人救济体系属于一种比较典型的法院救济与检察机关、公安机关救济"三线并行"的复合型构造,但从实际来看,我国案外人权利救济虚无导致的后果是案外人在财产权受到威胁或损害时,诉讼内救济途径往往难以发挥应有的效果。

一、法院救济的极度弱化

总体来看,我国的法律和司法解释确实在一定程度上赋予了案外人在刑事诉讼中获得司法救济的权利。例如,最高人民法院《关于适用〈中华人民共和国刑事诉讼法〉的解释》第 279、451、528 条进一步赋予案外人在庭审阶段提出异议、提起审判监督程序,以及提出执行异议的权利。实践中,由于相关规定缺乏必要的明确性、规定之间缺乏协同性,案外人的司法救济权利被极度弱化,难以发挥其真正的作用。

(一)审前阶段法院救济的缺位

在刑事诉讼中,控诉、辩护、裁判三方是基本的刑事诉讼主体,其中,控诉方和辩护方相互对立,裁判方居中裁判。这种刑事诉讼构造,不但存在于审判程序,还存在于审前程序。由于司法机关对审前程序的参与,无论是被追诉人还是案外人均可以获得充分的程序参与权,能够充分发表自己的意见、提出自己的证据、对追诉机关侵犯其合法权益的行为提出异议和申辩。在我国的刑事审前程序中,侦查机关和检察机关享有极大的权力,其可以基于追诉犯罪的需要而对个人基本权利进行限制和剥夺,但这种权力却缺乏中立的司法机关的制约。由于缺乏司法机关的介入,我国刑事审前程序呈现超职权主义的倾向。作为相对人的被追诉人和案外人,在审前阶段不能与追诉机关平等对话。当其认为追诉机关及其工作人员侵犯其合法权益时,只能向该机关申诉或控告,不存在中立的裁判者进行审查裁判和机制保障,而申诉、控告均缺乏正当程序的依托,亦缺乏刚性效力。我国的审前程序具有极强的行政性和封闭性,虽然这种行政性和封闭性在一定程度上有利于犯罪的控制和社会的稳定,但也加剧了追诉机关和相对人之间的力量差距,可能使强者因为有恃无恐而更强,弱者因缺乏救济而更弱。可以说,审前阶段司法权的缺位,使审前程序呈现追诉方和相对人的“双主体”结构,也使案外人在审前阶段获得司法救济的可能性微乎其微。

(二)审判阶段法院救济受限

一直以来,我国刑事司法活动的开展都是以被告人的定罪量刑为中心的。尽管在确定被告人刑事责任的同时,涉案财物处置也属于刑事审判的重要内容,但很长一段时间以来,涉案财物处置问题在刑事庭审活动中只是一个可有可无的附属问题。这样的状况在2012年《刑事诉讼法》建立犯罪嫌疑人、被告人逃匿、死亡案件违法所得的没收程序之后得到了一定的改善。在犯罪嫌疑人、被告人逃匿、死亡案件违法所得的没收程序中,相对于被追诉人的责任追究,涉案财物的处置具有一套独立、完整的审判程序,能够对没收标的主张权利的人也可以参与这一程序寻求救济。然而,这一程序的设立并没有对以被告人定罪量刑为中心的刑事诉讼理论和刑事诉讼构造产生足够的挑战。司法实践中,法院对涉案财物处置问题的审理程序仍存在一定的混乱,案外人通过审判程序也难以获得充分的救济。

一方面,在独立没收程序中,作为利害关系人的案外人难以获得充分的司法救济。第一,利害关系人的范围模糊。2012 年最高人民法院《关于适用〈中华人民共和国刑事诉讼法〉的解释》(已失效)第 513 条(现第 616 条)将"其他利害关系人"限定为"对申请没收的财产主张所有权的人"。2017 年最高人民法院、最高人民检察院《关于适用犯罪嫌疑人、被告人逃匿、死亡案件违法所得没收程序若干问题的规定》第 7 条进一步将"其他利害关系人"的范围扩大为"对申请没收的财产主张权利的自然人和单位"。这一变化也为 2021 年最高人民法院《关于适用〈中华人民共和国刑事诉讼法〉的解释》第 616 条所承继,但所谓的权利具体包含哪些内容,却没有明确规定。可以说,依据现有规定,可以作为利害关系人参与独立没收程序的案外人范围是极为模糊的。第二,利害关系人的抗辩事由规定模糊。在独立没收程序中,利害关系人为避免自己的权利受到没收裁判的剥夺,可以提出何种抗辩事由,我国法律及相关司法解释并没有作出明确规定。例如,利害关系人是否可以就财产权利之外的事由(如被告人的罪责问题,以及财产来源是否合法的问题)提出抗辩?理论界和实务界对该问题观点不一。有学者认为,利害关系人出于维护自己的财产权利参加没收程序,并只能提出与财产权利主张有关的抗辩事实。[①] 然而,在一些案件中,利害关系人不仅就财产权利问题提供证据,发表意见,同时也对犯罪事实的问题展开抗辩,以从源头阻止财产的没收。[②] 又如,利害关系人是否仅主张"合法所有"即可对抗没收申请?最高人民法院《关于适用〈中华人民共和国刑事诉讼法〉的解释》仅规定利害关系人可以对申请

---

① 参见吴光升:《论未定罪没收利害关系人的抗辩事由》,载《政治与法律》2015 年第 8 期。

② 参见云南省高级人民法院刑事裁定书,(2014)云高刑终字第 1083 号。

没收的财产主张权利,并提供"证明其对违法所得及其他涉案财产主张权利的证据材料"。在案外人所有的财物被他人作为犯罪工具使用,以及他人犯罪所用财物或犯罪收益被案外人获得的情况下,案外人均对财产享有合法的权利外观。这些财物是否均能够免于没收,却应具体考量。第三,有关利害关系人的证明问题规定不清。《刑事诉讼法》虽然允许利害关系人参与独立没收程序,但对利害关系人应当承担的证明责任、证明标准等问题均没有作出明确规定。在证明责任方面,有学者出于公平性、刑事政策以及举证方便性的考虑,认为在特定情况下,可以将举证责任倒置给利害关系人。[①] 实践中,许多法院在利害关系人参与独立没收程序的案件中,也要求利害关系人承担一定的证明责任。然而,利害关系人具体应对哪些问题承担证明责任,以及在利害关系人承担证明责任的情况下,其对相关问题的证明应当达到何种程度,均难以从现有规定中找到明确答案。尽管2017年最高人民法院、最高人民检察院《关于适用犯罪嫌疑人、被告人逃匿、死亡案件违法所得没收程序若干问题的规定》,针对独立没收程序中争议较多的问题进行了细化,但有关利害关系人的证明问题却依然较为模糊。由于我国法律及相关司法解释对利害关系人参与独立没收程序的规定较为空泛,司法实践中,案外人通过独立没收程序获得司法救济的难度很高。一些学者指出:"在独立没收程序中,法律虽允许利害关系人参诉,但并未授予其实质性的辩护权,整个庭审几乎都在检察机关的'指控'

---

① 参见薛万庆、甄彬皓:《检察机关在违法所得特别没收程序中的举证责任》,载《河南教育学院学报(哲学社会科学版)》2013年第6期。

主导之下,开庭最终沦为走过场。”①

另一方面,在普通刑事诉讼程序中,案外人难以通过参与庭审获得司法救济。独立没收程序的适用受到了严格的条件限制,从实践角度来看,通过独立没收程序获得处理的案件数量是极为有限的。在独立没收程序之外的刑事诉讼程序中,以被告人定罪量刑为中心的传统刑事诉讼模式严重挤压了案外人在庭审活动中的存在空间。实践中,法院很少为解决涉案财物处置问题而开展相应法庭调查和法庭辩论活动。尽管最高人民法院《关于适用〈中华人民共和国刑事诉讼法〉的解释》规定了案外人的庭审参与权,但由于缺乏参与程序的系统构建,实践中,案外人直接出庭就涉案财物处置问题发表意见的情况也极为少见。即使允许案外人参与审判程序,案外人的诉讼地位、参诉方式等在实践中均无统一做法,难以保证案外人的诉讼权利得到充分实现。总体来说,实践中,案外人主要通过以下几种方式参与诉讼:第一,直接以案外人或利害关系人的身份参与诉讼。例如,在海口市美兰区人民法院2015年审理的一起盗窃案中,案外人以利害关系人的身份参与诉讼。在庭审中,案外人提出其属于盗窃所得财物的善意第三人的诉讼主张,并提供了相关民事裁定书、通话记录等证据。② 又如,在2019年江西省吉安市中级人民法院审理的一起虚开增值税发票案中,案外人以利害关系人的名义参与一审的庭审过程,并以原判认定犯罪事实不清、证据不足、程序严重违法为

---

① 谢丽珍:《论我国特别没收程序利害关系人救济程序的不足及完善》,载《温州大学学报(社会科学版)》2017年第5期。

② 参见海口市美兰区人民法院刑事判决书,(2015)美刑初字第292号。

由提起上诉。[①] 第二，以证人的身份参与诉讼。例如，在九江市中级人民法院审理的一起虚开增值税发票案中，对查封房产主张所有权的案外人，以证人的身份参与诉讼，并提出查封异议。[②] 直接以案外人或利害关系人的身份参与诉讼自然有利于案外人充分行使诉讼权利，但在现有的控辩审三方组成的刑事诉讼构造中，这种参诉方式却显得有些名不正、言不顺。另外，以案外人或利害关系人的身份参与诉讼，案外人可以在庭审的哪一阶段参与诉讼、可以提出哪些抗辩事由、需要承担哪些证明责任、证明责任的承担应达到何种标准、案外人是否享有上诉权等问题均处于法律规定的空白地带。在司法实践中，有的法院允许案外人在没有参与一审法庭审理的情况下，直接参与二审程序；[③]有的法院对案外人的权利主张不予处置；[④]有的法院通过另行组织的涉案财物听证会解决案外人的异议。[⑤] 可以说，对案外人诉讼主张的处理在很大程度上属于法院自由裁量的范围，很难保证案外人权利能够得到充分保障。以证人的身份参与庭审程序固然符合我国《刑事诉讼法》现行规定的诉讼构造，但出庭作证并非诉权行使方式。证人仅能就自己知道的案件情况向法庭进行陈述。案外人在证言中提出的相关权利主张对裁判的范围并不具有约束力，刑事裁判并不必然需要对证人提出的异议予以回应，对于法庭作出的裁判，案外人也不享有继续上诉的权利。案外人以证人的身份参与庭审，也难以实现获得司法救济的目的。总体来

---

① 参见江西省吉安市中级人民法院刑事判决书，(2019)赣08刑终47号。

② 参见江西省九江市中级人民法院刑事判决书，(2018)赣04刑终446号。

③ 参见福建省高级人民法院刑事判决书，(2018)闽刑终325号。

④ 参见广东省高级人民法院刑事裁定书，(2019)粤刑终1473号。

⑤ 参见四川省巴中市恩阳区人民法院刑事判决书，(2019)川1903刑初25号。

说，实践中，除非被告人在庭审的过程中提出案外人对涉案财物存在合法权益，否则案外人的财产权很难受到庭审的重视。在一些案件中，即使被告人提出案外人对涉案财物存在合法权益，法院也有可能以该事项属于其他法律关系为由，对此不予审查。①

综上所述，尽管我国《刑事诉讼法》及相关司法解释赋予了案外人参与庭审的权利，但由于相关规定的内容较为空泛，案外人的参审权在实践中极有可能沦为一纸空文。

（三）执行阶段法院救济虚化

2014 年最高人民法院《关于刑事裁判涉财产部分执行的若干规定》第 14 条规定，案外人对执行标的主张足以阻止执行的实体权利的，执行法院应按照《民事诉讼法》（2012 修正）第 225 条（现第 236 条）有关执行异议的规定处理。该法第 15 条规定，案外人认为刑事裁判中对涉案财物是否属于赃款赃物认定错误，向执行法院提出书面异议，可以通过裁定补正的，执行机构应当将异议材料移送刑事审判部门处理。由于审前阶段和审判阶段司法救济缺失，许多案外人是在执行程序中，通过异议、复议程序寻求救济的。然而，由于相关规定的矛盾和疏漏，执行阶段的异议、复议也难以使案外人的救济权得到充分实现。

首先，执行阶段的救济范围具有局限性。最高人民法院《关于刑事裁判涉财产部分执行的若干规定》第 14 条规定的执行异

① 例如，在广东省佛山市中级人民法院审理的一起走私案件中，辩护人提出案外人在被告人账户被侦查机关冻结后，误汇入人民币 7 万元，该款应退还案外人，但法院认为，该事项属于其他法律关系，当事人可另寻法律途径解决。参见广东省佛山市中级人民法院刑事判决书，（2018）粤 06 刑初 171 号。

议程序，是案外人在执行阶段获得司法救济的主要程序。然而，以执行异议作为案外人的救济路径颇有“权宜之计”的意味，与案外人排除执行的真实意愿存在较大差距。一方面，我国采取的是刑事执行机构多元化的制度，对涉案财物的执行由公安机关、检察机关、人民法院共同承担。最高人民法院《关于刑事裁判涉财产部分执行的若干规定》仅限于法院行使执行权的情况。在案外人对公安机关、检察机关的执行标的存在实体性权利的情况下，其只能自行与公安机关和检察机关进行沟通，而无法通过向法院提出执行异议获得救济。另一方面，执行异议本质上是案外人对执行机关针对特定标的实施的执行行为存在异议而启动的诉讼程序，其本身并不具有阻断刑事裁判既判力的效力。从实践来看，案外人只有在两种情况下，才可能通过执行异议程序对执行标的主张权利。第一，在执行标的未被刑事裁判认定为需要追缴、没收的涉案财物时，通过执行异议程序主张实体性权利或执行机关执行行为违法；第二，在执行标的已被刑事裁判认定为需要追缴、没收的涉案财物的情况下，通过执行异议程序主张不影响原裁判认定的实体性权利。在第一种情况下，一旦执行标的已被刑事裁判认定为需要追缴、没收的涉案财物，执行机关的执行行为便无不当之处，执行异议程序也难有用武之地。在第二种情况下，执行异议程序通常只能处理共同所有权、[1]担保物权[2]等权利。一旦案外人对执行标的提出权属异议等可能涉及涉案财物整体定性的主张，法院通常会通过法律解释将其纳入对原裁判存

---

① 参见湖北省孝感市中级人民法院执行裁定书，(2019)鄂09执复31号；江西省寻乌县人民法院执行裁定书，(2019)赣0734执异9号。

② 参见平顶山市中级人民法院执行裁定书，(2019)豫04执异85号。

在异议的范畴,而对案外人的主张不予支持。[①] 有些法院对执行异议程序的适用范围作出更为限缩的认定,指出只有在确认案外人提出主张的执行标的不属于刑事裁判中的涉案财物的前提下,才可以按照执行异议的审查程序进行审查处理。[②] 由此可见,由于受到刑事裁判既判力的约束,执行异议程序的救济范围受到了很大的限制。

其次,刑事裁判对涉案财物的概括性认定进一步限缩了执行阶段的救济范围。如上所述,司法实践中,法院往往不会围绕涉案财物的性质和权属问题展开专门的裁判活动。相关的刑事裁判也只是对在案财物作出笼统的认定。法院对于涉案财物的概括性裁判缺乏对执行标的范围的具体限制,即使案外人通过执行异议程序对执行标的主张实体性权利,执行法院也可以将该执行标的纳入已被刑事裁判确认的涉案财物范畴,从而排除案外人通过执行异议程序获得救济的可能。实践中,对于刑事裁判就涉案财物的处置问题作出概括性判决的执行异议案件,执行法院存在不同的处理方法。第一,将案外人异议材料移送刑事审判部门处理,在刑事审判部门未予明确前,中止财物的执行。例如,在 2019 年遂宁市中级人民法院办理的一起执行异议案件中,法院认为刑事判决既没有确认涉案查封的房屋为被告人违法所得,也未明确是否应予以追缴。依照最高人民法院《关于刑事裁判涉财产部分执行的若干规定》第 15 条的规定,执行机构应当将案外人提出的异议材料移送刑事审

---

① 参见最高人民法院执行裁定书,(2016)最高法执监 401 号;平顶山市中级人民法院执行裁定书,(2020)豫 04 执复 20 号;湖北省孝感市中级人民法院执行裁定书,(2019)鄂 09 执异 46 号。

② 参见眉山市中级人民法院执行裁定书,(2019)川 14 执复 35 号。

判部门处理。在刑事审判部门未予明确之前，执行机构对该房屋予以查封并执行缺乏充分的执行依据。[①] 第二，将执行标的作为已被刑事裁判决定的涉案财物予以执行，案外人主张实体权利的，告知其通过审判监督程序解决。例如，在2011年徐州市中级人民法院审理的一起合同诈骗案中，徐州市公安局在侦查阶段即对案外人利群公司的银行存款368.88万元予以冻结。在审判阶段，法院并没有对涉案财物的权属进行具体调查，而是在判决书中概括性认定“对已查封、扣押、冻结的涉案财物依照法律规定予以追缴和处理”。在徐州市中级人民法院依据刑事判决对冻结的368.88万元予以执行后，利群公司先后向徐州市中级人民法院、江苏省高级人民法院提出执行异议、复议，但受理异议、复议的法院均认为，利群公司368.88万元系市公安局冻结款项，显然属于刑事判决所称“已查封、扣押、冻结的涉案财物”。徐州市中级人民法院的执行行为合法有据。利群公司主张该笔款项不属于应当追缴的涉案财物，实质上是对刑事裁判本身存在异议，应当通过审判监督程序解决。[②] 刑事裁判的概括认定与执行异议程序的固有局限相结合，形成恶性循环，使以提供救济为目的而设置的执行异议程序，实际上难以发挥应有的作用。

再次，案外人实体异议的“降格”处理导致异议审查程序混乱。刑事涉案财物执行程序在很大程度上借鉴了《民事诉讼法》执行程序的相关规定。事实上，《民事诉讼法》对执行救济体系

① 参见遂宁市中级人民法院执行裁定书，(2019)川09执复39号。

② 最高人民法院赔偿决定书，(2018)最高法委赔监208号；最高人民法院执行裁定书，(2014)执申字第30号。

中程序性救济与实体性救济采取的是区别规定的模式。《民事诉讼法》第236条规定的“执行异议”是基于执行行为违法而启动的程序性救济。实体性救济主要规定于《民事诉讼法》第238条“案外人异议”之中。[①] 最高人民法院《关于刑事裁判涉财产部分执行的若干规定》第14条规定实际上将案外人的程序性异议和实体性异议混同于程序性救济程序，将案外人实体性执行异议“降格”为对执行行为的异议。这一做法可能导致以下几方面的问题：第一，后续救济途径的缺失。案外人对根据《民事诉讼法》第238条作出的裁定不服的，可以提出执行异议之诉或提起审判监督程序，但如果案外人根据《民事诉讼法》第236条的规定提出异议，则当其不服时，只能通过复议的方式寻求救济。这显然限制了案外人获得后续救济的可能性，不利于案外人财产权的保护。由于现实中，案外人大都提出实体性执行异议，最高人民法院《关于刑事裁判涉财产部分执行的若干规定》第14条的“降格”处理实际上难以为案外人提供充分、彻底之救济。第二，各机关衔接不畅。由于缺乏类似于民事执行程序中针对案外人实体异议而形成的有序衔接的处理机制，[②] 刑事执行程序中，案外人实体性异议一旦涉及赃款赃物认定的内容，就需要在法院系统内部的各部门之间流转，从而极有可能产生部门之间流转不畅使案外人难以获得有效救济的问题。“刑事执行中案外人能否得到充分救济取决于执行部门、刑事

---

① 依据该条规定，执行过程中，案外人对执行标的提出书面异议的，人民法院应当自收到书面异议之日起15日内审查，理由成立的，裁定中止对该标的的执行；理由不成立的，裁定驳回。案外人、当事人对裁定不服，认为原判决、裁定错误的，依照审判监督程序办理；与原判决、裁定无关的，可以自裁定送达之日起15日内向人民法院提起诉讼。

② 案外人异议—执行异议之诉/审判监督程序。

审判部门、立案部门、审判监督部门之间是否互相配合，协调处理难度较大。”[①]

最后，审执不分使案外人难以获得公正的救济。在民事诉讼中，权利人提出申请是启动民事强制执行程序的前提条件。为使自己的权利通过执行程序得到充分实现，申请人通常会积极调查义务人的财产情况，并向法院执行部门提供相关财产线索。但移送执行是刑事涉财部分执行的主要方式。这便意味着，在刑事执行程序中，申请执行人处于缺位的状态，无法提供有关被执行财产管理、转移的信息。再加上刑事裁判往往对涉案财物的处理作出“继续追缴违法所得”等概括性认定，实践中，财产的合法性和归属往往需要由执行机构进行积极主动的实质性审查。这不仅加重了执行机构的负担，而且使执行与审判的权限发生重叠。在这种情况下，法院执行机构对案外人权利主张的审查在本质上属于一种“自我纠错”模式，缺乏公正的合理外观，也极易导致对案外人权利主张的错误处理。

（四）再审阶段法院救济限制

最高人民法院《关于刑事裁判涉财产部分执行的若干规定》第15条赋予了案外人对涉案财物处置通过审判监督程序进行救济的权利。[②] 司法实践中，对于案外人对已为刑事裁判确认的执行标的主张实体性权利的情况，法院也大多会告知案外人通过审

① 袁楠、王晓东：《人民法院刑事涉案财物处置难现状审视与处置机制完善——以100件刑事涉案财物为研究样本》，载胡云腾主编：《司法体制综合配套改革与刑事审判问题研究——全国法院第30届学术讨论会获奖论文集》（下），人民法院出版社2019年版，第1815页。

② 最高人民法院《关于刑事裁判涉财产部分执行的若干规定》第15条规定，执行过程中，案外人认为刑事裁判中对涉案财物是否属于赃款赃物认定错误或者应予认定而未认定，向执行法院提出书面异议，无法通过裁定补正的，执行法院应当告知异议人通过审判监督程序处理。

判监督程序予以解决。但审判监督程序是否能为案外人提供有效救济呢？实际情况可能并不乐观。第一，尽管司法解释将案外人纳入申诉主体的范畴，但《刑事诉讼法》及相关司法解释对审判监督程序的规定并没有协同跟进。《刑事诉讼法》第253条、2012年最高人民法院《关于适用〈中华人民共和国刑事诉讼法〉的解释》（已失效）第375条没有将"原判决、裁定对涉案财物的处理存在错误"明确纳入可以通过审判监督程序重新审判的情形。同时，由于案外人通常不会对原裁判定罪量刑的问题提出异议，其申诉也很难满足相关规定对启动再审所要求的案件事实认定错误或定罪量刑存在错误等条件。实践中，法院以不符合再审重新审判事由为依据驳回案外人申诉的情形确实存在。[①] 对这一点，2021年最高人民法院《关于适用〈中华人民共和国刑事诉讼法〉的解释》第457条[②]已经作出改进，但其是否能达到预期效果仍有待实践考察。第二，作为一种特殊救济程序，司法机关对审判监督程序的启动往往持谨慎态度。审判监督程序的旨趣在于对原裁判进行全面审查以纠正错误，其纠错效果将及于整个刑事案件。出于维护裁判既判力和法的稳定性的考量，司法机关对启动审判监督程序的管控较为严格。加之我国刑事审判监督程

① 例如，在湖北省高级人民法院审理的一起刑事申诉案件中，作为案外人的武汉大桥实业集团以原判决、裁定认定事实及适用法律错误，剥夺了公司的国有资产所有权为由，请求法院对案件进行重审，发还公司全部国有资产。但法院认为，原裁判定罪量刑处罚均适当，适用法律正确，案外人对被追缴的财产权属提出异议，申请再审，不符合《刑事诉讼法》第253条规定的应当重新审判的情形，应予驳回。参见湖北省高级人民法院刑事通知书，(2019)鄂刑申12号。

② 2021年最高人民法院《关于适用〈中华人民共和国刑事诉讼法〉的解释》第457条规定，经审查，原判决、裁定对违法所得或者其他涉案财物的处理有明显错误的，应当根据《刑事诉讼法》第253条的规定，决定重新审判。

序本身存在的“自我纠错”式的审理模式、追责体系和评价体系的缺失等固有缺陷，司法机关对再审申请的支持率普遍偏低。可以说，对于刑事诉讼当事人来说，审判监督程序也是极为特殊的救济。寄希望于审判监督程序为案外人提供救济，更是难上加难。第三，即使司法机关启动审判监督程序对案外人的实体权利主张进行审理，受审判监督程序本身性质的影响，案外人通常也难以获得完整的诉权保障。一般而言，诉权包括起诉权、上诉权和再审权。如果案外人没有参与刑事案件的庭审活动，审判监督程序就是对案外人实体权利的初次救济。为保证司法的公正性、法律适用的统一性，以及案外人的合法权利能够获得充分保护，在案外人对法院作出的裁判不服的情况下，其理应获得通过上诉再行救济的途径。但限制于审判监督程序的性质定位，对于法院通过审判监督程序作出的裁判，案外人没有上诉的权利。这无疑不当限缩了案外人诉权的行使范围，使有关案外人实体权利问题的处理以原审法院一审终审的形式告终。第四，审判监督程序的审理周期较长，通常难以为案外人提供及时救济。审判监督程序的启动必须以原审裁判生效为前提。对于案外人提出的申诉，受理机关需要依阶段进行审查。审判监督程序的启动需要经过再审事由审查和本案再审两个阶段。相较于一般诉讼程序，审判监督程序对再审事由的审查更为严格，且法院不受申诉、抗诉范围限制而全面审查案件，案件的办理周期更为漫长。单纯依靠审判监督程序为案外人提供救济，很难使案外人的诉求得以及时实现。

（五）其他诉讼途径缺位

在审判监督程序外，案外人也很难通过民事诉讼、行政诉讼等其他诉讼途径获得救济。一方面，案外人难以提起民事诉讼。

一般来说,对于已被国家专门机关查封、扣押、冻结、处置的涉案财物,案外人可能启动两种民事诉讼程序。第一,确权之诉,即请求法院通过民事诉讼程序确认涉案财物的权属,并由扣押机关将涉案财产返还案外人。第二,特定物给付之诉,即请求法院确认涉案财物权属,并要求被追诉人或已获得返还的人返还涉案财物。但由于先刑后民理念的桎梏和实践中刑事审判权的广泛性和超越性,①在刑事诉讼进程中或判决生效后,案外人很难将主张权利的希望寄托于民事诉讼程序。例如,在2019年辽宁省营口市鲅鱼圈区人民法院审理的一起案件中,营口港公安局以犯罪嫌疑人涉嫌合同诈骗罪为由扣押了2684.58吨玉米,且这些玉米因被害人中国林业物资总公司申请执行而被划至营口市中级人民法院。案外人嘉里粮油(营口)有限公司提起民事确权之诉,主张该玉米实为中国林业物资总公司所有,请求法院确认权属。但法院认为案外人应当通过最高人民法院《关于刑事裁判涉财产部分执行的若干规定》规定的执行异议或审判监督的程序主张权利。故对于案外人的请求,法院不予支持。② 又如,在2020年海南省高级人民法院审理的一起民事案件中,刑事诉讼案外人请求犯罪嫌疑人返还其占有的且已被公安机关查封的两套房产,但法院认为对于公安机关在刑事侦查过程中查封的涉案财产,应由公安机关依照法定程序处理,该诉讼请求不属于人民法院受理民事诉讼的范围。③ 另外,在涉案财物处置错误的情况下,该财

① 在实践中,当民事诉讼中涉及刑事问题(对事实问题的法律评价)时,民事审判庭通常不能作出认定。民事审判通常会严格遵守审判权行使的分工原则。但在刑事诉讼中,刑事审判庭可以对民事争议问题进行审理。参见张卫平:《民刑交叉诉讼关系处理的规则与法理》,载《法学研究》2018年第3期。

② 参见辽宁省营口市鲅鱼圈区人民法院民事判决书,(2019)辽0804民再12号。

③ 参见海南省高级人民法院民事裁定书,(2020)琼民终119号。

产的合法所有人与实际取得人之间不存在直接的法律关系,案外人也很难通过民事诉讼要求财物的实际取得人返还相关财产。另一方面,案外人难以提起行政诉讼。基于刑事诉讼过程中国家专门机关查封、扣押、冻结、处置涉案财物行为的性质,当事人和利害关系人也很难针对相关机关违法查封、扣押、冻结、财物处置错误等行为提起行政诉讼。就人民法院、人民检察院采取的对物强制措施和涉案财物处置行为来说,由于人民法院和人民检察院属于司法机关,其依职权实施的行为自然不属于行政诉讼的受案范围。而对于公安机关实施的对物强制措施和涉案财物处置行为来说,由于公安机关进行相关诉讼行为的依据是《刑事诉讼法》第 141、245 条的规定,在性质上属于刑事司法行为,所以在公安机关采取相关强制措施和处置行为不当的情况下,行政诉讼也无适用余地。

二、检察机关、公安机关救济的功能错位

就检察机关、公安机关救济渠道来说,《刑事诉讼法》第 117 条针对涉案财物的查封、扣押、冻结规定了申诉控告制度,并赋予案外人提出申诉、控告的权利。[①] 为强化该规定实施,2012 年《公安机关办理刑事案件程序规定》(已失效)第 191、192 条对公安机关受理申诉、控告作出了处理期限、方式等方面的限制,并规定了上级公安机关负有对下级公安机关受理申诉、控告的工作进行

① 依据该规定,对司法机关及其工作人员对与案件无关的财物采取查封、扣押、冻结措施的,或者应当解除查封、扣押、冻结不解除的,当事人和辩护人、诉讼代理人、利害关系人有权向该机关申诉或者控告。

监督的职责。[①] 2019年《人民检察院刑事诉讼规则》第556条也从受理部门、期限、方式等角度对检察机关办理申诉、控告案件的程序进行细化。[②] 另外,2012年《人民检察院刑事诉讼规则(试行)》(已失效)第658条赋予了检察机关对涉财判决执行过程实行监督的权力,要求检察机关在发现执行活动违法、不当时,应依法提出纠正意见。该规定为2019年《人民检察院刑事诉讼规则》第645、646条所保留。基于此,案外人对涉案财物执行存在异议的,原则上也可以向检察机关提出申诉。

由于法院救济的虚化,实践中,案外人主要是通过相关申诉、控告的规定获得救济的。客观地说,按照我国的刑事案件数,在司法救济之外,增加检察机关、公安机关救济渠道并非没有好处。毕竟,复合型救济模式可以提高纠纷解决的灵活性,减少法院的案件堆积现象。但由于我国《刑事诉讼法》及相关司法解释对申诉、控告制度的设计存在诸多缺陷,刑事申诉控告制度在司法实践中难以实现应有效果。

(一)程序法定不足

"权利救济程序法定,是指立法对承担权利救济义务机关、救济时限、冲突双方在救济中的举证责任分配以及救济具体步骤

① 2012年《公安机关办理刑事案件程序规定》(已失效)第191、192条规定,受理申诉或者控告的公安机关应当及时进行调查核实,并在收到申诉、控告之日起30日内作出处理决定,书面回复申诉人、控告人。发现公安机关及其工作人员有上述行为之一的,应当立即纠正。上级公安机关应当对下级公安机关对申诉、控告的受理进行监督。

② 2019年《人民检察院刑事诉讼规则》第556条规定,对人民检察院及其工作人员办理案件中违法行为的申诉、控告,由负责控告申诉检察的部门受理和审查办理。对其他司法机关处理决定不服向人民检察院提出的申诉,由负责控告申诉检察的部门受理后,移送相关办案部门审查办理。审查办理部门应当在受理之日起15日以内提出审查意见。人民检察院对《刑事诉讼法》第117条的申诉,经审查认为需要其他司法机关说明理由的,应当要求有关机关说明理由,并在收到理由说明后15日以内提出审查意见。

等要有具体明确规定。"[①]虽然控告、申诉权是法律明确赋予案外人的法定权利，但由于相关规定缺乏明确性和具体性，相关机关对案外人的申诉、控告的处理难免较为随意。案外人的申诉权、控告权在实践中较难实现。

第一，关键内容缺乏明确规定。依据《刑事诉讼法》第117条之规定，案外人可以提出申诉、控告的事项包括三种：对与案件无关的财物采取查封、扣押、冻结措施；应当解除查封、扣押、冻结不解除的；司法机关及其工作人员贪污、挪用、私分、调换、违反规定使用查封、扣押、冻结的财物。但是，何为"与案件无关"，何为"应当解除而不解除"，相关法律和司法解释并无明确规定。模糊的规定很可能带来权力的恣意，也难以使申诉、控告得到有效处理。例如，上海市人民检察院第二分院课题组进行的问卷调查结果显示，许多检察人员认为财产判罚立法不明确是导致检察机关法律监督弱化的重要原因之一。[②] 在实践中，由于相关规定缺失，即使检察机关通过申诉了解到涉案财产处置存在问题，也不敢轻易行使法律监督权。一般做法是，通过沟通协商的方式，由有关机关自行予以纠正。[③]

第二，证明问题规定模糊。《刑事诉讼法》第117条仅赋予案外人提出申诉、控告的权利，但案外人需要对其主张提供哪些证明材料，应当达到何种证据要求，《刑事诉讼法》及相关司法

---

① 龙建明：《刑事申诉控告制度的反思与完善》，载《广西社会科学》2017年第7期。

② 参见上海市人民检察院第二分院课题组：《刑事诉讼财产判罚执行的检察监督研究》，载甄贞主编：《贯彻新刑事诉讼法与完善诉讼监督制度——第四届刑事诉讼监督论坛文集》，法律出版社2014年版，第443页。

③ 参见上海市人民检察院第二分院课题组：《刑事诉讼财产判罚执行的检察监督研究》，载甄贞主编：《贯彻新刑事诉讼法与完善诉讼监督制度——第四届刑事诉讼监督论坛文集》，法律出版社2014年版，第442页。

解释却只字未提。规定的原则性必然导致解释的无序性。在缺乏详细规范的情况下,证明违法查封、扣押、冻结变得相当困难。案外人的申诉、控告是否成立,完全由办案人员根据情况自行作出决定,这无疑增加了申诉、控告处理的任意性和不确定性。

第三,救济程序规定模糊。例如,案外人可以在哪些诉讼阶段向谁提出申诉、控告,受理机关应当遵循何种程序对申诉、控告进行处理,案外人对于不受理、处理控告的情况如何获得进一步救济,法律一概未作细致规定。检察机关对于相关机关采取的查封、扣押、冻结等措施应采取何种手段予以审查,相关机关应采取何种纠正措施,承担何种法律责任等,法律也均未作明文规定。由于缺乏具体的实现途径和法律层面的坚实保障,申诉权、控告权难免会在实践中出现虚化的倾向。从司法层面来看,在缺乏程序规则的情况下,案外人的申诉和控告也很难受到有关部门的关注。"实践中经常出现的情况是,在刑事诉讼过程中哪一个部门似乎都不是受理控告的职能部门,没有专门的人员对控告进行处理,以致人们一般都认为控告权的行使至少在诉讼过程中并无实际意义。虽然各级侦查、司法机关内部都设有控告申诉部门或者办案纪律监督部门,但这些部门在诉讼过程中大多采取无为而治的态度,他们通常只处理诉讼结束后的投诉或申诉。"①

(二)侵权机关自我纠错的功能限制

《刑事诉讼法》第117条规定了两个申诉或者控告的途径:首先,当事人和辩护人、诉讼代理人、利害关系人可向侵犯其合法权益的公安司法机关申诉或者控告。其次,对处理结果不服时,

---

① 李建明:《关于刑事诉讼参与人控告权保障制度立法的思考》,载《法商研究》2008年第5期。

其可以向同级人民检察院或上级人民检察院申诉。从条文的规定来看,第一个途径是必需的,也就是说,向“侵权机关”申诉或者控告是向人民检察院申诉的前提。

立法者之所以设置这样的前置程序,目的是让侵权机关自己发现存在的问题,进行自查自纠。让侵权机关自查自纠的初衷虽好,然而这种自行审查纠正错误的模式,难以保证纠错的有效性,也缺乏必要的公信力。另外,由于法律规定的缺失,实践中,涉案财物的范围一般由侦查机关自行判断。这也在一定程度上增加了案外人申诉、控告的难度。

此外,司法救济的缺位也在一定程度上抑制了侵权机关自查自纠的主动性。在美国,虽然作为政府代表的检察官对于刑事没收和民事没收均享有广泛的权力,但司法权的终局保障仍然对检察官权力的行使起到一定导向和限制的作用。一方面,在检察官对案外人的权利主张不予受理的情况下,案外人可以就检察官的决定申请司法审查。另一方面,由于案外人同时可以通过附属听证程序提出权利主张,为了避免事后庭审过程中的证明麻烦,检察官往往会尽可能在事前对案外人的主张进行处理。而在我国,由于案外人司法救济机制的普遍虚化,司法权难以对公安机关和检察机关的权力行使产生足够的约束作用。司法实践中,即使有关机关对申诉、控告不予处理,对诉讼活动本身也不会产生实质性影响。在这种情况下,相关机关对案外人控告、申诉的处理自然缺乏积极性。

(三)检察机关法律监督的作用局限

在向侵权机关提起控告、申诉难以获得救济的情况下,案外人还可以向检察机关进行申诉。发挥检察机关法律监督的功能,可以纠正国家专门机关的违法诉讼行为。但不可否认的是,一直以来,法律监督在平衡国家权力与个人权利方面的作用,并没有得到有效发挥。

第一,监督效力有限。根据《刑事诉讼法》第 117 条的规定,在申诉情况属实的情况下,检察机关只能通知有关机关予以纠正。这实质上是一种检察机关行使检察建议权[①]的方式。但由于我国法律没有明确规定检察机关提出的检察建议可能引发怎样的法律后果,对相关机关不配合监督工作的后果也没有详细指明,检察建议难以真正对相关机关的行为起到约束作用,也难以及时有效纠正相关机关的违法行为。一方面,检察机关行使建议权时往往只提出要求纠正违法,很少要求对违法者予以行政处分或者要求更换办案人员等。另一方面,检察机关向有关机关提出纠正违法建议时,有关机关往往不予理睬,检察机关对此别无他法。以 2005 年至 2012 年北京市检察机关法律监督情况为例,尽管 2005 年至 2012 年北京市检察机关通过书面纠正违法侦查活动的案件数连年攀升,但纠正的实际效果依旧并不理想。2005 年,北京市检察机关提出的书面纠正案件为 18 件,而实际纠正的仅有 7 件,纠正比约为 39%;2012 年,检察机关提出的书面纠正案件上升为 129 件,而实际纠正的有 89 件,纠正比约为 69%。[②]在检察建议效力有限的情况下,即使案外人的申诉获得检察机关的认可,也很难真正纠正违法的查封、扣押、冻结。

第二,监督权能缺失。检察机关是否享有完备的知情权、调

---

① 在我国,检察建议权是指人民检察院在办案过程中,发现公安机关或侦查人员、法院或法官存在违法行为,或者其他机关、单位在管理上存在问题和漏洞或者有关人员存在违法行为时,向有关机关或单位提出纠正意见或改进建议的一项权力。

② 参见李斌:《法律监督立法效用考察》,载正义网,www. jcrb. com/xztpd/2014zt/201403/NVCGZW/SDJ/201403/t20140311_1345171. html。

查核实权等基础性权能,决定检察机关的法律监督职能能否得到切实履行。知情权是检察机关就法律监督所针对的机关、行为等情况进行全面了解的权力。调查核实权则是检察机关在收到公民投诉、申诉、举报后,为对其进行救济而进行调查、询问等的权力。检察机关只有通过行使知情权和调查核实权,在充分获取相关信息的情况下,才能切实对诉讼活动进行监督。但在实践中,由于诉讼构造、法律规定等方面的问题,检察机关的知情权和调查核实权均难以实现。以侦查监督为例,侦查程序的封闭性制约了检察机关对侦查机关行使侦查权情况的了解。由于查封、扣押、冻结措施均由侦查机关自我授权、自我实施,通常情况下,检察机关只有在审查逮捕时阅卷和提前介入侦查的过程中才能了解相关侦查权的行使情况,而通过这些方式获得的相关信息是极为有限的。尽管最高人民检察院 2013 年公布的《关于侦查监督部门调查核实侦查违法行为的意见(试行)》对检察机关调查核实的手段作出较为细化的规定,但总体来看,立法有关检察机关调查核实权的规定层级较低、范围模糊、强制力不足等问题仍然较为突出。[①] 现阶段检察机关的调查核实权集中于非法证据排除工作中,而其他法律监督事项中的调查核实权缺乏必要的法源供给。在司法实践中,检察机关调查核实工作的开展主要通过询问案件承办人、组织座谈会,或要求办案人员提供工作说明,而这些方式在强制性和有效性上均有欠缺。[②] 可以说,无论是知情权还是调查核实权,在实践中的运行均不够理想。在信息缺乏的情

① 参见樊华中:《检察公益诉讼的调查核实权研究——基于目的主义视角》,载《中国政法大学学报》2019 年第 3 期。

② 参见臧博、张妍昕:《检察机关调查核实权实践革新研究——以侦查监督为切入点》,载《北京政法职业学院学报》2020 年第 3 期。

况下，检察机关的监督效果就可想而知了。

第三，机构配置掣肘。依据最高人民检察院《检察机关执法工作基本规范》的规定，控申部门是检察机关内部处理申诉、控告和涉法涉诉信访的主要部门。但长期以来，控申部门被认为是单纯的信访接待部门，其在检察机关内部机构设置中被边缘化的倾向极为明显，人员配备与实际工作量不对等的问题极为突出。从实践来看，基层人民检察院的控申部门一般仅配备5名左右的干警，一些检察院甚至出现控申部门仅有2人而挂3块牌子的状况。骨干稀缺、工作人员老龄化问题同样制约控申部门的正常运转。与人员配置不足形成鲜明对比的是，控申部门承担的工作任务极为繁重。从分流举报、控告线索到处理申诉、国家赔偿、被害人救助案件，从对外办理信访、维稳等工作到对内承担数据统计、材料撰写、参加会议等行政性任务，控申部门的职责范围非常广泛。人员配备与职能责任之间的“供需矛盾”，严重影响了相关干警诉讼监督的积极性和工作质量。在缺乏严格程序制约的情况下，控申部门很容易出现不愿监督的现象。[①]

第四，监督动力不足。一些检察机关的实务工作者指出，即使当事人或案外人就财物的查封、扣押、冻结、处置等问题向检察机关提出申诉，且该申诉通过控申部门及时到达侦查监督部门，侦查监督部门也不愿意积极履行职责。首先，检察机关对审前程序的监督受到工作关系的影响。尽管“分工负责，互相配合，互相制约”“人民检察院依法对刑事诉讼实行法律监督”是我国《刑事诉讼法》的基本原则，但由于实践中检察机关、侦查机关的关

① 参见孔亮等：《涉法涉诉信访改革对控申检察部门刑事诉讼监督工作的影响》，载甄贞主编：《贯彻新刑事诉讼法与完善诉讼监督制度——第四届刑事诉讼监督论坛论文集》，法律出版社2014年版，第423页。

系较为密切,审前阶段检察机关往往不愿对侦查机关行使制约、监督的职能。其次,检察机关对相关申诉的办理受到案件复杂程度的影响。实践中,涉及案外人财产权属问题的案件通常较为复杂,对相关申诉的处理可能会耗费大量的时间和精力。在这种情况下,检察机关的办案人员更倾向于向法院"卸责",希望法院在案件审理中对相关问题进行处理。最后,检察机关法定职责的行使受到内外部制约的影响。现阶段,在一些检察机关,申诉的处理并不包括在绩效考核之内,且庭审阶段检察机关通常也不需要对涉案财物的相关问题进行论证。在这种情况下,检察机关即使不对申诉进行实质处理也不会对其产生不利影响。由于内外部制约机制的缺乏,检察机关缺乏积极处理相关申诉的足够动力。

三、权利保障机制的缺位

(一)告知机制缺失

完善的告知机制是案外人行使其合法权利的基础,也是正当程序的必然要求。基于此,在财产被采取查封、扣押、冻结的保全措施,以及司法机关将要对财产进行处置时,将财产的相关信息通知权利可能受到影响的人,并给予他们提出异议的机会,是各国刑事诉讼法及犯罪收益追缴法的基本要求。这是涉案财物处置的一个必经程序,也是遵循正当程序原则的一个基本体现。目前,我国相关的司法解释已经在原有《刑事诉讼法》规定的基础上对涉案财物处置过程中的告知机制进行了完善,各地公检法机关在涉案财物管理、处置公开方面也作出了积极有益的探索。[①] 但总体来

① 例如,河南省作为最高人民检察院选择的检察机关开展深化检务公开制度改革的试点之一,开展为期 1 年的专门针对"职务犯罪案件涉案款物处理结果公开"的检务改革,并设立郑州、许昌、南阳 3 个试点。

说，我国尚未建立完善的案外人告知机制，案外人对涉案财物查封、扣押、冻结、处置的信息获取还是较为有限的。

《刑事诉讼法》关于刑事诉讼中涉案财物的查封、扣押、冻结和处置，除了规定出示搜查证、交付扣押清单、人民法院受理没收违法所得的申请后应当发出公告等信息告知外，几乎没有其他关于处置涉案财物的权利告知内容。2015 年中共中央办公厅、国务院办公厅《关于进一步规范刑事诉讼涉案财物处置工作的意见》第 12 条规定，善意第三人等案外人与涉案财物处理存在利害关系的，公安机关、国家安全机关、人民检察院应当告知其相关诉讼权利，人民法院应当通知其参加诉讼并听取其意见。《人民检察院刑事诉讼涉案财物管理规定》第 32 条以及《公安机关涉案财物管理若干规定》第 21 条对人民检察院和公安机关处理涉案财物过程中信息公开和当事人、善意第三人等案外人权利告知等问题作出了规定。2016 年最高人民法院审议通过《关于落实"用两到三年时间基本解决执行难问题"的工作纲要》，进一步强调"让执行权在阳光下运行"。但这些规定均只具有宣示性意义，缺乏对关键性问题的详细指引。

其一，告知的时间缺乏明确规定。除独立没收程序中，人民法院在受理没收违法所得的申请后即应进行为期 6 个月的公告外，现有规定只是原则性地规定了国家专门机关的告知义务，但告知行为应在何时进行，语焉不详。司法实践中，公安司法机关大都是在对涉案财物作出返还、退赔、先行处置或没收等处理行为后，通过向相对人送达法律文书的方式实现的，[①]而在查封、扣押、冻结，以及涉案财物处置启动和实施过程中，公安司法机关是

---

① 参见高一飞、张露：《刑事诉讼涉案财物处置公开机制的构建》，载《河南财经大学学报》2016 年第 6 期。

否也负有告知(尤其是对案外人的告知)义务,却缺乏统一、强制的要求。

其二,告知的内容缺乏明确规定。除最高人民法院《关于适用〈中华人民共和国刑事诉讼法〉的解释》第 614 条对独立没收程序明确规定公告应包含哪些具体内容外,现有规定仅是笼统地要求国家专门机关应当做好涉案财物信息公开和查询工作,告知相关利害关系人诉讼权利,为当事人和其他权利主体行使权利提供保障和便利。但公开和告知的内容具体包括哪些,"诉讼权利"具体包括哪些内容,现有规定均没有予以明确。

其三,告知的方式缺乏明确规定。现有规范性文件对刑事诉讼中涉案财物保管、处置的信息公开和权利告知,主要集中于涉案财物管理的信息化建设层面,但具体到如何对相关权利人进行告知,现有规定却仍是空白。虽然最高人民法院《关于适用〈中华人民共和国刑事诉讼法〉的解释》第 614 条对独立没收程序中的公告告知和直接告知作出规定,但在普通刑事诉讼程序中,相关规定还极为欠缺。事实上,单纯建立信息公开平台很难保证案外人及时获知涉案财物的相关信息。首先,信息化管理平台覆盖范围较小。据一些学者考察,在一些贫困地区和偏远地区,独立的司法管理系统尚未形成,涉案财物处置信息平台的数量更是少之又少。[①] 其次,信息管理分散化的现象仍然存在。对于涉案财物信息管理平台的建设,仍然有很多地区的公安司法机关采取分别管理的方式,没有形成统一的信息管理平台,无法在公检法等不同机关之间实现信息共享。分散化的信息管理平台给案外人信息查询造成了极大的困难。再次,信息平台功能受限。现阶段,司法

① 参见高一飞、张露:《刑事诉讼涉案财物处置公开机制的构建》,载《河南财经大学学报》2016 年第 6 期。

机关门户网站对社会公开的相关涉案财物信息较少，且公开内容较为单一、查询较为不便。例如，作为最高人民法院推动司法公开的一大举措，中国执行信息公开网是司法案件执行信息公开的主要平台。但中国执行信息公开网的“执行公告”和“财产处置”主要是对司法拍卖进行公告，且相关公告也未告知权利人所享有的诉讼权利。对被执行人和执行标的查询，只有在了解被执行人信息和执行标的物种类的情况下，才能进行。这对未参加犯罪活动，且对刑事诉讼流程尚不了解的案外人很难起到告知的作用。最后，在信息平台上进行公告仅是一种广而告之的声明，并不能保证案外人一定能够看到。在一些情况下，案外人可能对刑事诉讼的启动和进行并不了解，自然也难以主动去关注相关公告。公告虽然能够延展告知的辐射范围，但无法保证告知的实效。

其四，违反告知义务的后果缺乏明确规定。既然公安司法机关履行告知义务是正当程序的基本要求，一旦其未履行告知义务，则其应当承担不利的法律后果。但无论是司法文件的规定，还是实践中的操作，都缺乏相应的救济和制裁机制。由于缺乏相关规定，公安司法机关即使不对案外人进行告知也不会因此而遭受不利，这难以确保其切实履行告知义务。而当案外人的知情权无法得到保障时，他们往往“状告无门”，不得不独自承受财产损失的结果，或寻求网络、媒体的帮助。

综上所述，由于立法对案外人告知机制仅止于“义务宣誓”，缺乏具体的规则构建，司法实践中，基于案外人在刑事诉讼中的“边缘化”地位，公安司法机关对案外人的告知是极为有限的。案外人不仅在裁判作出前难以了解涉案财物的相关情况，即使在裁判作出后也可能因不知其权利受刑事诉讼干预而难以实现相关权利。

（二）律师代理机制缺失

案外人参与刑事诉讼是为了在涉案财物处置过程中主张权利，保全财产。对于案外人来说，其对抗的是以国家公权力为后盾的公安司法机关。从力量配置和资源占有来说，案外人通常处于下风。基于“平等武装”的理念，域外国家和地区普遍为参与诉讼的案外人设立了较为完备的律师代理机制，并比照刑事诉讼程序中辩护人的权利对代理人作出了规定。虽然在我国案外人获得律师代理的情况在司法实践中确实存在，但从立法及司法解释层面来说，除《刑事诉讼法》第299条规定独立没收程序中利害关系人可以委托诉讼代理人参加诉讼、最高人民法院《关于适用〈中华人民共和国刑事诉讼法〉的解释》第451条规定案外人可以委托律师代为申诉外，其他规定对案外人获得律师代理的权利鲜有提及。由于缺乏必要的法律依据，案外人律师代理制度在实践中的运行可谓困难重重。总体而言，我国尚未建立完善的案外人律师代理机制。

代理律师权限缺乏明确规定。对代理律师的权限范围作出清晰规定，是代理律师在刑事诉讼中充分履行代理职责的基础。一般来说，对诉讼活动的相关信息进行充分了解，是律师代理功能有效发挥的先决条件。基于此，无论是犯罪嫌疑人、被告人、被害人的律师，还是案外人的律师，都应被赋予充分的阅卷权和调查取证权，以了解案情、整理争点。我国刑事诉讼代理律师的阅卷权和调查取证权主要规定于最高人民法院《关于适用〈中华人民共和国刑事诉讼法〉的解释》之中。[①] 但这些权利是否可以扩

---

① 依据最高人民法院《关于适用〈中华人民共和国刑事诉讼法〉的解释》第65条之规定，律师担任诉讼代理人的，可以查阅、摘抄、复制本案的案卷材料，可以申请人民检察院、人民法院调查取证。

展适用于案外人的代理律师却缺乏明确规定。最高人民法院《关于适用〈中华人民共和国刑事诉讼法〉的解释》第451条虽然规定了律师代理申诉制度，但在审判监督程序中，律师权利的行使同样面临无法可依的问题。实践中，一些律师指出，律师参与申诉程序存在很大困难，律师要求行使权利被拒绝的情况屡见不鲜。[①] 在无法查阅卷宗、无法调取证据的情况下，希望律师能够起到充分保护案外人合法权益的作用，可谓天方夜谭。

代理律师介入刑事诉讼的时间缺乏明确规定。我国相关法律和司法解释并未对案外人代理律师介入刑事诉讼的时间作出明确规定。按照《刑事诉讼法》第46条的规定，代理律师只能自案件移送审查起诉之日起才可介入刑事诉讼程序，显然难以满足案外人合法权益保护的需要。一方面，案外人的财产权在侦查阶段极有可能受侦查机关查封、扣押、冻结，以及涉案财物先行处置等诉讼行为的影响。《刑事诉讼法》第117条对利害关系人提出申诉和控告的权利进行了规定，但基于法律知识储备不足，时间、身体、交通等客观条件限制等方面的原因，仅由案外人依靠自己的力量行使权利很难实现应有的效果。律师提前介入刑事诉讼程序可以及时向案外人提供法律上的必要帮助，减少其

---

① 以阅卷权为例，案件一旦结案，法院就会将侦查卷全部退回侦查机关，检察卷全部退回检察机关。申诉的时候律师阅卷，则需要分别到侦查机关、检察机关和法院去调取。而有的机关要么直接拒绝律师阅卷的申请，要么为律师调取卷宗设置层层障碍。比如，在法院层面，如果想要查阅二审的卷宗，律师只能到二审法院的档案室去调取，且需要获得分管档案室的副院长批准，而这个批准的过程即使对于检察机关来说也是极为困难的。就算获得批准，律师也只能查阅到二审的卷宗，一审的卷宗还需要律师再行向一审法院调取。在笔者调研中，许多律师表示，在一些地区，司法机关的宽容度较高，申诉代理律师阅卷会获得一些便利。但在一些地区，律师连在审查起诉和审判阶段的阅卷权都无法得到保证，申诉阶段的阅卷权的实现更是障碍重重。

盲目行事,引导案外人理性表达诉求。另一方面,律师及早介入可以帮助案外人为之后的诉讼活动作准备。尽早了解案件情况、获知相关证据信息对案外人进行充分诉讼准备、有效寻求权利救济是非常必要的,律师的及早介入可以帮助案外人收集和固定相关证据,强化案外人的诉讼力量。因此,《刑事诉讼法》对代理律师介入诉讼时间的规定空缺,极有可能导致实践中案外人获得律师帮助的时间过分迟延,不利于案外人合法权利的保护。

案外人是否可以获得法律援助缺乏明确规定。近年来,我国法律援助的范围大幅扩大。2012 年《刑事诉讼法》修改时将法律援助的范围扩大到所有的刑事案件,将“犯罪嫌疑人”“拟被强制医疗的人”纳入可以进行法律援助的对象范畴,进一步扩充了指定辩护案件的范围,延展了指定辩护的义务主体范围。2013 年《关于刑事诉讼法律援助工作的规定》对刑事诉讼中的法律援助进行了细化,具体列举了犯罪嫌疑人、被告人、被害人、自诉案件自诉人等权利主体可以申请法律援助的情形。2017 年最高人民法院、司法部印发的《关于开展刑事案件律师辩护全覆盖试点工作的办法》,进一步强化了审判阶段被告人获得法律援助的权利。但总体来说,近年来法律援助制度的发展均是围绕犯罪嫌疑人、被告人、被害人进行的。基于“平等武装”的理念,在案外人因自身条件所限,面临无法充分行使权利的情况下,国家也应为其提供帮助。若案外人因家庭条件等方面的原因,无法获得律师提供的帮助,使他在合法权利面临国家公权力干预时,难以寻求有效救济,这无益于审判公正的实现。法律并没有就案外人的法律援助制度作出明确规定。虽然在独立没收程序中,利害关系人有权委托诉讼代理人参与诉讼,但现有规定并没有将其纳入法律援助的对象范畴。即使是从刑事诉讼以外的一般情形进行考察,2003 年《法律援助条例》第 10 条也未将案外人对财产提出权利主张列为可以申请法律援助的事项。[①]

综上所述,由于缺乏顶层机制的构建,案外人律师代理制度在我国仍处于一片混沌的状态。案外人是否有权聘请代理律师,案外人代理律师是否可以适用《刑事诉讼法》有关辩护人、诉讼代理人的规定等问题均有待立法作出进一步回应。

---

① 2003 年《法律援助条例》第 10 条第 1 款规定,公民对下列需要代理的事项,因经济困难没有委托代理人的,可以向法律援助机构申请法律援助:(1)依法请求国家赔偿的;(2)请求给予社会保险待遇或者最低生活保障待遇的;(3)请求发给抚恤金、救济金的;(4)请求给付赡养费、抚养费、扶养费的;(5)请求支付劳动报酬的;(6)主张因见义勇为行为产生的民事权益的。

| 第五章 |

我国刑事诉讼案外人财产权保护的问题成因

立法的粗疏和司法的无序往往折射出我国刑事司法背后更深层次的观念性和制度性问题。例如,在"以人为中心"的刑事司法观念的指引下,我国对刑事诉讼中公民财产权的保护关注不足;在"以被告人为中心"的刑事司法模式的影响下,案外人处于司法活动的阴影地带,其合法权利难以受到刑事诉讼程序的充分保护;在功利主义(utilitarianism)的导向下,公安司法机关往往会出于机关利益和工作便利的考量,而对涉案财物的处置和案外人提出的权利主张进行变通处理。只有对这些问题进行深入挖掘,我们才有可能在未来的完善过程中有的放矢、对症下药。在这一部分,笔者将在分析相关立法规定和司法实践的基础上,追溯我国刑事诉讼案外人财产权保护存在问题的成因,进而引发对我国法治建设方向的思考。

第一节　传统刑事司法观念对案外人财产权保护的影响

司法观念是人们在一定历史条件下,对司法这一社会现象所形成的观点总和。较之于法律制度,司法观念对司法活动的影响是潜在的、深层次的。司法观念对法律制度的设置,以及其在司法实践中的贯彻具有重要作用。司法观念一旦内化于心,将对立法者、办案人员的关注重点和行为选择产生潜移默化的影响。在我国,传统刑事司法观念的桎梏,不利于刑事诉讼中案外人财产权保护机制的完善。

一、"以人为中心"的刑事司法反思

在中国现行的刑事司法制度中,诉讼程序的设置以及理论体系的构建均是围绕人的定罪量刑问题展开的。涉案财物的处置附属于传统的定罪量刑程序,且并未上升为刑事诉讼程序需要解决的独立问题。"以人为中心"的刑事司法体系可能在实践中产生以下两个问题:

第一,刑事诉讼对公民个人的财产权保护关注不足。财产权是公民从事生产生活等社会活动的基础,其在人类社会的发展历程中占据重要的地位。鉴于此,公民的财产权保障成为现代各国立法和司法实践的重要内容。财产权是各国宪法规定的基本权利之一,财产权保护也成为几乎所有重要的部门法需要关注的重

要问题。[①] 在“以人为中心”的刑事司法体系的影响下，确定罪责、惩罚犯罪成为我国刑事诉讼活动关注的重点，而当事人及相关权利人财产权的保护却未获得足够的重视。虽然随着2004年“财产权入宪”，刑事诉讼过程中当事人财产权保护问题逐渐得到了人们的关注，《刑事诉讼法》以及有关的司法解释和部门规章对各个诉讼阶段中涉案财物处理程序的具体规定逐渐增多，但与人身自由和隐私权相比，当事人及案外第三人财产权的法律保障一直游离于刑事诉讼程序的边缘地带，没有得到人们的足够重视。立法层面，2012年《刑事诉讼法》虽然较之前作出了较大幅度的调整，但其中涉及涉案财物处分与管理的条款仅有10条，而限权性的条款只有6条；司法层面，我国公安司法机关往往将结案率作为内部考核的重要指标，而对涉案财物处理得恰当与否却没有给予足够重视；学术研究层面，根据现有文献，学者们对刑事诉讼中权利的探讨往往围绕人展开，而有关物的研究论述却相对有限。由于人们在观念上对刑事诉讼中当事人及利害关系人财产权利保障的必要性认识不足，涉案财物的处理往往被公安司法机关和相关办案人员认为是追诉犯罪过程中的“附属程序”，由此导致相关程序在立法完善和司法运行过程中阻碍重重，案外人的财产权保障也难以受到应有的重视。

第二，刑事司法活动缺乏相对独立的“对物之诉”。涉案财物处置与定罪量刑程序的裁判对象与裁判依据有一定的差异，以人为中心形成的控、辩、审三方构造并不能涵盖以物为中心所形成的法律关系主体。一方面，“对物之诉”与“对人之诉”所依据的事实信息和法律规定是不一致的。一般来说，对被告人定罪量

---

① 参见万毅：《财产权与刑事诉讼——以被追诉人财产权保障为视角》，四川大学2005年博士学位论文，第29页。

刑主要依据的事实包括有关犯罪构成要件成立的信息、行为人有责性和行为违法性信息，以及与量刑有关的犯罪性质、社会危害性等情况。而与涉案财物处置有关的信息除犯罪构成要件是否成立的相关事实外，还包括涉案财物性质①（如涉案财物是否为犯罪所用，或通过犯罪行为获得等）、涉案财物权属、涉案财物交易（如是否为善意取得等）等方面的信息。虽然二者之间也存在一定的交叉，但实质内容仍存在很大的不同。如果将对物之诉依附于定罪量刑程序之中，极有可能导致大量与涉案财物处置有关的信息被忽略或混杂于定罪量刑程序之中，进而导致法官对涉案财物的处理建立在不完全的信息之上，难以保证裁判正确。“既然定罪量刑与涉案财物处置所依据的信息是不一致的，而妥当的涉案财物处置要建立在大量与定罪量刑无关的信息的基础上，那么，涉案财物处置程序也就没有必要依附于定罪量刑程序，而应成为一种相对独立的司法裁判程序。”②另一方面，“对物之诉”与“对人之诉”的主体范围不同。如上所述，以被告人刑事责任追究为中心的“对人之诉”牵涉的利益主体主要包括公诉方、被告人和被害人。而以涉案财物处置为中心的“对物之诉”所牵涉的利益主体，还可能包括公诉方、被告人和被害人之外的其他对涉案财物享有财产性权利的主体。为保证所有利益主体均能获得有效参与程序的机会，“对物之诉”自然应当具有一定的独立性。然而，在我国“以人为中心”的刑事司法体系中，以涉案财物处置为中心的“对物之诉”难以获得充分重视。可以说，除《刑事诉讼法》第4章规定的“犯罪嫌疑人、被告人逃匿、死亡案件违法所得

① 主要指与犯罪行为是否有实质性的关联。

② 方柏兴：《论刑事诉讼中的“对物之诉”——一种以涉案财物处置为中心的裁判理论》，载《华东政法大学学报》2017年第5期。

的没收程序"外，我国现阶段尚未形成以涉案财物处置为中心的"对物之诉"。在"对物之诉"本身缺失的情况下，对物享有财产权的案外人，自然难以获得刑事诉讼程序的足够重视。

二、"以被告人为中心"的刑事司法反思

传统的刑事司法主要是围绕被告人的责任追究和权利保护展开的。在传统理念中，刑事司法公正最应体现为对被追诉人基本权利的保障。随着被害人保护运动的兴起和刑事没收制度的不断发展，在世界范围内，"以被告人为中心"的刑事司法传统受到极大冲击。一方面，域外国家和地区普遍在刑事立法和司法中加强了对被害人的保护。例如，美国联邦制定的《被害人和证人保护法》极大地提高了被害人在刑事诉讼中的法律地位。英国2002年司法改革白皮书中开宗明义地宣称："本国的人民希望有一个有利于实现公正的刑事司法制度。他们认为犯罪的被害人应当成为这一制度的核心。"①另一方面，案外人的权利保障成为各国刑事司法改革的重要内容。作为刑事没收制度发展的重要组成部分，赋予案外人完备的程序保障机制和司法救济机制被世界各国刑事司法普遍重视。可以说，尽管被告人保护仍然在刑事司法中具有不可撼动的地位，但刑事司法理念已经逐渐从"被告人的正义"转为"所有人的正义"。

但在我国，刑事司法活动仍未突破单纯强调"以被告人为中心"的传统理念桎梏。虽然我国《刑事诉讼法》赋予了被害人诉讼当事人的地位，但由于配套措施的缺失，被害人告状无门、难以获得民事赔偿、难以有效参与庭审、难以参与执行等问题未得到

---

① 最高人民检察院法律政策研究室编译:《所有人的正义:英国司法改革报告》，中国检察出版社2003年版，第1页。

有效解决。虽然我国相关司法解释和政策性文件对案外人权利保护问题略有提及,但尚未形成系统的程序保障机制。案外人权利保障在我国仍处于混沌阶段。自1979年《刑事诉讼法》颁布以来,我国《刑事诉讼法》经历了3次大范围修正,但这些修正均主要围绕被告人的责任追究和权利保障展开。可以说,在我国,被告人以外其他主体权利保障的重要性仍未得到足够的重视。在单纯强调“以被告人为中心”的刑事司法下,被告人是司法人权保障首要关心的对象,无论是被害人还是案外人均处于刑事司法的边缘地带,其合法权利自然难以得到充分重视。

三、“以实体正义为中心”的刑事司法反思

美国学者戈尔丁曾说过,理想的正义是形式要素和实体要素之和。程序正义和实体正义是刑事诉讼公正的两个面向。实体正义强调的是通过刑事诉讼所达成的结果符合公平、正义的标准,而程序正义强调的是追诉犯罪的过程本身具有一定的公正性,符合特定时代条件下的正义标准。程序正义与实体正义相辅相成,缺一不可。实现案件实体结局公正,是刑事诉讼活动的理想目标,也是诉讼程序设计需要考虑的重要因素。而符合公开性、参与性等正义标准的程序本身为实体正义的实现奠定了重要基础,并使裁判结果更能为社会所接受。与此同时,程序正义本身也体现出民主、人权等人们在一定历史背景下所普遍追求的“善”。然而,“重实体,轻程序”是我国长久以来的观念传统。我国古代立法采取“诸法合体”的模式,没有形成独立的程序法体系,程序正义的独立价值也并没有受到人们的普遍重视。司法权不独立、刑讯逼供大量运用等问题在我国封建社会时期广泛存在。中华人民共和国成立后的很长一段时期,我国刑事诉讼理论

界也普遍将程序法作为实现实体正义的“助法”或“手续法”来看待。[①] 尽管20世纪90年代后,我国法学界开始反思程序的独立价值,但基于传统刑事司法观念的固有惯性,“以实体正义为中心”的观念在我国刑事司法中仍有很大市场,程序正义仍难以受到应有的关怀。“以实体正义为中心”的传统刑事司法观念对我国的刑事立法和司法实践产生了深刻影响。在法律适用层面,与域外国家和地区相比,刑事诉讼法在我国的发展较为缓慢,一些已为国际社会普遍认可的程序法治原则(如司法审查原则、比例原则等)尚未在我国司法实践中得到严格适用,程序的精密化程度也相对较低。在司法层面,国家专门机关、当事人和社会公众一般都更为关注裁判认定的事实是否正确、刑法适用是否妥当,为追求实体公正快速实现,烦琐或有碍于事实查清的程序、证据机制在实践中经常会被有意或无意地突破。具体到案外人财产权保护问题,案外人财产权诉讼内救济机制缺失、公权力行使缺乏程序性限制、办案机关脱离刑事法律明文规定对涉案财物进行变通处置等问题较为突出。在“以人为中心”“以被告人为中心”的传统刑事司法理念的影响下,我国对案外人合法财产权的保护本身关注不足,“以实体正义为中心”的观念桎梏使案外人的合法财产权更难以受到刑事程序的足够关照。

四、“先刑后民”的传统观念反思

所谓“先刑后民”,是指当民事诉讼活动与刑事诉讼活动出现交叉、重叠时,应当先由国家专门机关对刑事犯罪问题进行处理,此后才可以就涉及的民事问题启动或继续相关的民事程序。

① 1984年出版的《法学辞典》将“实体法”定义为“主法”“主体法”,而将“程序法”定义为“手续法”“助法”。参见《法学辞典》,上海辞书出版社1984年版,第58、914页。

在理论上，有学者对“先刑后民”的核心理念作出总结，认为该理念包括位阶上的刑事优先与次序上的刑事优先两方面内容。前者是指刑事判决在效力上具有更高的位阶，民事判决应受到刑事判决的约束；后者是指刑事案件的办理在次序上应当更为优先，被告人的刑事责任认定应当优先于相关民事法律关系的处理。[①]

“先刑后民”原则的确立源于最高人民法院、最高人民检察院等部门针对经济纠纷案件审理发布的五个规范性文件。[②] 但由于相关文件对“先刑后民”的必要性标准、类型化标准的规定较为模糊，再加上实践中责任与风险等因素的干扰，司法工作人员对“先刑后民”的把握极为混乱。近年来，理论界对“先刑后民”的反思与批判已不胜枚举，但在刑民关系在立法层面得到明确界分之前，笼统强调“先刑后民”的现象在实践中仍极为常见。“先刑后民”有其优势，如有助于民事案件事实的认定，减少不同程序之间的相互牵扯、冲突等，但绝对的“先刑后民”原则忽视了民事案件当事人的独立诉求，阻碍了民事诉讼程序的正常进行，也可能使刑事诉讼的效力不恰当地扩张至其他民事主体，进而对市场经济的正常运行产生不利影响。“先刑后民”原则对案外人财产权保护的影响不可忽视。一方面，由于我国法律及司法解释对刑事涉案财物处置的规定本身较为模糊，国家公权力行使也存

---

① 参见肖建国、宋春龙：《责任聚合下民刑交叉案件的诉讼程序——对“先刑后民”的反思》，载《法学杂志》2017 年第 3 期。

② 具体包括：最高人民法院、最高人民检察院、公安部于 1985 年联合发布的《关于及时查处在经济纠纷案件中发现的经济犯罪的通知》（已失效），最高人民法院、最高人民检察院、公安部于 1987 年联合发布的《关于在审理经济纠纷案件中发现经济犯罪必须及时移送的通知》（已失效），最高人民法院《关于在审理经济合同纠纷案件中具体适用〈经济合同法〉的若干问题的解答》（已失效），最高人民法院《关于审理存单纠纷案件的若干规定》，最高人民法院《关于在审理经济纠纷案件中涉及经济犯罪嫌疑若干问题的规定》。

在固有的扩张性，一味坚持“先刑后民”的处理方式，极有可能导致案外人的合法财产权受到刑事诉讼的不正当影响，且难以在事后获得有效救济。例如，在特定没收对象上存在案外人担保物权的情况下，国家专门机关往往会优先没收、退赔财物。由于缺乏有效的救济机制，案外人的担保物权难以获得充分实现。又如，在案外人获得生效民事裁判的情况下，民事裁判的执行也往往要让位于刑事诉讼程序的进行，由此导致案外人获得清偿的期待利益长时间处于无法确定的状态。另一方面，“先刑后民”的处理方式可能导致不同主体之间利益保护的失衡。“先刑后民”的刑民关系处理方式将重心放在镇压犯罪、维护国家政权稳定上，其思想的基础是社会本位，优先强调刑法的社会保障功能。这种处理方式本身使利益的保护更倾向于被害人损失的弥补和因犯罪而产生的国家债权的实现，而刑事诉讼涉及的其他民事主体的合法权益保护则处于第二位的位阶。在这种思想影响下，案外人的合法财产权自然难以获得司法的应有重视，国家专门机关在刑事诉讼活动中对案外人合法财产进行不恰当扩张性干预的情况难以避免。

第二节　司法行政化对案外人财产权保护的影响

比较法学家达马斯卡曾对国家权力的组织形式抽象出两种不同的分析模型——科层理想型和协作理想型。在我国，遵从权威和层级管理的观念和传统在我国司法体系中影响颇深。尽管随着《刑事诉讼法》的不断修改，以及当事人主义刑事诉讼理念的引入，当事人合意等因素逐渐为我国刑事诉讼程序所采纳，但整个刑事司法活动依旧呈现浓厚的行政化特征。由此产生的结果是司法行政化倾向在我国较为明显。首先,在我国刑事司法实务中,效率往往比公正更受司法人员青睐。“官僚制行政具有的最大优势即能够达到高度的效率。它可以高效率、大范围地运作,可使得组织的首脑和有关行动者的行为后果具有相当高的可计算性。”[①]在我国,政策落实是司法活动重要的价值目标。尽管公正相较于效率的优先性地位已在我国理论层面获得普遍认可,但在实务中,在公正与效率确实出现冲突的情况下,办案人员通常会更加偏向于效率。其次,我国刑事诉讼呈“流水作业式”诉讼构造。我国刑事诉讼强调人民法院、人民检察院、公安机关的分工负责、互相配合、互相制约,并赋予三机关在各自的诉讼程序中作出各种诉讼决定的权力。这种以“定罪量刑”为中心任务,由不同机关各自主持相互衔接的特定程序的模式使我国的刑事诉讼程序呈现一种“流水线作业”的状态。在这种诉讼模式下,不同诉讼阶段均具有极强的封闭性,许多事项的处分由权力机关单方作出,缺乏具有同步性的外部制约和监督。1996 年以来,随着社会各界的大力推动,《刑事诉讼法》进行了大幅修改,控辩审“正三角结构”也在审判程序中逐渐得到确立。但审前程序依旧是追诉者追究被追诉者的单向程序,追诉机关依旧享有大部分事项的自主决定权,诉讼程序的阶段性、单方性、递进性依旧明显。最后,我国刑事诉讼中的官方程序具有排他性。在我国,诉讼程序的官方排他性是显而易见的。例如,《刑事诉讼法》虽然规定了刑事诉讼当事人和案外人在审前获得救济的权利,但这些权利在实践中有被虚化的倾向。无论是刑事诉讼当事人还是案外人均难以对公安机关和检察机关的决定提出有效的异议和救济。

---

① [德]马克斯·韦伯:《经济与社会》(第 1 卷),上海世纪出版集团 2010 年版,第 330 页。

又如,我国《刑事诉讼法》虽然对依申诉启动审判监督程序的方式作出了规定,但由于“自我纠错”式的申诉审查模式、司法机关内部的行政化设计[①]等问题,实践中,刑事申诉对再审和改判的影响极低。[②]

在行政化的司法体制下,案外人的财产权极有可能受到国家权力机关的不当干预。一方面,为尽快使刑事政策产生实施效果,办案机关可能会突破不利于效率实现和政策落实的法定程序规则和证据规则。例如,2006 年中共中央《关于构建社会主义和谐社会若干重大问题的决定》提出构建社会主义和谐社会的目标和任务。在贯彻和谐社会的思想过程中,保障被害人权利与扫黑除恶被认定为我国刑事政策的重点内容。为积极贯彻这两项刑事政策,司法实践中,一些办案机关扭曲实体和程序规则,在不分清财物权属的情况下,通过一揽子扣押、冻结和概括性处理等方式,尽可能满足赔偿被害人、摧毁犯罪组织经济基础的需要。在处理民事执行、企业破产等案件中,也尽可能通过“先刑后民”的方式,优先对被害人进行赔偿。另一方面,在阶段性的封闭程序结构中,办案机关的权力缺乏有效的外部约束,权力滥用的情况难以避免。例如,在审前阶段,由于缺乏司法审查机制的外部

---

① 以人民法院为例,审判委员会作为人民法院内部领导审判工作的重要机构,可以对疑难、复杂、重大的案件进行讨论。但在实践中,一些法官为规避责任,往往将没有太多争议的案件提交审判委员会讨论,由此导致审判委员会的作用被不适当地放大。经由审判委员会讨论的案件,委员会的内部成员(一般包括院领导、业务庭长、专职委员等)已经形成了固定的看法。在这种情况下,当事人及其法定代理人、近亲属的申诉很难对再审程序的启动和原审裁判的改判产生实质的影响。

② 以广州市为例,就人民检察院受理的申诉案件而言,广州市人民检察院每年的申诉案件有 100 多件,但 2012 年以来,真正进入法院再审程序的刑事申诉案件总共不会超过 20 件,而其中获得改判的不超过 10 件,真正改判无罪的仅有 1 件。就人民法院受理的申诉案件而言,被告人及其近亲属的申诉对法院启动再审程序的作用更是微乎其微。

控制，侦查机关对于财物的查封、扣押、冻结、处置享有较大的自由裁量权，违法扣押、超期扣押等违法情况较为常见。即使检察机关和审判机关在办案过程中发现侦查机关存在违法扣押的情形，由于该问题并不属于该阶段的主要任务，也常会出现“睁一只眼闭一只眼”的情况，导致这些违反程序规则的行为在后一诉讼阶段中仍然无法得到有效的解决。又如，在具有封闭性和排他性的审前程序中，无论是诉讼当事人还是案外人均处于边缘化地位，缺乏有效的诉讼内救济渠道，而公安司法机关又缺乏自查自纠的足够动力，致使一些合法财产被扣押数年之久仍得不到返还。

尽管近年来，我国有关部门试图通过专项检查机制等行政性手段，纠正实践中存在的违法查封、扣押、冻结等问题，避免公权力的不当运行使公民财产受到侵害①，但实际上，由于这些专项检查具有滞后性、非常规性等特点，其对实践中违法行为所起到的纠正作用是极为有限的。

第三节　功利主义倾向对案外人财产权保护的影响

功利主义，又称效益主义，是道德哲学中的一个理论。功利主义的特征是注重追求功效和利益，其以追求最大快乐和幸福为最终目的。功利主义思潮始终带有鲜明的个人主义特征，追求个

---

① 例如，2004 年 3 月至 12 月末，最高人民检察院在全国开展了自侦案件“清理扣押、冻结款项专项活动”，重点清理撤诉、不起诉、法院判无罪 3 类案件的扣押、冻结款物的处理情况。2009 年，全国检察机关开展了直接立案侦查案件扣押、冻结款物专项检查工作，以解决超范围扣押、冻结涉案款物、违法违规处理涉案款物，侵犯案件当事人合法财产权的问题。

体利益的最大化。“功利关系具有十分明确的意义,即我是通过我使别人受到损失的办法来为我自己取得利益。”[①]从我国刑事涉案财物处置的司法现状来看,中国的刑事司法实践存在一定的功利主义倾向,这种倾向驱动公检法机关形成一些变通的办案惯例和机制。这些办案惯例要么或多或少地降低了控方的证据要求,简化涉案财物的证明流程,要么使相关机关获得财政返还的经济利益。在这种功利主义倾向下,案外人合法财产权保护在实践中往往让位于国家专门机关的自身利益或刑事诉讼的整体效益。

一、政法经费拨付体制影响下的功利主义倾向

法律的执行具有公共属性。通常的看法是:如果执法产生的罚没收入归司法机关所有,将使法律的执行具有私人营利的性质,进而产生与其性质不相称的扭曲行为。[②] 为保证法律的公正运行,我国很早就开始禁止“罚没收入返还”的做法。1986 年财政部发布《对〈关于罚没财物管理办法〉作两点原则修改的紧急通知》,明确“罚没收入一律上交国库,不提成,不退库,办案费用补助由财政机关专项拨付”,并于同年 12 月废止对“罚没收入返还”加以承认的《关于罚没财物管理办法》。1993 年党中央、国务院就制定了对行政事业性收费、罚没收入实行“收支两条线”的规定,即各执收执罚部门收取的各项行政事业性收费和罚没收入,必须分别上缴财政预算和财政专户管理,支出由同级财政按

---

① 《马克思恩格斯全集》(第 3 卷),人民出版社 1995 年版,第 479 页。

② 参见戴治勇:《基于执法经济学对收支分离与执法激励的分析》,载《天府新论》2015 年第 5 期。

预算资金收支计划和单位财务收支计划统筹安排。[①] 1998 年，最高人民法院发布的《关于认真贯彻落实“收支两条线”规定的通知》（已失效）以及财政部《关于政法机关不再从事经商活动和实行“收支两条线”管理后财政经费保障的若干意见》在贯彻“收支两条线”基本精神的基础上，强调政法经费预算不得与政法机关收费与罚没收入挂钩。这些规定所体现的基本精神为日后相关规范性文件所强调和继承。[②]

但由于许多地区的财政收入能力有限，难以为司法提供足够的经费保障，因此，直至目前，司法经费“明脱暗挂”“罚没收入返还”等情况在实践中仍然存在。随着近年来国家财政投入力度的持续加强，在一些地方财力充沛的较发达地区，司法基本回归财政保障，“收支两条线”的管理模式逐步得以贯彻，但在一些财力相对不足的地区，收支脱钩不彻底的情况仍然存在。[③]

由此可见，“收支两条线”的管理体制并没有切断司法机关对预算外资金的依赖关系，其只是改变了有限的预算外收入在司法机关与地方财政之间的分配方式，也让司法机关与地方财政之间的关系变得更加复杂。[④] 在上缴赃款有利可图的情况下，司法机关对涉案财物处置的公正性难以保障，案外人的合法财产往往

---

① 参见杨瑛：《“收支两条线”——富国反腐的利剑》，载《审计理论与实践》2002 年第 12 期。

② 例如，2005 年，最高人民检察院与财政部联合下发《关于制定县级人民检察院公用经费保障标准的意见》（已失效），提出制定县级人民检察院公用经费保障标准的原则、范围、方法和要求，希望真正实现基层司法机关的收支脱钩。

③ 参见周东旭：《直面基层法院“钱袋子”——专访左卫民》，载财新网，https://m.cnreform.caixin.com/m/2015-03-31/100796428_1.html。

④ 参见葛林：《经费保障视野下的检察院运转——基于两个基层检察院不同经费状况的分析》，载《云南大学学报（法学版）》2013 年第 1 期。

也会成为这种利益驱动的牺牲品。

二、涉案财物认定困境影响下的功利主义倾向

在人类社会早期，由于社会生产力整体较为落后，人与人之间尚未形成复杂的社会关系，人与物之间的财产关系也比较单纯。但随着社会化大生产的日益发达，现代通信、金融工具日益普及，人与人之间的交往联系逐渐紧密，人与物之间的财产关系也日趋复杂。在司法实践中，对涉案财物的处置往往牵涉纷繁复杂的法律关系。这一点在有组织犯罪、集资诈骗罪，以及非法吸收公众存款罪等复杂犯罪类型中较为常见。例如，2018 年，在深圳“钱爸爸”理财平台非法吸收公众存款案中，平台累计吸收资金约 325 亿元，资金缺口约 12.58 亿元，涉及借款人近 1.5 万人。公安机关与审计部门合作，采取多种手段查明涉案资金去向，截至审查起诉阶段冻结资金 2.31 亿元、查封房产 11 套。[①] 由于涉及的财物数量极多，办案人员对涉案财物的定性以及权属判断也极为困难。如果一一进行取证，必然影响办案进度和效率。又如，在涉及企业家犯罪时，由于大部分企业家的个人财产与企业的财产长期混同，办案人员往往难以区分违法所得和合法经营所得，难以确定哪些财产应当予以追缴，哪些财产应当予以返还，哪些财产应当予以没收。[②] 面对复杂的涉案财物认定问题，我国除 2017 年《关于适用犯罪嫌疑人、被告人逃匿、死亡案件违法所得没收程序若干问题的规定》外，并没有其他法律或司法解释明确

---

① 参见陈剑锋：《非法集资案件中涉案财物追缴、处置的现实困境与应对》，载《中国检察官》2019 年第 10 期。

② 参见王志祥、柯明：《民营企业（家）涉嫌犯罪时涉案财物的确定》，载《人民检察》2017 年第 10 期。

特殊的证明规则，以对这些困难进行疏导。[①] 这便要求在一般刑事诉讼程序中，对涉案财物的处理依旧坚持刑事诉讼“排除合理怀疑”的证明标准。从表面来看，我国对权属关系证明的严格要求似乎在一定程度上抑制了办案机关对财产的限制和没收，间接保护了相关权利人的财产利益。但由于国家专门机关权力限制机制的缺失，许多办案机关出于方便考量，通常会选择在不查明财物性质和权属的情况下，对被追诉人的全部财产进行概括性扣押，并由法院进行概括性处置，以避免对涉案财物与被告人和犯罪行为之间的实质性联系进行论证。

---

① 尽管2014年最高人民法院、最高人民检察院、公安部《关于办理非法集资刑事案件适用法律若干问题的意见》第6条“关于证据的收集问题”规定：“办理非法集资刑事案件中，确因客观条件的限制无法逐一收集集资参与人的言词证据的，可结合已收集的集资参与人的言词证据和依法收集并查证属实的书面合同、银行账户交易记录、会计凭证及会计账簿、资金收付凭证、审计报告、互联网电子数据等证据，综合认定非法集资对象人数和吸收资金数额等犯罪事实。”但该规定实际上只是针对行为的定性，并不涉及涉案财物的处理问题。

| 第六章 |

强化我国刑事诉讼案外人财产权保护的基本设想

客观地说,无论是在制度层面还是在实践层面,我国刑事司法对案外人财产权的保护均有诸多方面需要加以完善。但令人遗憾的是,我国几次《刑事诉讼法》修正和相关司法解释的制定过程均对案外人财产权保护问题涉及甚少。而从法学界的理论研究来看,学者对相关问题的论述也寥若晨星,难以为立法和实践提供有益指引。在这一部分,笔者将结合现有的制度经验,探求未来案外人财产权保护的完善路径。

第一节　刑事诉讼案外人财产权保护范围界定

对刑事诉讼案外人财产权保护问题的探讨,首先需要圈定刑事诉讼中案外人财产权的保护范围。域外国家和地区刑事诉讼案外人财产权保护的范围界定,主要从刑事诉讼对财产权的干预范围和刑事诉讼对案外人财产权的保护范围两个视角加以考察。我国刑事诉讼案外人财产权保护范围的界定,也应从这两个方面切入。

一、明确界定刑事诉讼对财产权的干预范围

(一)供犯罪所用之物

法律没有对“供犯罪所用”的判断标准作出明确规定,也没有对供犯罪所用之物没收的性质作出界定,这导致实务中对供犯罪所用之物的认定存在较大的差异性。理论界对供犯罪所用之物的界定,大多从财物和犯罪行为的关系角度去定义。有学者认为,供犯罪所用之物,是指直接用于实施犯罪之物,如杀人的枪支、印刷货币的印刷机。[①] 有学者主张:“犯罪工具必须是行为人有意识选择并直接用于犯罪活动而物化的载体或者身体行为的物质延续。”[②]也有学者认为,供犯罪所用之物不仅包括有意图的使用,还包括过失用于犯罪之中的财物。[③] 笔者认为,对供犯罪所用之物的认定应当符合该类没收的性质。关于供犯罪所用之物没收的性质,理论上主要存在刑罚说、保安处分说、多义说、独立制裁说等观点。[④] 但从域外的主流观点来看,对供犯罪所用之物的没收具有复合性。一方面,对供犯罪所用之物的没收具有保安处分的性质,即通过法定程序剥夺行为人对犯罪工具的所有权

---

① 参见韩忠谟:《刑法原理》,中国政法大学出版社 2002 年版,第 289 页。

② 何帆:《刑事没收研究——国际法与比较法的视角》,法律出版社 2007 年版,第 168 页。

③ 参见林前枢、林毅高:《作案工具的认定和处理》,载《人民司法》2019 年第 29 期。

④ 参见何帆:《刑事没收研究——国际法与比较法视角》,法律出版社 2007 年版,第 92 ~ 94 页。

并将之收归国有,以降低行为人再犯的可能性,从而在一定程度上起到预防犯罪的作用;另一方面,对供犯罪所用之物的没收具有惩罚的性质,即旨在通过没收对犯罪行为人和案外人将其财物错误地用于犯罪进行否定评价和惩罚。基于供犯罪所用之物没收的复合性,在概念定义上,可参照"直接专门理论",将供犯罪所用之物解释为犯罪行为人为犯罪而准备或者对其犯罪行为的成立起实质性作用的财物。供犯罪所用之物必须具备以下条件:第一,犯罪性,即财物必须是为了犯罪而准备或者在犯罪过程中被使用的,才能被认定为供犯罪所用之物。对于只是偶然被用于犯罪的财物,由于行为人并非有意识地使用,没收该财物难以达到阻却犯罪的效果,如果将其认定为没收对象,极有可能导致没收犯罪不必要扩张。基于供犯罪所用之物没收的社会保安目的,以及域外国家和地区的立法惯例,此处的"犯罪"应作广义理解,不仅包括犯罪的实行阶段,也包括犯罪的预备阶段。但对预备进行犯罪之物的没收,应以法院定罪为前提条件。第二,关联性,即只有与犯罪行为密不可分才可能被认定为供犯罪所用之物。关联性强调财物被专门或主要用于犯罪,且对犯罪的完成具有决定性和促进性。基于此,那些仅与犯罪相关,而并非对犯罪起到促进作用,或仅是偶尔用于犯罪的财物不应作为供犯罪所用之物予以没收。第三,必要性,即在评价没收的必要性时,应特别注意预防再次犯罪。基于供犯罪所得之物没收具有保护社会目的,在没收供犯罪所用之物时,应当注意预防再次犯罪。如被用于犯罪的枪炮、锋利武器等,依据其特征特别适合于再次作为故意犯罪的工具,应当注意予以没收。

(二)违法所得之物

第一,明确限定违法所得范围。在我国,违法所得是一个多部门法通用的概念。但这并不意味着《刑法》第 64 条规定的“违法所得”包括民事违法所得和行政违法所得。从程序属性来说，刑事诉讼程序针对的是因犯罪行为而产生的行为人及财物的处遇问题。从权力归属来看，没收刑法意义上违法所得的决定权归属于法院，而对其他违法所得，行政机关等其他部门也有作出没收决定的权力。倘若将其他违法所得归入刑法意义上的违法所得范围，势必会模糊刑、民、行案件之间的界限，进而造成不同诉讼程序、不同种类权限（如审判权和行政权）之间的冲突，与现代法治的基本精神不符。刑事诉讼活动对案件事实的查明和对涉案财物性质的认定是一个循序渐进的过程。要求办案机关在审前阶段查封、扣押、冻结的范围仅限于刑法意义上的违法所得有些勉为其难，但法院在刑事审判阶段作出最终实质处分的只能是刑法意义上的违法所得，即通过犯罪行为获得的财物。同样，刑法意义上的违法所得不包括违纪所得。在职务犯罪案件的办理过程中，对于判决并未认定为《刑法》第 64 条规定的“违法所得”的财物，除用于罚金刑、没收财产刑，或替代物没收的执行外，均应由法定机关按照纪律处分规定处理。

第二，违法所得的范围应当包括利用违法所得经营或者投资所得的利益。首先，“任何人都不得保有犯罪所得”（Crime doesn’t pay）是长久存在的基本法律原则。基于这一法律原则，公安司法机关应当对一切通过犯罪获得的违法所得及其收益进行追缴。如果仅将违法所得没收限于犯罪直接所得及其孳息或者收益，则可能使犯罪行为人保留部分通过犯罪获得的利益，与违法所得没收的目的和预防犯罪的本质要求不符。其次，将没收犯罪仅限于犯罪直接所得及其收益，无疑会使犯罪行为人为摆脱其违法所得被没收的命运，而进行连续洗钱，不利于犯罪的预防和控制。最后,对违法所得及其收益进行彻底追缴没收符合《联合国反腐败公约》等国际公约的要求,也符合世界各国的普遍做法。对犯罪间接所得进行没收需要将没收限定于来自犯罪和违法所得的财产的范畴,对于犯罪行为人通过合法资产获得的收益应当予以排除。这一点已为2021年最高人民法院《关于适用〈中华人民共和国刑事诉讼法〉的解释》第443条所认可。[①] 另外,对犯罪间接所得的没收还需要结合具体情况进行考量。对于违法所得在最终的投资收益中并非主导因素,最终投资收益主要源于犯罪行为人或其他人员的劳动、管理、技术等因素的,法官可以在考量"超量禁止原则"的基础上,结合犯罪行为的情节、损害的法益、社会效果等多方面因素,作出是否没收的决定。[②]

第三,明确违法所得的计算方式。违法所得之物的没收目的在于剥夺犯罪行为人通过犯罪获得的利益,以贯彻不得从犯罪中获得利益的指导思想。基于此,笔者认为,对于违法所得的计算应当采取总额原则。首先,违法所得的没收无关行为人刑事责任的认定。一些学者认为,采取总额原则可能有违罪责原则的刑罚指导思想。但违法所得没收属于纯粹客观的适用对象,并非一种刑罚种类,不需要考虑罪责或双重处罚等刑罚指导原则。其次,采取总额原则更有利于遏制犯罪。如果行为人不仅不能通过犯罪行为获得利益,自己的前期投入也可能因此而付诸东流,那么

---

① 2021年最高人民法院《关于适用〈中华人民共和国刑事诉讼法〉的解释》第443条规定,被告人将依法应当追缴的涉案财物用于投资或者置业的,对因此形成的财产及其收益,应当追缴。被告人将依法应当追缴的涉案财物与其他合法财产共同用于投资或者置业的,对因此形成的财产中与涉案财物对应的份额及其收益,应当追缴。

② 参见庄绪龙:《"犯罪所得投资收益"追缴的影响因素与判断规则》,载《中国法学》2019年第5期。

他将对犯罪持更为谨慎的态度。如果对违法所得的计算需要扣除犯罪成本及相关费用,则可能使犯罪变得"稳赚不赔",即使犯罪行为被发现,行为人也只会丧失因犯罪获得的"纯利",这将在一定程度上诱使人们铤而走险。可以说,总额原则是应对获利性犯罪的最佳方式。最后,若采取净额原则可能过分增加控诉机关的证明负担。实践中,对涉案财物来源等问题的证明通常较为复杂,如果采取净额原则,则无异于要求控诉机关在证明涉案财物源于犯罪的同时,还需要对净收入与成本进行划分。这无形中增加了控诉方的证明负担,使涉案财物的证明更为复杂,进而容易使刑事没收制度的目的落空。另外,需要指出的是,采取总额原则的同时需要注意对合法的边际成本的扣除。例如,犯罪行为人设立单位实施犯罪行为,其支付给不知情员工的工资就属于合法的成本,应当予以扣除。

第四,明确违法所得的推定规则。推定,是指按照法律规定或经验法则,通过证明基础事实的存在来推断出未知的推定事实的存在。[①] 在案件事实的认定过程中,推定是否合理,除需要考虑推定事实存在的盖然性外,还需要考虑特定政策。就刑事案件而言,则必须考虑无罪推定原则、不得强迫自证其罪原则等保障被追诉人权利的刑事诉讼基本原则,以及推定是否造成反对推定事实方的证明困难。从世界各国的司法实践来看,有关违法所得之物证明中推定的适用,均只集中于财物是否源于犯罪行为这一问题,至于认定财产源于犯罪行为之后是否应当没收的问题,则完全取决于法律规定,与违法所得推定毫无关系,并不会对刑事诉讼的基本原则形成挑战。这种推定结果只用于没收违法所得,

① 参见刘广三主编:《刑事证据法学》(第 2 版),中国人民大学出版社 2015 年版,第 251 页。

并不影响被告人的罪责认定。依据这种分析思路,通过违法所得推定制度化解控诉机关的证明困难具有一定的合理性。为提高违法所得没收效率,从经济方面遏制犯罪动机,同时保障公民财产权,我国有必要借鉴域外做法,对违法所得推定制度作出规定。一方面,推定是一种例外情况,立法及相关司法解释对推定规则的适用范围应作出明确限定。例如,将其限定在违法所得与犯罪行为的联系比较难以证明的案件,如有组织犯罪案件。另一方面,控诉方应当对三个方面的基础事实承担证明责任。一是财产持有人实施了特定犯罪行为;二是财产是在起诉犯罪实施期间或实施之后获得的;三是相关财产超出被告人的合法收入,且差额较大。

(三)替代物没收

替代物没收机制的缺失,可能在一定程度上促使被告人通过挥霍、转移违法所得之物的方式,逃避国家专门机关对财物的追缴,也可能导致在被告人及其家属充分保有合法财产的同时,因犯罪行为遭受损害的被害人或国家难以获得充分救济的局面。这显然有违公平、正义的基本价值观念,且与刑事没收机制设立的初衷不符。基于此,对于违法所得,应当以没收原物为原则,在原物不在时,应当没收与此利益等价的替代物。而当供犯罪所用之物因出现事实上或法律上的事由导致不能没收时,能否将所有人的其他财物作为替代物加以没收,理论上存在较大分歧。有学者认为,在供犯罪所用原物脱离行为人或财产所有人,或灭失而无法没收时,其不可能再次用于犯罪,由于预防犯罪的目的已经消失,不能令行为人交付替代的财物。① 也有学者认为,为防止

① 参见张明楷:《论刑法中的没收》,载《法学家》2012 年第 3 期。

行为人通过转移、毁损供犯罪所用之物逃避制裁，应当在一定条件下允许没收供犯罪所用之物的替代物。[1] 笔者认为，是否对供犯罪所用之物的替代物进行没收，应当考虑供犯罪所用之物的性质。如上所述，供犯罪所用之物的没收具有复合性，是否对替代物进行没收不仅需要考虑没收处分的性质，还需要考虑其惩罚的性质。如果没收的仅仅是法院裁判时犯罪行为人所掌握的财物，财产所有人就可能通过消费、转移、毁损财物而使制裁无效。这无异于允许财产所有人通过自己的行为逃避法律制裁，与没收供犯罪所用之物对所有人给予否定评价的作用不符。因此，笔者认为，为使供犯罪所用之物的所有人受到应有制裁，在所有人故意造成供犯罪所用之物无法没收原物的情形下，可将其所有的、与供犯罪所用之物等价的其他财物作为替代物没收。此外，替代物没收的范围和方式应当受到合理的限制，以使没收手段与没收目的相适应，避免替代物没收对利害关系人的权利造成过分干预。例如，在替代物没收中，如被告人家属的生存权、人格权等基本权利必须得到保护。[2]

（四）财产保全范围

在我国，国家专门机关在审前可以对证据、违法所得的一切财物、违禁品和供犯罪所用之物采取查封、扣押、冻结等措施已基本为《刑事诉讼法》及相关的司法解释所承认。财产保全的主要问题集中于国家专门机关在审前是否可以对替代物进行保全。我国《刑事诉讼法》及相关的司法解释虽没有明确规定对替代物的审前保全，但司法实践中却存在事实上的替代物没收保全。例

---

① 参见吴光升：《刑事涉案财物处理程序研究》，法律出版社 2018 年版，第 54 页。

② 参见李长坤：《刑事涉案财物处理制度研究》，上海交通大学出版社 2012 年版，第 150 页。

如,在被害人众多的案件中,为保证被害人能够获得充分退赔,落实“保障被害人权利”的刑事政策,维护社会稳定,我国公安司法机关在实务中通常将扣押、冻结的范围扩及被追诉人的合法财产。又如,在涉恐涉黑等案件中,由于涉案人员组织关系和相关财物权属关系错综复杂,财产的权属、性质一时难以辨别,再加上“严打”政策的背后支持,公安司法机关在办理此类案件的过程中,通常会出现扩大扣押、冻结范围的趋势。[①] 为保证诉讼的顺利进行和被害人的合法权益,对替代物进行审前保全确有必要。但由于缺乏法律的明确规定,公权力的行使缺乏明确的范围边界,极易造成权力的滥用。基于此,我国法律及司法解释有必要增加规定——替代物没收保全制度。对替代物的保全应当满足两个条件:

第一,对替代物进行保全必须以存在替代物没收的可能为前提条件。只有当特定没收对象在事实或法律层面出现无法没收的原因时,法院才能对等价额的替代物作出没收裁判。也只有在这种情况下,为保证裁判顺利执行,办案机关才可依法定的程序对相关人员的合法财产在审前采取扣押、冻结等措施。在缺乏这一前提条件的情况下,对公民的普通财产采取扣押、冻结等措施,则构成公权力对公民基本权利的侵犯。

第二,对替代物进行保全的范围应当受到严格的限制。与证据和应没收原物等具有特定指向性的保全对象相比,替代物的范围边界更为模糊。在审前阶段对替代物采取的保全措施,也更容易在政策、风险责任等现实因素的影响下,出现不必要的扩张。替代物没收是无法对原物进行没收时的替代措施,对替代物采取的保全措施也应严格限制在替代物没收裁判可能针对的财产范

---

① 参见金燚:《“特殊没收”的理论反思与司法适用——以“供犯罪所用的本人财物”之没收为视角》,载《东北大学学报(社会科学版)》2019年第1期。

围之内。

二、明确界定刑事诉讼对案外人财产权的保护范围

(一)合理划定案外人物权保护范围

1. 供犯罪所用之物与案外人的关系

从罪刑法定原则来看,根据《刑法》的规定,案外人所有的供犯罪所用之物通常不能予以没收。但从立法完善的角度来看,为防止由案外人保有供犯罪所用之物可能带来的放纵犯罪的后果,在符合特定条件时,对于案外人明知或应当知道犯罪行为人使用其财物实施犯罪而不采取合理措施加以阻止,或案外人故意向犯罪行为人提供财物作为犯罪工具,但未构成共同犯罪的,对其财物也可以予以没收。同时,考虑供犯罪所用之物没收范围的扩张可能导致公民财产权受到侵害的潜在危险,在平衡追究犯罪与公民财产权保护两种价值的基础上,立法需要对案外人的"可责性"事由作出尽可能明确的限定。一方面,案外人应当存在过错。保护善意第三人的合法权益是确保交易安全、维护社会正义的必然要求。据此,供犯罪所用之物的没收需要以案外人存在过错为前提条件。对于过错的界定可以借鉴美国无辜所有者抗辩的相关规定。第一,案外人明知或应当知道该财物将被用于犯罪;第二,在当时的情况下能采取合理措施阻止财物非法使用或及时向执法机关报告而没有采取合理措施或履行告知义务。另一方面,立法和司法解释应当规定没收的例外情形。法律不强人所难,案外人履行注意义务不能不切合实际情况,也不能以牺牲个人的利益为代价。为此,法律和司法解释应当结合司法实践规定供犯罪所用之物没收的例外情形。例如,依据当时情况,在案外人不可能预见财物将被非法使用的情况下,不应对案外人的财

物予以没收。又如,如果案外人能够证明在当时的情况下采取措施阻止使用或向执法机关报告可能使案外人及其近亲属陷入危险的,不应当对案外人的财物予以没收。

2. 善意取得制度的厘清

分析涉案财物的善意取得涉及两方面的问题:一是涉案财物能否被善意取得;二是善意取得的对象和条件。

首先,涉案财物能否被善意取得。我国《物权法》(已失效)以及 2021 年施行的《民法典》均没有对刑事涉案财物能否被善意取得作明确规定。但出于保护善意第三人的信赖利益等方面的考量,善意取得制度适用于供犯罪所用之物和违法所得之物,已为我国出台的若干规范性文件所肯定。这些规范性文件主要集中于三类案件之中:第一,诈骗类案件;第二,盗窃、抢劫机动车案件;第三,人民法院执行的涉财案件。笔者认为,我国应当通过法律统一对涉案财物的善意取得作出规定,以防止实践中不同机关、不同地区对于相同的情况作出不同处理。

其次,善意取得的对象和条件。根据《民法典》第 311 条的规定,善意取得的对象极为宽泛,既包括不动产,也包括动产;既包括所有权,也包括其他物权。善意取得的成立需要满足四个基本条件,即出让者为无权处分人、受让人善意、以合理价格转让、应登记的已经登记。现阶段我国相关司法解释和部门规章规定的涉案财物善意取得的考虑因素主要包括:受让人是否明知财物的性质;受让人是否以合理价格取得财物;受让人取得财物是否基于非法债务或者违法犯罪活动。现阶段,我国相关司法解释和部门规章对涉案财物善意取得的规定主要集中于所有权层面,[①]

① 总体来看,现阶段只有最高人民法院《关于刑事裁判涉财产部分执行的若干规定》第 11 条明确规定,善意取得同样适用于设置权利负担的情形。

而在实践中,财产权利的关系可能较为复杂。案外人不仅可能在善意的情况下取得涉案财物的所有权,也有可能在善意的情况下取得涉案财物的担保物权和用益物权。基于此,我国相关规定有必要依据《民法典》的规定对善意取得的对象和条件进行扩张和细化,使其能够应对实践中可能出现的情况。

3. 替代物没收与案外人物权保护的关系

我国现在除责令退赔外,尚不存在系统的替代物没收制度,也并不存在明确的替代物没收与案外人财产权保护的划分。笔者认为,未来在对我国相关制度进行完善的过程中,立法者应当明确两方面的问题:第一,替代物没收是否可以对案外人适用;第二,替代物没收是否影响案外人的财产权。就第一个问题来说,笔者认为,在案外人恶意取得涉案财物后挥霍或损毁的情况下,对案外人应适用替代物没收。案外人恶意取得涉案财物在本质上属于不得当得利,可以在一定程度上借鉴民法有关不当得利问题的规定。我国《民法典》第 154 条规定,行为人与相对人恶意串通,损害他人合法权益的民事法律行为无效;第 157 条规定,行为人基于无效的民事法律行为所取得的财产,应当予以返还或折价补偿;第 987 条规定,得利人知道或应当知道取得的利益没有法律根据的,受损失的人可以请求得利人返还其取得的利益并依法赔偿损失。基于此,案外人在恶意取得涉案财物并将其挥霍、损毁导致原物无法没收、返还的情况下,其应当对国家和被害人承担一定的补偿、赔偿责任,办案机关可以对其替代物予以没收,也可以责令退赔。就第二个问题来说,替代物没收不应当影响案外人的合法财产权。替代物没收在本质上是在没收标的原物丧失的情况下,国家与被害人对被追诉人所享有的债权,其针对的是被追诉人的合法财产。而国家与被害人债权的行使,不应当对案外人的合法权利产生影响，即刑事诉讼的进行，不应影响案外人对被追诉人的合法财产主张权利。案外人仍然可以对被追诉人的合法财产主张所有权和优先受偿权。当然，在实践中，涉案财物的认定有时会较为复杂，对于案情复杂、不易在审前对涉案财物的合法性进行区分的案件，可以待刑事裁判作出后对案外人的财产进行统一分配。

另外，在实践中，存在案外人虽没有提供或继受涉案财物，但其对犯罪所造成的损害应承担民事责任的情形。[①] 此时，案外人的民事责任应当通过相应的民事程序予以确认。在犯罪人财产不足以退赔的情况下，国家专门机关不得通过责令退赔擅自认定案外人的赔偿责任，以防止刑事程序对民事案件的不正当干预。妥当的做法是赋予被害人通过附带民事诉讼或独立提起民事诉讼的方式向其他民事责任主体寻求损害赔偿的权利，以在充分弥补被害人损失的同时，妥善保护案外人的合法利益。

（二）合理划定案外人债权保护范围

一般来说，被追诉人的普通债权人对涉案财物并不享有排他的支配性权利，不能排除追缴、没收等直接发生物权变动的措施。普通债权人只能以属于犯罪嫌疑人、被告人合法所有的民法上的"责任财产"实现其债权，而刑事涉案财物在法律性质上不属于被追诉人的合法所有的财产，即不属于被追诉人的"责任财产"，不能用这些财产来清偿债权人的普通债务。[②] 但在存在破产程

---

① 例如，网络服务提供者对于网络用户利用网络实施的诈骗、盗窃等行为，未采取必要措施的，应对网络用户造成的损失承担连带责任。又如，半紧密型联营（联营各方共同出资、共同经营，组成一个合伙性质的、不具备法人条件的经济联合组织）中联营各方应当按出资比例承担连带责任。

② 参见乔宇：《刑事涉案财物处置程序》，中国法制出版社 2018 年版，第 183 页。

序或已生效的民事裁判时，刑事程序往往与破产程序或民事执行程序发生竞合，程序上的处理必须兼顾刑事诉讼的目的（追诉犯罪、任何人不得保有犯罪所得、保护被害人权利）与私法债权的保护，两者不可偏废。

1. 合理协调刑事诉讼程序与民事执行程序的关系

刑事诉讼程序与民事执行程序的冲突与协调问题，就本质而言，实为公共利益与私人利益的权衡与取舍问题。在司法实践中，公共利益与私人权利的冲突形式多种多样，单一的处理模式很难达到令人满意的效果。这就要求我们在具体案件中，以裁判所涉债权的性质、影响范围等为参考因素，对不同情况下刑事诉讼程序与民事执行程序的交叉进行类型化处理，以实现公共利益与私人权利之间的平衡。

首先，明确证据保全扣押与民事执行程序的关系。在刑事诉讼中，对证据的扣押是为了贯彻追诉犯罪的目的，查明案件事实真相。无论民事裁判先于或后于证据保全扣押，民事执行满足债权的目的宜暂时退让，在证据调查完毕前不宜将作为证据的物品或文件交由执行机关进行变价。待无证据调查的必要时，由相关机关撤销扣押，再进行民事执行程序。

其次，明确原物没收与民事执行程序的关系。笔者认为，协调原物没收与民事执行程序的关系，需要在满足刑事诉讼目的的基础上充分考虑案外人的期待权。依据《布莱克法律词典》的解释，期待权（expectant right）是一项取决于现有条件继续存在而预期将来特定事件发生的权利。[①] 基于期待权，期待人在一个确定的条件成就时，可以产生一个由期待向完整权利转化的请求

---

① See Bryan A. Garner, *Black's Law Dictionary*, 9th ed., St. Paul, Minnesota: West, 2009, p. 1437.

权。在案外人获得交付特定物的民事裁判,或者虽然获得交付种类物的民事裁判,但已在民事执行程序中对特定财产采取扣押措施时,案外人已经获得通过该物清偿债权的期待利益。基于此,对于原物没收与民事执行程序的关系可以从两方面来理解。第一,当刑事诉讼中为保全原物没收而进行的扣押先于交付特定物的民事裁判或民事执行扣押时,此时执行债权人已经知悉扣押物将来有被追缴的可能性,其对于扣押物并没有取得获得清偿可能性的期待权,为了贯彻刑事诉讼控制犯罪的价值目标,民事执行满足债权的目的宜暂时退让,刑事裁判确定时,扣押物移转为国家所有或返还被害人。如扣押物并未为将来的刑事裁判所确定追缴,则扣押物应交由民事执行机关继续执行。第二,当交付特定物的民事裁判或民事执行扣押先于刑事诉讼中国家专门机关对涉案财物采取的查封、扣押、冻结措施时,此时执行债权人对于扣押物已经获得了清偿的期待利益,为了保护善意的执行债权人的财产权,可以允许其通过扣押物获偿,法院不宜对扣押物作出追缴裁判。公安机关、检察机关和法院应当对债权人的执行依据进行审查,防止债权人利用虚假民事债权受偿。清偿债权后发现执行债权人所拥有的债权是假债权时,相关权利单位或权利人可依据执行回转程序处理。

最后,明确替代物没收与民事执行程序的关系。我国并未建立系统的替代物没收制度,法律和司法解释对替代物没收与民事执行程序的关系也鲜有涉及。笔者认为,在未来完善替代物没收机制的基础上,立法者应当厘清替代物没收与民事执行程序的关系。替代物没收主要是基于国家对原物没收不能而享有的一种公法债权,这种公法债权并不具有优先于私法债权的特性。基于此,只要案外人获得可作为执行依据的民事裁判(无论是针对特定物还是种类物)，均可以替代物受偿。财产分配方式可参考《民事诉讼法》有关财产分配的相关规定。在刑事裁判确定后，获得民事执行依据的债权人也可以参与财产分配程序，与被害人依据债权比例对替代物进行分配。另外，当民事执行机关已对财产采取扣押措施，即为执行替代物没收而进行的扣押保全与民事执行扣押竞合时，可由民事执行机关进行变价程序，按照民事参与分配的规定，保全替代物没收应分配的金额，依法提存，将来刑事裁判确定后，再由刑事执行机关执行替代物没收，领取保全扣押提存款。在涉案财物权属情况复杂的情况下，也可待刑事裁判作出后，再一并通过分配程序进行分配。

2. 合理协调破产程序与刑事诉讼程序的关系

当破产程序与刑事诉讼程序出现交叉时，刑事诉讼对涉案财物的扣押、冻结、返还均会对破产财产的认定和分配产生影响，破产程序的进展不可能与刑事诉讼完全独立，而使破产程序完全服从刑事诉讼程序，则可能使大量的债权人难以及时实现自己的权利。针对破产程序与刑事诉讼程序的协调，有学者主张将刑事追缴退赔纳入破产程序统一受偿；[①]也有学者认为，应当根据财产的混同程度，具体分析是否应当中止破产程序。[②] 上述观点虽然在具体的程序构建上略有差异，但总体来看，学者们普遍认同当债务人企业面临破产程序与刑事诉讼程序的交叉时，宜采用“民刑协同”的做法，而非一味坚持“先刑后民”，以求在保证刑事诉

---

① 参见张泽华、崔军委：《涉众型经济犯罪刑事追缴、退赔与破产程序衔接路径研究——以破产程序统一受偿为视角》，载胡云腾主编：《司法体制综合配套改革与刑事审判问题研究——全国法院第30届学术讨论会获奖论文集》(下)，人民法院出版社2019年版，第231～239页。

② 参见关峰等：《破产程序中刑民交叉的选择》，载《贸大法律评论》2016年第00期。

讼顺利推进、充分弥补刑事被害人利益的同时，兼顾案外人财产权的保护。“民刑协同”需要具体的机制协调，笔者认为，可以从以下两个方面进行完善。

一方面，明确界分破产财产范围与刑事没收范围。在范围界分方面，笔者主张参考案外人债权保护的范围进行二分处理。作为刑事追缴对象的违禁品、供犯罪所用之物，以及违法所得之物在本质上不属于企业的财产，所有权不归于企业，应当从破产财产中剔除。但由于企业破产往往可能产生较大的社会影响，基于比例原则的考量，在企业财产不足分配且债权人人数较多的情况下，也可以考虑将刑事追缴对象划归到破产财产之中。在上述原物丧失的情况下，国家对替代物的没收以及对被害人损失的退赔属于一般公法债权和私法债权的范畴，其与破产企业其他债权人的债权是平等的，宜一并通过破产财产予以清偿。

另一方面，合理安排破产程序与刑事诉讼程序协调衔接。当刑事案件涉及的企业同时具备破产原因时，刑事程序与破产程序都应当启动，即刑事诉讼的启动并不影响法庭对企业破产申请的受理，已启动的破产程序也并不必然因刑事诉讼程序而中止。刑事诉讼与破产程序协同推进，相互协调。国家专门机关应当在刑事诉讼全过程中对违禁物、供犯罪所用之物及违法所得之物进行特定化。国家专门机关对上述财物采取查封、扣押、冻结等措施的应当通知破产清算组织，该部分财产不适用破产清算程序。对于上述财物以外的企业财产，可以依据破产程序进行处理，被害人可以基于犯罪行为所产生的债权参与破产清算程序，以获得清偿。如果刑事追缴财物与破产债权高度混同，无法相互剥离，相关财物的处置宜待刑事程序全部结束后确定。

第二节　强化对国家专门机关权力行使的限制

文明的进步促使国际社会将保护公民基本权利作为刑事司法准则之一。由于在刑事诉讼中,国家强制力的运用深刻而普遍,在刑事诉讼中限制公权力的恣意行使,防止公民的合法权利受到公权力的不当侵害,便成为刑事诉讼程序正义面向的基本要求。与域外国家和地区相比,我国《刑事诉讼法》及相关司法解释对国家专门机关在涉案财物处置过程中的权力行使缺乏必要限制,由此导致案外人的合法财产权受公权力滥用侵害的情况经常出现。针对这一问题,笔者认为,应从以下几个方面入手进行相应完善。

一、完善司法审查原则限制

(一)强化令状原则对公权力的制约

在域外国家和地区,司法权对审前程序的控制主要体现为"令状主义",令状由法官签发,权力机关依据令状开展诉讼活动。监控的对象包括任何具有强制性的诉讼措施。在我国,检察机关对审前程序的控制主要集中于逮捕措施的适用过程中。而侦查机关对搜查、查封、扣押、冻结等强制措施的采取与运用,很难受到来自外部的制约。因此,我们要逐步改变现行的由权力机关自行决定是否对公民财产采取干预措施的不合理制度,强化第三方对审前阶段公权力行使的审查和监督。一般来说,令状原则的设置应当遵循司法决定原则,令状申请的审查和令状的签发一般由法院进行。在我国,令状的审查、签发应当由检察机关进行还是由法院进行,一直为人们争论。由法院对审前程序进行司法审查符合诉讼的基本原理,也与世界的通行做法相一致。但从我国的刑事司法实践来看,现阶段和未来较长的一段时间内,对于逮捕等人身权利限制措施的审批权尚由检察机关行使,在这样的背景下,由法院对审前干预公民财产权的措施进行审批,显得有些勉为其难,在短期内很难实现。同时,在尚未建立侦查法官制度的情况下,如果由法官过早介入案件的诉讼程序,可能会使法官先入为主,影响庭审活动中法官的中立性和公正性。因此,基于我国现阶段的法治发展水平,我国还难以达到完全由法院对审前程序进行司法控制的理想状态。笔者认为,结合我国现阶段实际情况,强化令状原则对公权力的制约应从以下三个方面入手:首先,应将搜查、查封、扣押、冻结的申请者和决定者分离开来,以防止两者合一可能产生的恣意和擅断。令状的签发必须以一定证据或客观情况为依据,不能自以为是。申请者对案件事实以及扣押客体与案件联系的证明应当达到合理怀疑的程度。其次,鉴于我国检察机关履行法律监督职能时有现成的机构、人员,也有办事规则以及可资借鉴的经验,在法院决定对财产采取干预措施的法定情形外,可考虑先将相关强制措施的审批权交由检察机关行使。对于检察机关签发的令状,所涉及的权利人可以通过向上级检察机关复议的形式寻求救济。但由检察机关行使审前司法审查的职能,只是当前的权宜之计。在条件成熟的时候,我国仍应通过设置侦查法官的方式,建立法院控制侦查的司法审查机制。最后,禁止令状执行人员在令状之外擅自进行搜查、扣押,对于违反者,权利人可以提出程序异议,所得证据应当作为非法证据予以排除。

强化令状原则的程序控制,无证搜查、扣押的实施就需要受到明确的条件限制和范围限制，避免无证搜查、扣押的滥用使令状原则的实际效用大打折扣。笔者认为，对无证搜查、扣押的控制，关键在于：第一，无证搜查、扣押的情况限定。作为令状原则的例外，我国《刑事诉讼法》应当严格限定无证搜查、扣押的适用范围。笔者认为，无证搜查、扣押应主要适用于以下几种情况：同意搜查、扣押，即经过被搜查人或财物所有人的同意，办案人员可以进行无证搜查、扣押；紧急搜查、扣押，即在申请令状可能导致相关物品、文件灭失破坏、犯罪嫌疑人逃脱，或危及办案人员、他人或公众安全的情况下，办案人员可自行决定扣押；附带搜查、扣押，即在执行逮捕、拘留、盘查、行政检查的过程中，办案人员可以当即进行搜查扣押，而无须另行申请令状。另外，在有证搜查的过程中，发现应扣押而令状上未予记载的本案财物或另案应予扣押之物，办案人员亦可以进行扣押。第二，完善无证搜查、扣押的事后审查机制。就无证搜查、扣押而言，由于其启动并无中立的第三方进行审查，倘若没有有效的事后审查机制进行制约，容易导致无证搜查、扣押的滥用，最终架空有证搜查、扣押制度。基于此，如果办案人员欲进行紧急搜查扣押或附带搜查扣押，则应当将进行搜查、扣押的理由记录在案。记录需要载明进行搜查、扣押所依据的事实情况、无法事前申请相关令状的理由，以及搜查、扣押的对象和范围。无证搜查、扣押实施完毕后，办案人员应当在法定期间内提请检察机关对搜查、扣押予以确认。检察机关不予准许的，扣押的财物应当立即解除扣押，搜查过程中所取得的证据也应当依法予以排除。

（二）建立司法权终局保障机制

诉讼程序的意义就在于由外部中立的第三方通过富有参与性和交涉性的程序解决纠纷，化解矛盾。“事关有争议的实体权利的终局处理，必须赋予权利人相应的程序权利，给予权利人充分参与、举证、质证、辩论和陈述的机会，在此基础上形成的裁决才是符合程序精神的裁决，才能形成既具有形式合理性，又具有实质合理性的裁决。"①

如上所述，我国现阶段存在涉案财物实体性处置权力配置分散的问题，针对这一问题，除在刑事审判程序中构建相对独立的"对物之诉"程序外，还应对涉案财物实体性处置的权力配置进行整合。

在我国刑事诉讼中，法院并不参与审判前的诉讼活动，对涉案财物的实体性处置，几乎都由公安机关、检察机关以及其他行政机关自行决定、自行实施。虽然审前由法院通过司法审查的方式对涉案财物的实体性问题进行处理，可以最大限度保证处理结果的公正性和处理程序的正义性，降低权力滥用的概率，但如上所述，我国现阶段尚不具备由法院对审前程序进行司法控制的条件。为平衡被追诉人、被害人、案外人财产权保护的需要，笔者认为，我国可先将审前涉案财物实体性处置的权力交由检察机关行使。检察机关在对涉案财物进行处置时，应当充分听取相关权利人的意见。在财物权属存在争议的情况下，不得对其进行审前处置。但与令状程序不同的是，由于涉案财物的实体性处置不是一种临时性的强制措施，而是涉及实体权利义务变更的实体性处分，"关于实体事项具有终局裁判之性质者，应由法院以裁定行之"②，对于这种实体性处分，司法权的终局保障不可或缺。基于此，在将涉案财物实体性处置权力交由检察机关行使的同时，需

---

① 李长坤：《刑事涉案财物处理制度研究》，上海交通大学出版社 2012 年版，第 157 页。

② 林钰雄：《刑事诉讼法》（上册），中国人民大学出版社 2005 年版，第 453 页。

要结合我国司法实践，在一定范围内构建法院的事后审查机制。例如，对于检察机关作出的涉案财物处置决定，所涉及的权利人不服的，可以向上级检察机关提出复议，或在庭审阶段就财物的处置问题提出异议。所涉及的权利人提出异议的，法院应当在庭审阶段对审前阶段财物的处理问题进行审查，认为财物处理不当的，应当撤销检察机关作出的涉案财物处置决定。对于已返还的财物，应当执行回转。对于被撤销、不起诉的案件，由于刑事诉讼程序实际已经终止，即使被追诉人仍保有从被害人处获得的财产，他们的关系也只是一种民事关系，在此种情况下，检察机关不宜直接对财物作出处理。此时，法律及相关司法解释应当对刑事程序向行政程序、民事程序转化时的涉案财物处置问题予以明确规定，以保障实践中程序衔接流畅。

（三）构建执行程序中的司法审查制度

在对涉案财物进行执行的过程中仍然会产生相应的法律纠纷（如财产分配等），只要存在纠纷，就需要权威中立的裁判者通过公正的司法程序作出裁判结论。另外，执行主体的执行行为也可能存在违法或不当之处，需要通过法律程序予以审查纠正。为解决上述问题，需要在执行程序中建立司法审查机制，以司法权监督执行程序的正常运行，为当事人、案外人提供充分的司法程序救济。法院是行使司法审查权的当然主体。现阶段，鉴于法院执行庭在涉案财物执行程序中行使部分的司法审查职能，我国可进一步对其职能范围进行扩充，将公安机关、检察机关作为执行主体的案件纳入法院司法审查的范畴，允许法院对公安机关和检察机关的执行行为和由此产生的法律纠纷进行司法审查。具体程序可参考《民事诉讼法》和最高人民法院《关于刑事裁判涉财产部分执行的若干规定》。

二、完善比例原则限制

(一)实现比例原则的法定化

在现代法治国家,比例原则是公法上的“帝王条款”。[①] 在我国刑事诉讼理论学界,不少学者也主张将比例原则提升为刑事诉讼的基本原则或全局性原则。[②] 笔者认为,为强化比例原则的实际指导作用,《刑事诉讼法》应当将比例原则作为刑事诉讼的基本原则加以规定,并在必要时将其法定化。比例原则的法定化具有重要意义。一方面,比例原则的法定化,使比例原则成为评价刑事司法机制的“标尺”,使立法者在设置相关刑事诉讼措施时,能够有意识地以比例原则为参照。另一方面,比例原则的法定化强化了比例原则的实践指引,并创设了一条司法救济的新途径。比例原则的法定化使该原则成为国家公权力行使的一项原则,国家专门机关可以直接运用该原则对案件进行审查和处置,公权力的行使也必须在比例原则划定的区域内进行。在国家专门机关违背比例原则对公民财产权构成不当干预时,受此影响的权利人也可依法获得相应的司法救济。

(二)程序控制的层次化设计

一方面,明确案外人任意侦查优先原则。基于追诉犯罪等公共福利目的的需要,法律普遍承认国家专门机关可以对案外人的权利进行必要的干预,但案外人对强制性诉讼措施的忍受义务是

---

① 参见陈新民:《德国公法学基础理论》(下册),山东人民出版社 2001 年版,第 389 页。

② 参见陈光中主编:《中华人民共和国刑事诉讼法再修改专家建议稿与论证》,中国法制出版社 2006 年版,第 258 页;陈卫东主编:《模范刑事诉讼法典》,中国人民大学出版社 2005 年版,第 133 页。

有一定限度的。从法理上讲,由于案外人并非刑罚权的行使对象,其对相关诉讼措施的忍受义务应当小于犯罪嫌疑人。对案外人采取侦查措施,应当更为强调任意侦查优先原则。对此,我国可以参考域外国家和地区的相关立法,明确对案外人或其财产采取强制侦查措施时,应当满足更为严格的实体性条件和要求。例如,只有在有相当理由认为应予扣押之物存在,且通过侵犯性较弱的方式无法实现侦查目的的情况下,才可对案外人使用搜查、扣押等强制性措施。此外,侦查机关对案外人采取强制侦查措施的严厉性和影响范围,应当与其通过此手段希望达成的目的相协调。另一方面,针对强制措施的持续时间,设计阶梯化的程序性控制。实践中,超期扣押、一扣到底的问题较为严重,使相对人的财产权遭受过于严厉的限制和干预。对此,应当对扣押、冻结的期限进行明确界定。侦查机关自行办理扣押、冻结手续的期限应为6个月。超过6个月仍有必要扣押、冻结的,侦查机关应当向人民检察院提出申请,侦查机关为人民检察院的,应当报请上级人民检察院批准。每次延长期限不超过6个月,且只有在被扣押、冻结的财物具有被裁判没收的高度可能性,或必须以原物的形式作为证据在庭审中出示的情况下,才可以继续扣押、冻结。随着审前诉讼化改造的深入,延长扣押、冻结期间的决定权应逐渐交由法官行使。

(三)构建证据保全扣押与财产保全扣押双轨模式

为满足比例原则的要求,应当对我国对物强制措施的结构进行重塑。根据对物强制措施承担功能及功能实现方式等方面存在的不同,可以将对物强制措施分为证据保全扣押和财产保全扣押两种类型。应在实体要件、执行对象以及实施方式方面,针对不同类型的对物强制措施作出不同规定。证据保全扣押的作用对象为证据；而财产保全扣押，主要针对的是刑事裁判涉财部分所涉及的财产，具体包括有合理根据认为可能被法院裁定没收的财物，以及有合理理由认为可能被法院作出的责令退赔或罚金刑裁判所涉及的财产。财产保全扣押必须在保证裁判顺利执行的必要范围[①]内进行。在实施方式上，基于不同的目的，应设置更为灵活的对物强制措施实施方式。例如，对证据的保全，实施方式主要包括改变占有和限制使用。而对于财产的保全，我国刑事诉讼法可增添扣押登记、禁止令等非转移占有的实施方式，以形成强制程度由弱到强的递进体系。国家权力机关应斟酌国家追诉犯罪的公共利益与相对人的财产状况，以裁量强制措施的运用。此外，我国还应构建与扣押目的相适应的扣押物返还制度，保证在扣押目的得以实现的情况下，国家专门机关能够及时返还扣押财物。对于证据保全扣押，当该扣押之物在刑事程序中欠缺作为证据的需求时，[②]有关机关应立即撤销扣押。对于财产保全扣押，受干预人可以通过缴纳价款、提供担保等方式，使扣押物得以退还或暂时返还。

（四）完善比例原则的实体性限制

涉案财物处置具有财产权干预的性质，应当受比例原则的约束。法院在对涉案财物作出是否没收的裁判时，应当考虑对涉案财物进行处置可能造成的资源耗费，以及可能产生的经济负担。具体来说，对于违禁物的没收，主要目的在于预防该物可能产生的公共危险性，但没收在个案中未必是防止危险性产生必要且衡

① 所谓必要范围，即若不采取保全措施，则上述裁判无法得到执行；保全的数额应当以违法所得、责令退赔和罚金的数额为限。

② 包括证据已被固定，且不需要以原物的方式在庭审中展示；经审查，财物与案件事实并没有关联性；证据已在诉讼中使用完毕等情况。

平的手段。在一些情况下,存在与没收效果相同,但对财产权的干预程度更为轻微的排除公共危险的方式。例如,消除或变更仿冒商品的标识、禁止违禁品在特定区域内流通等。针对这类个案,基于比例原则,法院应优先指示相关权利人采取上述排除危险的措施,仅保留在其不遵守指示的情况下,对财产进行没收的可能性。[①] 换言之,违禁物或其他危险物品的没收是否符合比例原则,必须根据没收客体的危险性高低与有无替代排除危险的其他手段来确认。对于供犯罪所用之物的没收,尽管存在刑罚论、保安处分论、独立处分论等性质定位,但普遍认同的是,供犯罪所用之物的没收主要为实现惩罚功能、预防犯罪功能和补偿功能。基于此,其必须是达成一般预防与特别预防目的的必要手段,而且与财产所有人的过错程度相当。当没收供犯罪所用之物对权利人造成的经济负担与其过错不成比例,或者没收无法达到犯罪预防的效果时,法院不得没收。例如,在没收客体经济价值高昂,甚至没收会危及相关权利人的生存基础时,或者犯罪造成的损害极小或罪责程度轻微的情况下,应基于比例原则,避免对供犯罪所用之物的没收。又如,在贩毒案件中,侦查人员扣押的供贩卖海洛因使用的磅秤、手机等,由于行为人能够轻而易举取得,没收上述工具并没有预防再犯的效果,基于比例原则,也不宜宣告没收。[②] 对违法所得之物的没收,其主要目的在于向公众宣誓,任何人不能通过犯罪行为获利,减少行为人再犯的经济诱因,借此

---

① 例如,德国《刑法典》第74(b)条第2项规定,在该法第74条与第74(a)条之情形下,其他更轻微的措施亦可达成没收之目的,法院应宣告保留没收,采取更轻微的措施,尤其是下列指示:(1)使客体失其效用;(2)去除客体表面之特定装置或标记,或以他法变更之;(3)以特定方法处置该客体。

② 参见薛智仁:《评析减免没收条款》,载《月旦法学杂志》第252期(2016年)。

达到犯罪的一般预防与特别预防的效果。对违法所得之物的没收应当与上述目的保持一定的平衡性。在违法所得价值低微,难以发挥预防犯罪的作用或造成被没收人无法期待的负担而不具有平衡性时,可以依据比例原则不予没收,以维持权利人必要的生活条件。

三、完善明确性原则限制

(一)强化刑事程序的法定性

程序法定化是实现程序功能独立的必然要求,也是使参与人权利获得程序性保障的重要依托。具体到案外人财产权保护层面,刑事程序的法定性应体现在以下几个层面:第一,主体法定。对于权力机关明显干预公民财产权的诉讼行为,法律应当对该行为的决定主体和执行主体作出规定。只有获得法律授权的主体实施的诉讼行为,才能够产生相应的法律效果,这是公权力行使正当性的必然要求。第二,程序法定。涉及对物强制措施或者涉案财物处置的申请、执行和救济等程序都应当由法律明确规定。国家专门机关进行相关诉讼行为必须符合法定的程序要件,不得逾越法律规定的程序准则而任意对公民财产进行干预和处分,这是保证刑事诉讼程序功能得以发挥的必然要求,也是公民权益得到保障的必要前提。第三,救济方式法定。在国家公权力的行使对公民财产权造成损害的情况下,法律应当规定采取适当的方式补救,以体现法律的公正性。为此,《刑事诉讼法》应当设置一套完整的救济程序来保障公民的财产权利。

(二)细化权力行使的实体性要件和程序性要件

为实现明确性原则所要达到的"预告规则"与"拘束权力"的目的,立法应对国家公权力的行使设定明确的实体性要件和程序性要件。法律除明确规定相关诉讼行为的决定主体、执行主体、申请、执行程序、相关权利人的救济程序外,还应对相关要件进行细化。一方面,《刑事诉讼法》应当细化搜查、查封、扣押、冻结等强制措施的启动条件和执行程序。首先,针对搜查、扣押的不同类型,设立不同的启动条件。《刑事诉讼法》中缺乏有关对物强制措施门槛的规定,容易造成强制措施任意启动。对此,《刑事诉讼法》应当对原有的"侦查需要说"进行细化。对于搜查程序的启动,应当规定搜查程序的启动必须基于客观的合理根据,即足以认定有应当扣押的物品时才可以进行搜查。侦查人员提交的申请应以确定的客观事实以及准确的法律依据为基础,对于客观事实应当有一定的证据加以证明。对于证据保全扣押,侦查人员应当提供一定的材料证明犯罪行为已经发生,且申请扣押的材料可能对于案件侦查、审判具有重大意义,可能是相关证据。对于财产保全扣押,应借鉴域外国家和地区的相关规定,将程序的启动条件规定如下:第一,有合理的理由相信犯罪已经发生;第二,有合理的理由预测诉讼程序终结时法官会对申请保全之物作出相应的财产判罚;第三,有保全的必要,即如果不采取查封、扣押等保全措施,可能导致财产因损毁、转移或其他原因而无法执行,且采取保全措施符合比例原则的要求。其次,明确对物强制措施的效果。由于证据保全扣押的目的在于"保真",在采取扣押措施之后,只要不对物品的客观性产生影响,权利人可以对扣押物进行处分或设定财产性负担。但财产保全扣押的目的在于保值,对于采取财产保全的财物,原权利人不可转让、买卖、设定权利负担,以及作出其他可能影响财产可执行性的处分。原权利人在财产保全扣押启动后对财物进行处分的,该处分不可对抗国家。最后,细化不同的保全扣押类型的措施执行方式。如针对证据保全扣押,应当以事实上取得占有的方式为之,在相关财物对诉讼进行不再具有重要性时,应及时返还相关权利人。针对财产权保全扣押,扣押动产,可以事实上取得占有的方式为之,也可以扣押登记的方法为之;扣押不动产、船舶、航空器,应当通过由主管机关进行扣押登记的方法进行;扣押债权以禁止向其他人转让等方法为之等。另外,应明确相应的执行变通方式,如在权利人提供担保的情况下,可以撤销财产保全措施等。

另一方面,《刑事诉讼法》应当细化审前返还、先行处置等涉案财物处置程序的启动条件和执行程序。在审前返还方面,审前返还程序的适用范围应仅限于涉案财物权属清晰,且没有扣押必要的案件。审前返还必须满足三个标准:一是涉案财物权属明确;二是审前返还不会影响诉讼的顺利进行;三是犯罪事实清楚。有关审前返还的决定应当在充分听取相关权利人意见的基础上公正地作出。相关权利人对审前返还存在异议的,应当提供相应的证据材料。在先行处置方面,相关机关对涉案财物的先行处置只有在以下两种情况下才可进行:第一,在紧急情况下,若不及时对涉案财物进行处置会造成涉案财物的价值贬损或灭失;第二,先行处置的申请由权利人主动提出,且涉案财物没有权属争议,财物的其他权利人对先行处置不存在异议。在前一种情况下,有关机关对涉案财物的处置应当征得相关权利人同意,在权利人对先行处置存在争议的情况下,应当由中立的裁判机关作出相应的裁决。

(三)强化国家专门机关诉讼行为的明确性

令状内容明确。当前的预制式搜查、扣押文书缺乏对搜查、扣押对象准确、细致的描述,更欠缺机动性,应当细化搜查、扣押、冻结相关法律文书的内容。禁止签发一般性的搜查证和扣押文件,相关文书对客体的描述必须明确而具体;禁止扣押执行人员在授权之外擅自搜查、扣押。例如,搜查证应当具体载明搜查人姓名、单位、职务、搜查目的、理由、客观事实、法律依据等,还应载明经搜查可能扣押的物品或文件的名称、类型、种类、数量等。在搜查过程中,发现其他需要扣押的物品的,亦可不经申请直接扣押相关物品、文件等,扣押后应补交申请,说明情况以及扣押对象的详细信息。对于需要单独采取扣押措施的情况,扣押文件应详细记载扣押理由、客观事实、法律依据以及扣押财物、文件的性状、数量、类型等细节特征。扣押文件亦应清楚表明扣押目的,让受干预人知晓扣押是出于证据保全还是财产保全,并告知其扣押产生的法律效果。未表明目的而进行扣押,扣押虽有效,但不能产生禁止权利人处分的效力。此外,动产扣押应具体及个别进行,既不可以"从现有财产扣押多少金额"笼统表述进行扣押,也不可以封闭某一空间来表示扣押该空间内的所有物品。强调搜查、扣押文书的明确性,是为了有效将侦查机关的权力限定在具体的范围之内,减少权力恣意,满足刑事诉讼中公民合法权利充分保障的需求。

涉案财物处置意见明确。应当要求检察机关在起诉书主文明确提出涉案财物处置申请,且应详细列明涉案财物清单。对于审前对涉案财物进行处理的情况,起诉书中也应一并列明。起诉书中没有没收申请或没有财物清单的,法院不能进行处置。法院收到起诉书之后,应当将起诉书副本送达所有可能在涉案财物上享有权益的人,不能直接送达的,应当发布公告,并设置公告期。送达案外人的起诉书副本或公告内容应包括案外人享有的权利,如参与诉讼程序、聘请代理人、提出意见等,还应包括参与程序的期限、提出异议的方式等程序要求。公告内容应当尽可能详尽,列明拟没收财产的名称、位置、特征、数量等，保证所有可能在涉案财产上享有权益的案外人在看到公告后，都能意识到其财产权益可能面临危险。

裁判内容明确。第一，裁判应准确认定涉案财物是否为违禁物、供犯罪所用之物、违法所得之物或需要没收的替代物。第二，裁判应载明违法所得数额。由于从犯罪的侦破、起诉到审判需要经历一个相对漫长的过程，相关财物的价格也可能在这一过程中产生较大的波动，对于以何种时间点计算违法所得的数额，理论界和实务界存在一定争议。笔者认为，为实现没收目的，避免犯罪行为人从犯罪行为中获取任何利益，在违法所得增值的情况下，数额认定应以裁判时为准。对于违法所得贬值的情况，如果财产贬值是因为犯罪行为人或其委托保管人故意或过失造成，则应当以财产取得时的价格为准；如果财产贬值是因为司法机关的行为导致，则应当以裁判时的价格为准，以避免行为人或其他权利人为司法机关的错误埋单。第三，裁判应准确列明涉案财物处置的具体方式和具体数额。对于查封、扣押、冻结的财产，无论该财产是否随案移送，都应在裁判文书中列明是否予以没收或是否发还被害人。对于审前返还的涉案财物，法院应当在裁判主文中明确涉案财物的审前处置是否合理合法。对于没有被查封、扣押、冻结的涉案财物，也应当在裁判主文中作出具体的处置决定。

第三节　完善刑事诉讼案外人财产权救济机制

由于我国刑事诉讼案外人的财产权救济机制存在局限性，在案外人合法权益受到威胁或损害时，其寻求诉讼内救济的途径往往被堵塞。在这种情况下，通过向党政机关、行政机关“上访”或“申诉”，借助社交媒体、新闻媒体进行披露等方式寻求社会救济便成为案外人的最终选择，由此也使本可以通过诉讼化解的矛盾，上升为影响较大的社会性问题。在这种情况下，本应吸纳不满、化解冲突的司法程序，反倒成为社会矛盾激化的“导火索”，司法的权威及公信力也在这一过程中受到冲击。由于我国刑事诉讼案外人财产权救济机制存在一些问题，对其进行重构已不可回避。

一、我国刑事诉讼案外人财产权救济模式选择

如前所述，目前存在单一型案外人救济模式和复合型案外人救济模式两种不同的做法，如何重构我国刑事诉讼案外人财产权救济机制，模式的合理选择是首要问题。

从现有的立法规定和实际操作来看，我国现阶段采取的是法院救济与检察机关、公安机关救济并行的复合型救济机制。但由于法院救济的极度弱化和检察机关、公安机关救济途径功能错位，我国案外人权利救济虚无化的现象极为严重，由此带来的后果是案外人在财产权受到威胁或损害时，寻求诉讼内救济的途径被堵塞。针对这一问题，有学者提出应当赋予案外人对刑事诉讼程序的实质参与权，允许其以“有独立请求权的第三人”身份参与诉讼程序。[①] 还有一些学者认为，应当对审前程序进行诉讼化改造，使利害关系人在审前阶段就可以通过诉权的行使获得救济。应当说，司法救济途径的完善，对于提高刑事诉讼程序的公平性，为案外人财产权提供充分保护，具有重要意义。但笔者认

---

① 参见陈瑞华：《刑事对物之诉的初步研究》，载《中国法学》2019 年第 1 期。

为,基于我国的现实情况,单纯希望通过司法权的运作为案外人财产权提供充分救济,既不合理也不现实。

一方面,我国“案多人少”的问题较为突出。随着我国社会转型进程的加快,社会纠纷、矛盾的数量明显增加,这也导致诉讼案件的数量出现大幅增长,法官办案压力持续增大。根据最高人民法院的相关统计数据,2019 年第 1 季度全国法院新收案件继续保持增长态势。与去年同期相比,2019 年第 1 季度全国法院新收各类案件总数增加 86.2 万件,上升 12.78%。其中,广东、江苏、河南 3 省法院新收案件数均超过 50 万件,山东、浙江 2 省法院新收案件数超过 40 万件,71 家法院新收案件过万件。[①] 一些实务工作人员指出:“近年来,‘案多人少’已经成为人民法院工作面临的最突出的困难和问题。这一问题,不仅在法院系统人尽皆知,而且在社会上也引起广泛关注,在两会上一再引起热议,中央有关部门更是高度重视,采取增编、加强基层保障等方式予以缓解……‘案多人少’已经放大成为反映法院工作困难、压力、难度和挑战的代名词……是新时期人民法院工作面临的一个重大而又迫切需要解决的‘瓶颈’问题。”[②]在法院“案多人少”的问题已十分严重的情况下,采取以法院为主导的单一型案外人救济模式,必然会进一步增加法院的负担,使法院不堪重负。

另一方面,我国尚未建立侦查法官制度。在域外国家和地区,审前阶段对案外人财产权的司法救济往往是由侦查法官或预审法官负责。侦查法官制度的设置,不仅为侦查权的行使提供了

---

① 参见孙航:《最高人民法院发布 2019 年第一季度审判执行工作数据》,载中国法院网,https://www.chinacourt.org/index.php/article/detail/2019/05/id/3909802.shtml。

② 罗东川:《案多人少的“瓶颈”能否打破》,载《人民法院报》2011 年 3 月 9 日,第 5 版。

“安全阀”,也使侦查法官与刑事案件的审判法官相对分立,防止审判法官形成预断,影响案件的公正审理。而与域外国家和地区不同,我国尚未建立侦查法官制度。在这种情况下,如果由审理案件的法官过早介入侦查程序,对相关强制性措施的采取进行司法审查,可能使法官对案件先入为主,影响审判阶段的司法中立性。侦查法官制度的构建需要细致的设计。公检法关系的重新定位也需要通过宪法及刑事诉讼法的修正来实现。这些均需要经过漫长的过程。在司法权尚难以介入侦查阶段的现实情况下,我国显然需要对审前阶段案外人的救济手段进行扩充,以应对司法权运行的现实障碍。

“任何社会任务的实现均有待于相关社会条件的成熟。”①在刑事案件积压问题较为严重,且尚未建立侦查法官制度的情况下,我国应继续坚持复合型救济机制,应完善和强化审判阶段和执行阶段案外人的司法救济,并通过不同救济途径的合理构建为案外人财产权提供充分保护。

二、刑事诉讼案外人法院救济完善

(一)保障刑事诉讼案外人参诉权

从现有的规定来看,我国《刑事诉讼法》和最高人民法院《关于适用〈中华人民共和国刑事诉讼法〉的解释》已在一定程度上赋予了案外人参与原本为被告人开启的审判程序的权利。但由于规定缺乏明确性和协同性,案外人对审判程序的参与在实践中被虚置。对案外人参诉权的规定,需要围绕参诉资格、参与方式、证明责任分配等方面的内容展开。

---

① 龙宗智:《相对合理主义》,中国政法大学出版社1999年版,第13页。

就参诉资格来说,享有参诉资格的案外人应当符合两方面的要求。一方面,案外人的财产权可能受到刑事裁判的干预和影响。如果刑事裁判根本不涉及涉案财物的认定和处理问题,或者虽然涉及涉案财物的处置,但不可能侵害案外人的合法权益,案外人也就失去了参与刑事诉讼程序的基础。我国应当规定,只有案件涉及刑事涉案财物处置,且处置该财物可能侵害案外人合法权益时,案外人才有权参与审判程序。另一方面,案外人的财产权受到刑事裁判的直接影响。2012 年最高人民法院《关于适用〈中华人民共和国刑事诉讼法〉的解释》(已失效)第 513 条仅将涉案财物的所有权人纳入可以参与独立没收程序的利害关系人范围。2017 年最高人民法院、最高人民检察院《关于适用犯罪嫌疑人、被告人逃匿、死亡案件违法所得没收程序若干问题的规定》第 7 条进一步将"其他利害关系人"的范围扩张为"其他对申请没收的财产主张财产权利的自然人和单位",但所谓的"财产权利"具体包含哪些权利,却没有明确规定。从保障公民财产权的角度来说,"财产权利"范围的划定应当尽可能大,但从节约司法资源、避免案件规模过分扩大的角度来说,"财产权利"的范围应当受到一定限制。笔者认为,应当将"财产权利"限定在可能受到裁判直接影响的权利范畴。无论是在普通刑事诉讼程序中,还是在独立没收程序中,只有对申请没收的财产享有所有权、用益物权、担保物权、租赁权等权利,且其权利可能因刑事裁判而丧失的,才可以在审判程序中提出异议并参与审判程序。仅仅对财物主张一般债权的人,不宜享有参与刑事审判程序的资格。这是因为,一般债权人的利益并未特定于某个涉案财物,涉案财物的处置不会导致其债权消失或无法实现,犯罪嫌疑人、被告人还可以在日后以其他财产对其债务进行清偿。而且如果允许利用应予没收的涉案财物清偿一般债务,则相当于变相使被没收人通过犯罪获利,与刑事没收的立法原则相悖。但需要指出的是,为平衡刑事没收与债权人的合理期待,应当允许在刑事诉讼开始之前已获得相关判决的债权人享有参与诉讼的权利。

就参与的方式来说,我国应当分别对普通刑事诉讼程序中案外人的参与方式和独立没收程序中案外人的参与方式进行合理化改造。在以定罪量刑为基础的普通刑事诉讼程序中,根据案外人救济程序与刑事诉讼程序的关系,可以将案外人对诉讼程序的参与分为三种模式:合并模式、分离模式和附随模式。合并模式的主要问题是案外人的参与导致庭审中法律关系复杂化。采取分离模式和附随模式固然可以防止罪责认定问题与财物权属问题在同一个庭审活动中相互交错,保证涉案财物处置问题能够得到充分的法庭调查和法庭辩论,但其问题也是极为明显的。无论是分离模式还是附随模式,都需要至少两次以上的开庭审理,这需要更多司法资源的投入,且会使诉讼程序之间的协调成为难题。出于公平与效率的考量,参考刑事附带民事诉讼的已有经验,笔者主张兼采合并模式与分离模式、附随模式的合理成分,在通过刑事审判一并解决案外人异议的基础上,对定罪量刑程序和案外人异议的审理程序进行适当分离。第一,在定罪量刑庭审程序之外,增设专门解决涉案财物处置的对物之诉。对物之诉由检察机关通过提交载有涉案财物处置意见的起诉书启动,法院在对定罪量刑问题进行的庭审活动结束后,就涉案财物的性质、权属,是否应当予以没收等问题组织专门的法庭调查和法庭辩论。对物之诉原则上应在定罪量刑庭审程序之后立即进行。对于一些涉案财物处置较为复杂的案件,法庭还可以在定罪量刑程序结束后，单独就财产处置问题开庭进行审理。为弥补在涉案财物处理上法官专业性的不足，必要的情况下，法庭还可以委托专业人员形成涉案财物处置小组，对涉案财物的价值评估、权属关系认定、财产分配等问题进行协助。在定罪量刑庭审程序和涉案财物处置程序结束之后，法庭应当对被告人定罪量刑和涉案财物追缴等问题，一并作出裁判。第二，应当允许案外人在刑事审判程序中参与诉讼。案外人可以在法院发布涉案财物处置公告，或收到法院寄送的通知书后，向法庭主张权利。对涉案财物主张权利的案外人可以在“对物之诉”启动后，参与诉讼。在刑事诉讼中，这些因对涉案财物主张权利而参与诉讼的案外人，提出了独立的诉讼请求，并与审判结果存在直接利害关系，其实际处于诉讼法律关系的“一极”，在刑事审判程序中具有独立的当事人地位。案外人享有作为诉讼当事人所应享有的权利，其可以全程参与涉案财物处置的法庭调查和法庭辩论过程，提出证据和发表意见，与既有的公诉方和辩护方积极对抗，维护自己的合法权益。法院应当在刑事裁判中一并对异议作出裁决，写明案外人的意见，并对案外人提出的意见和证据进行分析叙述，表明是否予以采纳并阐明理由。判决生效后，案外人可以参与财物分配程序，并获得相应的财产返还。第三，应当对案外人主张的事项范围进行限制。在以德国、日本为代表的合并模式中，参与审判的案外人既可以对被追诉人的罪责问题发表意见，也可以对财物的可没收性和权属问题发表意见，而法官可以根据案件的具体情况对案外人的参与范围进行限缩。但由于现阶段我国法官在涉案财物处置问题上专业水平较为有限，为避免案外人的参与使诉讼结构和法律关系过于复杂，影响诉讼的顺利进行，法律及相关司法解释宜对案外人参与的事项范围进行限制。案外人是因为涉案财物的处置可能影响其合法权利而参与诉讼程序,其诉讼权利的行使范围自然也应围绕涉案财物的处置进行。涉案财物的处置主要包括三方面的内容:犯罪事实是否发生,财物是否因与犯罪存在法定关联而具有可没收性,以及财物的权属问题。笔者认为,由于案外人通常不是犯罪行为的参与者,其对犯罪事实以及财物与犯罪的关联缺乏必要了解,允许其就罪责问题和财物与犯罪是否存在法定关联问题发表意见,并不会对案件的办理有实质性的帮助。基于此,我国应当规定案外人可就涉案财物是否影响自己的合法权益问题提出异议。对于犯罪事实以及涉案财物是否属于应予没收的违禁物、供犯罪所用之物、违法所得之物的审理,案外人可以作为证人出庭。

在独立没收程序中,由于独立没收程序只是围绕"物"展开,并不牵涉与罪责追究程序的关系问题,案外人可以直接参与诉讼程序主张权利,自不会产生参与模式的选择问题。但基于法律和司法解释的模糊规定所带来的实践困扰,我国应当进一步对案外人参与诉讼的程序进行细化。其中最为重要的是明确参与诉讼案外人的抗辩事由。与上述普通刑事诉讼程序的抗辩事由类似,笔者认为,案外人只能出于财产权利的主张而参与诉讼,并且只能提出与其财产权利主张有关的抗辩事由。

就证明责任分配来说,案外人行使参诉权,应当参照民事证明规则承担相应的证明责任。案外人参与诉讼主要是处理涉案财物的问题,即使裁判发生错误也不会对生命权、自由权等重大法益造成难以弥补的影响。裁判风险的不同必然会对证据规则的设置产生影响。一般来说,案外人参与刑事诉讼程序应当在一定程度上参考民事诉讼"谁主张,谁举证"的规则。公诉机关需要对犯罪事实以及财物与犯罪行为之间的关联性进行证明。而案外人应当对财物的权属问题以及其是否存在过错的问题承担证明责任。前者包括案外人对财物享有所有权、用益物权、担保物权等权利;后者主要指案外人对财物性质的主观认识情况。如果案外人的财物被被告人当作犯罪工具,则案外人应证明其对财物被用于犯罪并不存在过错;如果财物是案外人获取的他人违法所得,则案外人应当证明其符合善意取得的标准。如果案外人未能对上述事项予以证明,其所提的诉讼主张就无法得到法庭的认可。就证明标准来说,在犯罪事实的证明上,检察机关对被告人实施了犯罪行为的证明自然应当达到排除合理怀疑的程度。涉案财物与犯罪存在法定联系的,由于不涉及人身权利,检察机关的证明达到优势证据的证明标准就可以满足要求。在案外人对财物主张权利的情况下,案外人对其主张的事实证明到优势证据的程度即可。在独立没收程序中,由于被告人没有到案,且该程序毕竟不是涉及被告人生命权、自由权的定罪量刑程序,对案件事实的证明采取排除合理怀疑的标准可能会过分增加公诉机关的证明难度,导致很多财产无法得到有效处理,不符合诉讼规律和实际需要。基于此,笔者认为,在独立没收程序中,除财物与犯罪存在法定联系与财物权属的证明可以采取优势证据的证明标准外,公诉机关对案件事实的证明标准也可适当降低,即达到明晰而确信的标准即可。

(二)明确刑事诉讼案外人上诉权

我国的刑事诉讼实行两审终审制,当事人对第一审判决、裁定不服的,可以上诉。由于实践中涉案财物的权属关系有时较为复杂,法庭审理出现瑕疵的情况在所难免。为了保障案外人的合法权利能够得到充分救济,强化上诉审法院对一审法院行使审判上的监督权,减少涉案财物处置可能出现的错误,我国应当赋予案外人提出上诉的权利。我国《刑事诉讼法》已对独立没收程序中利害关系人的上诉权作出一定规定,但在普通刑事诉讼程序中,案外人的上诉权还处于一片空白。笔者认为,可以比照现有的诉讼规定,对普通刑事诉讼程序中案外人的上诉权予以完善。

对上诉权的完善要明确上诉范围、上诉效力和上诉审方式。在上诉范围方面,案外人上诉范围应当受到其参诉范围的限制。如上所述,为避免案外人的参与使诉讼构造和法律关系过分复杂,应当将案外人参诉的范围限于财物的权属问题。以此为基础,案外人一般来说也只能就涉案财物是否存在影响自己的合法权益事项提出上诉,不能针对被告人的行为是否满足犯罪构成要件,定罪证据是否确实、充分、合法,以及量刑是否适当等被告人刑事责任问题提出上诉。如果一审裁定程序违法,严重影响程序公正或者剥夺案外人诉讼权利的,案外人也可以程序违法为由提出上诉。在上诉效力方面,需要考量主判决上诉程序与案外人上诉程序的关系问题。第一,对于仅有案外人上诉的案件,由于案外人上诉范围仅限于涉案财物的权属认定和处置,并无权要求法院对被告人的罪责问题进行审查,案外人上诉的效力不应及于原审法院对定罪量刑的裁判。上诉法院如认为案外人上诉有理由,也应仅针对涉案财物处置的裁判进行审查,不能变更被告人有罪的认定。第二,在被告人或检察机关对主判决提出上诉或抗诉的情况下,案外人是否自动获得二审程序的参与资格,域外存在一并上诉模式和独立模式两种做法。笔者认为,由于对被告人上诉和检察院抗诉的案件,我国二审程序坚持全面审理原则,二审法院需要对案件进行全面的审查和处理,从而使原审裁判存在的错误均能得到纠正,这其中自然包括涉案财物的处置问题。基于此,对于主判决提出上诉或抗诉的案件,应当一并赋予案外人参与诉讼的资格,以充分维护案外人的权利。在上诉审方式方面,基于公开审判和程序公开的基本要求,对于案外人提出上诉的案件,二审程序应当开庭审理。但由于在仅有案外人提出上诉的情况下,二审程序仅对财产的相关情况进行审查,并不触及原裁判的罪责认定问题,反复开庭可能导致司法资源的浪费。因此,在仅有案外人提出上诉的情况下,除发现新的重大法律事实,法庭可以对案件进行书面审理,以使程序更加经济、便捷。另外,案外人非因故意或重大过失在第一审期间未参加诉讼,在第二审期间申请参加诉讼的,可参照最高人民法院、最高人民检察院《关于适用犯罪嫌疑人、被告人逃匿、死亡案件违法所得没收程序若干问题的规定》的相关规定进行处理,即法院应当准许案外人的申请,并将涉案财物处置部分的裁判发回原审法院重新审判。

(三)赋予刑事诉讼案外人撤销权

在赋予案外人参诉权的情况下,会出现两种情况:一是案外人实际参与刑事诉讼程序,案外人的权利通过刑事诉讼程序得到保护;二是案外人未实际参与刑事诉讼程序,其财产权尚未通过刑事诉讼程序获得救济。在第二种情况下,有必要继续对案外人的财产权进行保护。对没有参与诉讼程序的案外人,我国主要是通过执行异议程序和审判监督程序提供后续救济的。但通过上述分析,我们不难发现,由于程序本身性质定位偏差、立法规定缺乏协调性,通过执行异议程序和审判监督程序所最终实现的对案外人财产权保护的程度是极其低微的。

“当没收等附带法律效果宣告所针对之案外人,并未在任何事实审程序中实际行使参与人的权利,且此情况不可归责于该案外人时，则其应于事后程序中，对没收提出异议，并透过此事后程序，事后享有法定听审权以及排除法律效果的机会。”[①]为使案外人获得更为全面和完善的权利保障，笔者主张参考《民事诉讼法》[②]的相关规定，在裁判确定之日起的一定期限内赋予案外人撤销权并规定相应的案外人撤销之诉机制。撤销权的行使要件为：第一，请求撤销原裁判的案外人必须提供相关材料证明其于裁判确定之时对标的物享有权利，但此权利被裁判所侵害或不复存在。第二，申请撤销原裁判的案外人还必须证明其未能参与事实审程序不可归责于本人。这主要包含两种情况：一是案外人根本不知道自己有会受裁判影响的标的物，因此根本未曾参与诉讼程序；二是案外人对诉讼程序的参与受到不可归责于其自身的阻碍。案外人提出撤销原裁判申请的，法院应当对案外人提交的起诉状、证据材料等进行审查，对符合规定的案外人撤销申请，应当由原审合议庭按照一审程序进行开庭审理。对原审程序的当事人来说，定罪量刑部分以及涉案财物处置裁判中与案外人利益无关的部分依然有效。撤销之诉是案外人的初次救济，如果案外人对法院的裁判不服，可以继续行使上诉权和申诉权。案外人撤销权的行使并非当然中止没收的执行，而是交由法院依据案件的具

---

① 林钰雄：《德国刑事没收程序逐条释义——第三人参与、单独宣告及事后程序(续)》，载《法学丛刊》第3期(2017年)。

② 我国在2012年修正的《民事诉讼法》中新设了第三人撤销之诉制度，并在2015年最高人民法院《关于适用〈中华人民共和国民事诉讼法〉的解释》中进行专章规定。依据我国2012年《民事诉讼法》第56条第3款之规定，有独立请求权和无独立请求权的第三人，因不能归责于本人的事由未参加诉讼，但有证据证明发生法律效力的判决、裁定、调解书的部分或全部内容错误，损害其民事权益的，可以自知道或应当知道其民事权益受损之日起6个月内，向作出该判决、裁定、调解书的人民法院提起诉讼。《民事诉讼法》的相关规定可以为《刑事诉讼法》的完善提供一定借鉴。

体情况作出裁定。这主要是为了防止案外人撤销之诉被用来实现阻碍执行、转移财产等不正当目的。另外,在撤销权行使的范围内,案外人不得申请启动再审程序,以防止不同程序同时进行导致的司法资源浪费和裁判矛盾。

三、检察机关、公安机关救济的完善

(一)增强申诉控告程序的法定性

当前,人民检察院已经承担了部分司法救济职能,检察权也向着"去行政化"和"司法化"方向发展。在这一背景下,完善、强化检察机关主导的案外人救济机制,对案外人财产权保护和司法资源的合理配置具有重要作用。为避免申诉、控告程序法定性不足存在的种种弊端,我国法律及司法解释有必要对处理申诉控告的具体程序,以及申诉控告的举证责任分配予以明确规定。

一方面,明确规定证明问题。在申诉控告中,案外人应先就违法查封、扣押、冻结、处置的相关事实承担初步证明责任。为减少受理机关的任意性和不确定性,相关司法解释宜对案外人需要提交的主要证明材料进行列举。由案外人对申诉控告的内容承担初步证明责任,主要是为了防止案外人申诉权、控告权的滥用,减少司法资源的浪费。但考虑到司法实践中案外人的取证难度,对其承担证明责任所要达到的证明标准不应要求太高,只需要达到"表面充分",使受理机关认为有对申诉控告进行审查的必要性即可。另外,立法应当对涉案财物、违法行为等关键性问题作出明确规定,以避免受理机关对案外人提交的材料进行自由裁量。

另一方面,明确规定救济程序。程序法定作为一种通过规范权力达致保护权利的程序性准则，对案外人救济的有效实现具有重要意义。域外某些国家的立法对救济程序的启动、对权利主张的审查、救济事项的处理等，均作了具体的规定。[①] 通过立法对救济程序予以详尽规定，有助于迫使相关机关及其工作人员在处理救济事项时在法律设定的轨道内进行。为降低申诉、控告程序法定不足对现实中程序功能发挥所产生的抑制作用，我国《刑事诉讼法》及相关司法解释有必要对申诉控告程序的细节性问题，如提出时间、受理机关、处理期限、审查标准、材料认定等，作出进一步明确规定。

（二）赋予案外人程序选择权

恩格斯在为马克思《法兰西内战》一书所撰写的导言中曾告诫人们：国家权力机关为追求自己的特殊利益，从社会公仆变为社会主人的情形，在世袭君主国与民主共和国都可以看到。[②] 公检法机关作为“理性人”，其在诉讼过程中也会力图寻求自身利益最大化。如果由侵权机关自行审理对其提出的申诉、控告，出于趋利避害的考虑，很难保证其对申诉、控告的审查有足够动力，也很难确保其对申诉、控告的处理具有公正性和客观性。

域外国家和地区普遍通过中立的司法机关，为相关权利人提供救济。相关权利人对侦查机关或检察机关作出的财物扣押、处理等决定存在异议的，可以申请法院进行审查。对于法官在侦查

---

① 如美国明确规定一旦申请人提出了减免没收的申请，检察官就应当组织财产扣押机关对相关案情进行调查，并向资产没收和洗钱科提交调查报告；明确规定在申请被拒绝时，申请人可以继续进行复议、申请司法审查等。

② 参见马克思：《法兰西内战》，人民出版社2016年版，第14～15页。

程序中作出的相关决定和命令，准许相关权利人在不服时提出控告。[①] 但在我国，对于审前活动，法院尚无法介入。在这种情况下，笔者认为，可以先将向侵权机关申诉控告变为一种可选择程序，赋予申诉、控告人对第一位的审查、受理机关进行选择的权利。具体来说，对于《刑事诉讼法》第117条规定的情形，申诉、控告既可以向该机关提出，也可以越过侵权机关而直接向人民检察院提出。向侵权机关提出申诉、控告的，该机关应当对申诉控告进行及时处理，对处理不服的，有关人员仍享有向同级人民检察院再行申诉的权利，人民检察院应依法依规处理。直接向人民检察院申诉、控告的，有关人员对检察机关作出的处理不服的，可以向上一级人民检察院再行申诉。对于人民检察院作出的查封、扣押、冻结、处理决定，当事人可以向上一级人民检察院申诉。

（三）强化检察监督的作用

第一，强化监督效能。检察监督刚性不足必然导致实践中检察机关法律监督的作用难以得到有效发挥。正是在这个层面上，一些学者指出，进一步增强监督的效能，是检察监督完善的核心。[②] 针对这一问题，笔者认为应当强化纠正违法建议的刚性，提升诉讼监督的效力，真正发挥检察机关法律监督的约束功能。首先，检察机关发出的所有纠正违法建议应当具备完备的行为模式与法律后果二要素，特别是应当明确纠正违法通知书的程序效力，即接受监督主体有义务将纠正违法的处理情况通知检察机关，并附带说明理由，以防范接受监督主体对纠正违法通知置之不理或敷衍搪塞现象的发生。其次，应当明确规定不接受检察机

① 参见德国《刑事诉讼法》第304条。

② 参见巩富文：《中国侦查监督制度研究》，法律出版社2015年版，第88页。

关法律监督可能承担的法律责任。《人民检察院刑事诉讼规则》已经就没有合理理由拒不纠正违法行为的情况,规定了相应的应对机制。[①] 但在这种纠错机制中,检察机关并不享有纠错的主动权,其法律监督权的正常运行仍依托于受监督机关的积极配合。因此,法律及相关的司法解释有必要规定不接受检察机关法律监督的责任。有关机关没有合理理由拒不纠正违法行为或对纠正违法建议不予回应的,应当承担相应的法律责任,如可以将不配合法律监督的行为作为更换办案人员的条件,或者检察机关可以要求受监督机关的上一级单位对有关人员进行处罚等。最后,立法还应保障检察机关在某些情况下享有一定的处分权。例如,法律和司法解释可以规定,检察机关享有撤销权,可对某些违法行为直接作出撤销决定。

第二,完善权能体系。检察机关只有在具备完善的基础权能的情况下,才可能对刑事诉讼活动进行高效且高质量的法律监督。结合具体检察实践,笔者认为,检察监督的基础权能体系应大体包括阅卷权、备案权和调查权。阅卷权,是指检察机关受理申诉、控告后,应有权到有关机关查阅、调阅案卷材料。备案权则要求侦查机关采取诉讼措施后,应当向检察机关进行备案,以便检察机关能够随时掌握刑事案件的具体情况。调查权是检察机关可以向有关人员了解情况,通过法定渠道收集相关信息。只有在立法上进一步明确检察机关基于法律监督而享有的基础权能,检察机关的监督才能富有效力。

---

① 《人民检察院刑事诉讼规则》第553条规定,人民检察院发出纠正违法通知书的,应当监督落实。被监督单位在纠正违法通知书规定的期限内没有回复纠正情况的,人民检察院应当督促回复。经督促被监督单位仍不回复或者没有正当理由不纠正的,人民检察院应当向上一级人民检察院报告。

第三,合理配置机构。检察机关应当完善内部机构设置,完善申诉、控告和涉法涉诉信访案件导入机制。培养和安排熟悉检察业务知识,精通相关法律知识的工作人员从事申诉、控告、信访等业务接待,要求其快速从各类信访中区分出不同类型的案件。控申部门应及时办理案件受理分流工作,使其纳入法律程序解决。对于不属于检察机关受理范围的其他案件,应当告知当事人向有权机关提出申诉、控告。另外,应健全检察机关内部衔接配合机制。强化控申检察部门在检察机关内部的组织协调作用,建立控申案件内部情况通报、信息共享、结果反馈制度。特别是在案件涉及职能部门较多、部门之间职能关系存在交叉,或在申诉、控告案件的处理和善后工作较为复杂的情况下,控申检察部门应积极发挥好协调、疏导的作用,以使检察机关内部对案件的处理达成共识,发挥检察机关法律监督的整体效能。

第四,强化反向制约。出于工作量增加等方面的顾虑,检察机关对涉案财物处置的监督明显动力不足。再加上即使对申诉不予处理,检察机关也不会因此受到不利影响,检察机关对相关权利人申诉的处理就更加缺乏动力。对于这一问题,笔者认为可以从两方面入手:一方面,强化内部制约。将涉案财物处置的监督和相关申诉的处理,纳入绩效考评项目及目标,并合理配置评估手段,以督促检察机关办案人员依法依责履行监督职责。另一方面,强化外部制约。例如,案外人提出异议的,法院应当在审判阶段的涉案财物处置程序中对审前涉案财物处置问题进行审理,公诉人员应当举证、质证,以此强化司法的反向制约机制。

四、刑事诉讼案外人权利保障机制完善

(一)告知机制完善

知情权是案外人有效参与刑事诉讼程序、保障其自身财产权的前提和基础。案外人的知情权具有被动性,需要国家告知义务的积极履行才能充分实现。因此,案外人知情权保障问题最终落到了国家告知制度的完善上面。针对我国案外人告知机制存在的问题,《刑事诉讼法》及相关司法解释可以进一步从告知的情形、方式、内容、效力等方面完善告知机制。

第一,明确告知情形。知情权是可能受公权力行使影响的人进行防御的基本前提。基于此,国家专门机关在进行任何可能干预案外人财产权的诉讼行为时,均应及时告知相对人。具体来说,针对案外人的告知应包含以下情形:采取对物强制措施时的告知,对涉案财物进行变现、销毁等先行处置时的告知,以及对涉案财物进行实体性处置时的告知。《刑事诉讼法》及相关司法解释应明确规定,在国家专门机关查封、扣押、冻结、保管、处理涉案财物时,如遇有与涉案财物处理存在利害关系的案外人,均应履行告知义务。为保证告知能够及时进行,相关法律和司法解释还应明确告知的时间节点。例如,当案件涉及涉案财物处置时,法院应当在开庭前发出公告,并设置适当的异议期,案外人在异议期内申请参与诉讼,并经过法院许可的,都可以当事人的身份参与涉案财物处置的法庭审理。这不仅符合正当程序的必然要求,也使刑事诉讼的进行能兼顾各方权利,使案外人在刑事诉讼的全过程中,都能对财物的相关状况有所了解,以及时行使自己的诉讼权利。

第二,创新告知方式。如何通过告知程序尽可能使所有相关

权利人了解刑事诉讼进程,是告知机制完善面临的一个重大难题。我国现阶段存在告知方式缺乏法定性、灵活性、高效性等问题。针对这些问题,我国应对告知方式进行拓展和创新。例如,针对现有的告知方式缺乏灵活性问题,我国可以在现有通信技术的基础上,进行适当改造。利用短信、微信群发告知内容,以弥补传统书面告知方式存在的人员不足、时间紧张、任务过重等问题,并即刻将告知书送达多名相关权利人。利用投资信息平台、官方网站、广播、电视等方式,对相关财物信息进行广而告之,以拓宽公告程序的辐射范围。又如,我国现有的书面告知和公告告知都是以人为核心的通知,无论是向权利人出示扣押清单、送达权利义务告知书,还是在公开发行的报纸、网站、公告栏、信息平台进行公告都需要人的主动关注。对于并不了解案件情况的案外人来说,这种告知方式很难达到应有的效果。对此,我们应尝试在原有的告知方式之外,建立以物为中心的告知机制。公安机关、检察机关、法院应当在涉案财物查封、扣押、冻结、处理时,在不动产登记部门、银行等财产交易、权利变动地点进行公告,或委托相关登记机构和银行的工作人员通知涉及财产、账户上的权利人,这样就更有可能使与涉案财产存在利害关系的人了解相关诉讼信息和财产状态,告知的针对性和辐射性也将显著提高。另外,在司法实践过程中,针对案件的具体情况,国家专门机关应当灵活采用不同的告知方式。例如,在权利人已知的情况下,为保证告知的有效性,有关机关必须对权利人进行书面告知,而不能以公告告知的方式替代。在财物权属复杂,已知权利人有限的情况下,国家专门机关则应当根据案件的具体情况,采取书面告知、公告告知、登记告知相结合的方式。对于告知的方式,2021 年最高人民法院《关于适用〈中华人民共和国刑事诉讼法〉的解释》已作出一定优化,提高了告知的灵活性和规范性,但其能否达到预期效果,还需要经过实践的检验。①

第三,细化告知内容。告知的效果依赖于告知内容的精准和细化程度,有效的告知应当能使被告知人通过告知行为快速了解各方面情况,减少案外人的“各方打听”。笔者认为,告知案外人的内容应当至少包括以下四方面:一是决定和执行单位的信息,包括单位名称、单位地址、执行人、联系方式等。二是采取查封、扣押、冻结、处理等措施的具体理由,包括基本案情、犯罪嫌疑人信息、法律依据等。三是涉案财物情况,包括名称、详细特征等排他性内容等。四是案外人相关权利和义务,如案外人可以在何种期限内,有权向哪个部门申诉、控告等。在权利人明知的情况下,告知文件还应当包含权利人的基本信息,包括姓名、住址、联系方式等。

第四,规定告知效力。既然进行告知是正当程序的基本要求,是相关部门的法定义务,一旦相关部门未履行告知义务,其应当承担相应的不利后果。明确告知效力及国家专门机关违反告

---

① 最高人民法院《关于适用〈中华人民共和国刑事诉讼法〉的解释》第615条规定,公告应当在全国公开发行的报纸、信息网络媒体、最高人民法院的官方网站发布,并在人民法院公告栏发布。必要时,公告可以在犯罪地、犯罪嫌疑人、被告人居住地或者被申请没收财产所在地发布。最后发布的公告的日期为公告日期。发布公告的,应当采取拍照、录像等方式记录发布过程。人民法院已经掌握境内利害关系人联系方式的,应当直接送达含有公告内容的通知;直接送达有困难的,可以委托代为送达、邮寄送达。经受送达人同意的,可以采用传真、电子邮件等能够确认其收悉的方式告知公告内容,并记录在案。人民法院已经掌握境外犯罪嫌疑人、被告人、利害关系人联系方式,经受送达人同意的,可以采用传真、电子邮件等能够确认其收悉的方式告知公告内容,并记录在案;受送达人未表示同意,或者人民法院未掌握境外犯罪嫌疑人、被告人、利害关系人联系方式,其所在国、地区的主管机关明确提出应当向受送达人送达含有公告内容的通知的,人民法院可以决定是否送达。决定送达的,应当依照该解释第493条的规定请求所在国、地区提供司法协助。

知义务时的法律后果,对于案外人知情权的保障和国家专门机关义务的充分行使具有重要作用。结合我国立法规定,参考域外的相关经验,笔者认为,可以对告知的效力作如下规定。首先,在对涉案财物进行实体性处置时,国家专门机关应当事前对相关事项进行告知,并赋予相关权利人一定的准备时间。未采取合理的措施进行告知的,不得对涉案财物进行处置。已经对涉案财物进行实体性处置,但相关权利人没有收到相关通知的,相关权利人可以以未收到通知为由申请法院对财物的处置进行重新审理。为方便法院对告知义务的履行进行审查,办案人员应当将履行告知义务的证明文件(如送达回执、公示证明等)附卷并随案移送。其次,在对涉案财物采取程序性强制措施时,办案人员应当通过事中出示搜查证、扣押决定书,以及事后向相关权利人送达通知书、在登记机关登记、公示等方式进行告知。办案人员未采取合理步骤进行告知的,财产的所有权人可以向检察机关申请撤销查封、扣押、冻结,并返还财产。在查封、扣押、冻结期间,未收到通知的财产所有权人及其他权利人对财产及财产上的权利进行处分的,处分有效。搜查、扣押对案件事实具有证明作用的物品、文件而未进行告知的,该物品、文件不得作为证据使用。最后,对于涉案财物的告知,应当设立"后查补"机制。在刑事诉讼中,后一诉讼阶段的办案机关,应当对前一阶段的办案机关履行告知义务的情况进行审查。在前一阶段办案机关未履行告知义务,或告知不符合规定的情况下,后一阶段的办案机关需依照前一诉讼阶段的法定要求对相关事项进行告知,以此达到公正与效率的平衡。

(二)律师代理机制完善

律师的介入能够为案外人提供专业化法律帮助,强化案外人的诉讼力量,使其能够有效地参与诉讼。基于"平等武装"的理念,应当构建完善的案外人律师代理机制。

第一,赋予案外人获得律师代理的权利。立法的明确规定是实践中案外人权利获得保障的前提。为保证案外人能够获得充分的法律帮助,充分有效参与诉讼程序,确保案件准确、及时处理,《刑事诉讼法》应当扩充现有的案外人委托律师代理的范围,明确规定参与诉讼的案外人获得律师代理的权利。由于很多案外人不懂法律,不了解法律赋予的权利,笔者建议立法应该将代理律师介入诉讼的时间提前。《刑事诉讼法》应当规定,公诉案件案外人,自立案之日起有权委托诉讼代理人,自诉案件的案外人有权随时委托诉讼代理人。在侦查和审查起诉阶段,代理律师可以帮助案外人行使申诉、控告的权利。在审判阶段,律师可以代写涉案财物处置意见,出庭参与法庭调查和法庭辩论。如果案外人对裁判不服,律师可以协助其行使上诉权。在执行阶段,代理律师也可以帮助案外人参与涉案财物的分配与处理,以充分维护案外人的权利。

第二,明确规定案外人代理律师的权限。专业的律师不能只听案外人的一面之词,还需要通过阅卷、调查取证等方式获取案件的第一手资料。为充分保障案外人律师代理机制作用的发挥,相关法律和司法解释应根据案外人律师代理工作的特点,明确赋予案外人代理律师履行职能所必需的诉讼权利(如阅卷权、调查取证权、获得通知权、参加法庭调查和辩论权、提出意见权等),并同时规定司法机关具有对律师行使权利提供保障和便利的义务。司法机关工作人员阻碍律师依法行使有关权利的,律师应有获得救济的法律途径。及早了解案件情况、获知国家专门机关收集的相关证据,对代理职能的行使具有重要作用。但现阶段,辩护人在侦查阶段的权限范围极为有限,这使案外人代理律师在侦查阶段即获得阅卷、申请调查取证等权利显然并不现实。因此，笔者认为，可先比照辩护人的权利规定，结合案外人代理律师行使职能的特点，对案外人代理律师的权限范围进行设定。在侦查阶段，案外人代理律师的权限范围应仅限于向侦查机关了解案件情况、自行调查取证、代为申诉控告、获得通知等权利。自人民检察院对案件审查起诉之日起，案外人代理律师可以查阅、摘抄、复制本案的案卷材料，申请人民检察院、人民法院调查取证。

第三，赋予案外人获得法律援助的权利。为了使案外人权利与刑事诉讼被追诉人与被害人权利平衡，应当在充分考量我国现有律师资源的情况下，逐步推进案外人法律援助制度，尽可能为案外人提供法律援助。在现有条件下，《刑事诉讼法》及相关司法解释可先对事实或法律状态复杂、案外人因身体等原因无法维护自己权利的案件，增加案外人法律援助的内容。对于上述情况，案外人可以向法律援助机构申请法律援助，公安司法机关认为有必要时，也可通知法律援助机构指派律师作为诉讼代理人参与诉讼。同时，应对案外人代理律师的资质水平作出合理限定，以保证案件代理的质量。

第四节　完善刑事诉讼案外人财产权保护配套机制

若要从根本上保障案外人的财产权不受刑事诉讼活动的不当侵害，单纯进行“头痛医头，脚痛医脚”的制度改革，不足以彻底根除问题的症结。如上所述，我国刑事诉讼对案外人财产权的保护在很大程度上受到我国刑事司法观念、体系、机制的掣肘。只有追溯这些更深层次的观念性和制度性问题，并对其进行协同化完善,才有可能保证国家专门机关在法律既定的轨道上正确行使权力,确保案外人的财产权在刑事诉讼活动中得到应有的尊重。

一、政法经费拨付体制的改革

充足的经费保障是实现司法公正的重要依托。一直以来,由于我国地方财政对司法的支持力度有限,司法经费"明脱暗挂""罚没收入返还"的情况难以有效杜绝。十八届三中全会以来,随着省级以下地方法院、检察院人财物统一管理政策的逐步落实,地方三级法院、检察机关财政预算交由省级财政统一拨付。这一举措对于摆脱司法机关在财政上对同级政府的依赖,切断司法机关与地方政府之间的利益链条,起到了一定的推动作用。但这一改革措施的适用范围较为有限,改革对象并不涉及公安机关的经费问题,由此导致公安机关的经费命脉仍由同级政府财政所掌握。不仅如此,由于某些地方省级层面的资金在整体上仍比较有限,其对法院和检察机关财政预算的保障力度较低,一些法院和检察机关仍然要部分依靠同级政府的财政支持。①

针对我国政法经费拨付体制存在的漏洞,笔者认为,应从三个方面予以完善。第一,政法经费拨付制度改革要实现财政供给的充分化。从目前的情况来看,省级统管政策逐步落实后,地方司法机关的经费保障力度有所提升,但部分经济欠发达的省份仍需要其他来源的财政支持。这就要求中央财政与地方财政提供充足的资金来满足地方司法机关公正高效运作的需要。我国可以通过提高中央投入,在中央司法预算中设置

---

① 参见陈瑞华:《刑事对物之诉的初步研究》,载《中国法学》2019年第1期。

专门的地区补助预算等方式,弥补省级财政无法满足的司法预算资金缺口,实现地区间司法服务的均衡。另外,针对省级统管政策适用范围有限的情况,我国应进一步扩大省级统管的范围,将公安机关的经费保障也纳入省级统管的范畴,以保证公安机关的运行获得充分的经费支持。第二,政法经费拨付制度改革要实现财政供给的合理化。目前司法经费的标准化预算模式具有较强的统一性和刚性。这种预算模式虽然能够保证经费在公安司法机关之间公平分配,但过度强调经费分配的统一性,容易忽略不同公安司法机关的具体情况,可能出现经费分配的扭曲。因此,应当建立相应的标准调整机制,以公安司法机关的具体办案情况、人员数量,以及实际业务开销确定财政拨款数额,以防止因标准过于机械而导致的财政缺口。第三,政法经费拨付制度改革要实现公检法机关财政收取的非社会化。在公安司法机关需要自力更生地通过追缴赃款补充经费的情况下,真正的"司法公正"难以实现。基于此,必须切断财物追缴与公安司法机关经费保障之间的利益关系,从主观上杜绝公安司法机关向社会汲取财力的利益驱动。一方面,我国应建立专门、独立的涉案财物保管机关,以此将涉案财物管控与办案机关相分离。另一方面,明确将上缴的罚没财产与经费支出的数额脱钩,各地公安司法机关的罚没财物必须直接全部上缴国库,杜绝实践中存在的"罚没收入返还"的情况。

二、推进司法的去行政化

司法的行政化一直是我国司法体制的痼疾。虽然自 2013 年以来,新一轮的司法改革力图通过去行政化的方式实现司法权的公正行使,但司法行政化色彩并没有在改革的过程中彻底消失。[①] 在司法行政化的影响下，司法的政策导向性和封闭性构成了司法运行的内在结构，直接影响司法公正的实现和公民权利的保护。司法的实质在于实现公平正义。正是在这个意义上，罗尔斯才说“不正义的行为之一就是法官及其他有权者没有运用恰当的规则或者不能正确地解释规则”[②]。因此，为消除司法公正的深层次障碍，有效实现司法公正，切实保护相关权利人的合法权利，我国有必要进一步强化司法的去行政化改革。

首先，理顺司法与政策实施之间的关系。“在一个具有高度动员能力及资源集中能力的体制中，司法的功能设置不可避免地具有服务性和服从性，其关注重心、资源配置、审判政策应注意配合执政党和政府所推进的中心工作及政策要求，从司法的角度保障其有效推进。”[③]但与此同时，我们需要注意到，司法与行政有严格的界限划分。司法机关的本职是以中立第三人的身份，适用法律定分止争。中立性是司法的基本特征，司法公正是其终极的价值追求。基于此，尽管国家的大政方针和政策在一定程度上会对司法起到一定的指引作用，但司法的中立功能仍应当受到强调。司法活动应坚持法治精神、法律基本原则和基本的司法职业规范，坚持以社会正义为本位。在司法公正与诉讼效率存在价值冲突的情况下，应当确保司法公正的优先地位。这种对司法公正的坚持，不应为政策性或功利性的要求所撼动，也不应因受到行政机关的干预而有所改变。

---

① 参见刘广三、李胥：《刑事司法公开的“沟通性”研究》，载《昆明理工大学学报（社会科学版）》2018 年第 3 期。

② ［美］约翰·罗尔斯：《正义论》，何怀宏等译，中国社会科学出版社 1988 年版，第 225 页。

③ 龙宗智、袁坚：《深化改革背景下对司法行政化的遏制》，载《法学研究》2014 年第 1 期。

其次，推进司法体系的去行政化改革。我国的司法体系呈现科层式特征，每一个司法人员被纳入一种行政化的等级体系之中。这种等级制度虽然使司法机关的日常管理更为方便，但这种行政化管理模式阻碍了司法权的独立行使，为不正当权力干预司法活动提供便利，也使相关权利人的权利在隐性程序的干预下处于不确定的状态。对此，应当推进司法体系的去行政化改革。第一，限制法院院长、庭长决定个案的权力。对其监督案件的范围和程序进行细化，提高程序的透明化程度，防止其依据行政化的层级管理干预法官审判权的行使。第二，改革审判委员会制度。对审判委员会行使审判权的案件范围进行限制，并进一步提升审判委员会的专业化程度。第三，明确各级法院的职能定位。针对我国现阶段存在的上下级法院行政报批、审级不独立等现象，我国应明确四级法院的职能定位，理顺上下级之间的监督关系。第四，承认检察官在履行职权时具有一定的独立性。检察院整体独立并不意味着检察官不具有独立处理案件的权力。在检察机关已在审前程序中承担部分司法权能的背景下，遵循司法权的运作原理，进一步强化检察官办案的独立性是极为必要的。这便要求检察官依法独立办案并承担责任，检察官办理案件不应受任何不正当因素的干扰，明确限定检察委员会、上级检察官对办案人员的干预范围和方式。[①] 第五，规范刑事绩效考核的考评体系。明确绩效考核在保障案件质量上的功能定位，科学设计刑事绩效考核的指标体系。调整其中的不合理因素（如发改率、上诉

---

① 例如，检察官对于检察长的指令权予以承认，但对于该权力有两方面限制：一是检察长的指令权范围应有明确限制；二是发出指令需要以书面方式进行。这两项限制为检察官办案具有一定自主性提供了空间。参见张建伟：《超越地方主义和去行政化——司法体制改革的两大目标和实现途径》，载《法学杂志》2014 年第 3 期。

率等)，避免考评体系的简单量化，防止公安司法机关为盲目追求指标而出现部门配合、恶性竞争等后果，影响案件的公正处理。

最后，提高司法工作人员的职业素质。高素质、专业化的司法群体是确保司法活动具有公正性和独立性的基础性要件。虽然近年来我国多次进行司法改革，不断借鉴域外国家和地区的通行做法，但由于我国现代型司法起步较晚，司法人员的职业化程度仍然较低。与现代法治体系和理念相配套的行业规范、伦理准则尚未成熟。在这种情况下，我们很难期望司法活动能够摆脱政策性、功利性等因素的影响，独立而公正地进行。对此，我国应进一步推进司法职业化进程，使司法工作人员具备良好的专业精神和业务素质，树立人权保障、司法公正等司法理念。与此同时，我国也应当健全司法工作人员的职业保障制度，建立区别于普通公务员的司法工作人员职级待遇机制，以使司法工作人员能够免于外界不当因素的干扰。

三、传统刑事司法观念的扬弃

第一，全面人权观的树立。人权是社会制度赋予个体和群体的权利。在反对人权神授的过程中，西方学者提出了普遍人权观，将人权作为天赋权利。人权的普遍性和固有性不以其所处的司法场域而改变。刑事司法领域全面人权观的树立要求：一方面，人权内容应具有全面性。人权的内容不仅包括生命权、人身权，还包括财产权、隐私权等权利。全面的人权观要求，刑事司法活动对于其所涉及的基本人权应当给予同等的关注与保护。对基本权利实施限制或剥夺时，无论该权利种类为何，均应当遵守法律保留原则和正当程序原则。另一方面，人权主体应当具有全面性。人权的享有者是生物学意义上的人。人权的普遍性要求其不随人种、社会地位等方面的不同而有所区别。尽管刑事司法主要围绕被告人的责任追究和权利保护展开,但受其影响的权利主体范围却不仅仅限于犯罪嫌疑人、被告人。全面的人权观要求刑事司法活动不仅应当关注被追诉人的权利保护,同时应当关注受其影响的其他权利主体的权利保护。

第二,程序正义理念的强化。通过规则的树立保证利益主体对程序的参与和限制公权力的滥用是程序正义的内在要求。"诉讼程序只有摆脱它对诉讼结果的依附地位,才能够成为独立的正当性的源泉。"[①]但由于传统法律文化的影响,以及完善的程序制约机制的缺失,我国刑事司法中程序正义的独立价值并没有受到人们的重视。实践中对程序正义的忽视,严重威胁到公民基本保护和司法公信力的实现。因此,在坚持实体公正的基础上,强化程序公正的理念,反对重实体轻程序的错误倾向,努力实现实体与程序并重,对我国刑事法治建设和完善极为重要。为实现这一目标,一方面需要提升公安司法机关工作人员的业务素养,另一方面需要强化程序法定和程序制裁等机制,以此使办案人员主观上重视对法定程序的遵守,客观上不敢逾越法律规定的权限范畴。

第三,刑民关系的厘清。多年来,受重刑轻民等传统观念的影响,先刑后民似乎成为司法实践中的"思维定式"。实践中,在遇到刑民交叉案件时,只要二者涉及的部分事实相同,审理民事案件的法官往往会"趋利避害",选择"便利""经济""稳妥"的方法,作出诉讼中止的裁定。[②] 但随着经济社会的发展,先刑后民

---

① 宋英辉等:《刑事诉讼法原理》(第3版),北京大学出版社2014年版,第24页。

② 参见纪格非:《论刑民交叉案件的审理顺序》,载《法学家》2018年第6期。

所带来的刑法不恰当扩张和相关民事主体私权利受损等问题逐渐凸显,人们需要重新审视并厘清刑民之间的关系。事实上,从规范层面来看,先刑后民并非一项法定原则,其只是协调刑民交叉案件的思路和方法之一。为平衡刑事与民事、权力行使与权利保障之间的关系,我国立法和司法应当破除先刑后民的固有思维模式。对于刑民交叉案件应作整体考察,国家专门机关应依据不同的情况,对刑民案件作出相互照应、彼此相宜的处理。一方面,立法应厘清适用先刑后民驳回起诉、中止审理、中止执行的判断标准和具体情况,对于不属于采取先刑后民处理方式的案件,应当刑民并行,继续审理、执行。另一方面,司法实践中,法院对与刑事诉讼存在交叉的民事案件应当慎用驳回起诉、中止审理或中止执行。法院在对相关民事案件的处理作出中止、驳回的裁定前,需要对中止民事案件处理的必要性作出考查。原则上,只有在民事案件与刑事案件属于同一事实(如一方当事人本身就是刑事案件的犯罪嫌疑人),或民事案件的处理必须以刑事案件审理的结果为前提时,法院才能对民事案件作出驳回、中止的裁定。

结 语

人是目的而非工具。刑事诉讼的发展潮流是从野蛮走向文明，从专制走向民主。惩罚犯罪不是刑事诉讼的唯一目的，尊重每一个与刑事诉讼存在利害关系的人的合法权利、保证诉讼程序本身的公正和和谐同样是刑事诉讼追求的目标。

刑事诉讼案外人财产权保护，是一个国家人权保障的重要内容。但总体而言，我国刑事诉讼案外人的财产权保护问题还没有引起足够的关注，对其财产权的保护也是道阻且长。作为合法权利受到刑事诉讼程序干预的利益相关人，刑事立法应当通过相关的制度设计和完善来保障案外人的合法财产权。刑事诉讼案外人财产权的保护需要全局思维，需要对诉讼的每一个层面、每一个阶段、每一个制度进行深入分析。本书着力围绕案外人财产权保护的范围界分、案外人财产权的救济机制、国家公权力的行使界限三个层面，来探讨刑事诉讼案外人财产权保护的基本内容。

本书认为,在案外人财产权保护的范围层面,针对我国立法和司法实践中存在的案外人财产权保护范围模糊的问题,我国立法和司法解释首先应当进一步明确圈定违禁物、供犯罪所用之物、违法所得之物等概念范畴,再合理划定刑事诉讼中案外人物权、债权的保护范围。例如,除非案外人基于可责性事由使其享有财产权的财物被用于犯罪,否则不得对案外人所有的供犯罪所用之物予以没收;出于保护案外人的信赖利益,案外人符合规定善意取得的涉案财物不得予以没收;合理协调刑事诉讼程序与民事执行程序、破产程序之间的关系,在保障刑事诉讼目的实现、被害人得到赔偿的情况下,尽可能少地干预案外人的合法债权。在案外人财产权的救济机制层面,针对我国现阶段案外人财产权救济缺失的问题,我国宜采取司法救济与行政救济并行的复合型救济机制,在保障刑事诉讼案外人参诉权、上诉权、撤销权的基础上,进一步强化检察监督的作用,畅通申诉、控告渠道,完善告知、律师代理等案外人权利保障机制。针对国家公权力行使的限制,我国应进一步强化令状原则对公权力的限制、建立司法权终局保障机制、构建执行程序中的司法审查制度、构建证据保全扣押与财产保全扣押双轨模式、强化涉案财物处置的比例原则限制、强化刑事程序的法定性、强化国家专门机关诉讼行为的明确性等。

刑事诉讼案外人财产权保护是一个复杂的课题。笔者在力所能及的范围内对国内外刑事诉讼案外人财产权保护问题进行了考察。但由于能力有限,成文仓促以及各种客观原因的限制,本书对该问题的研究仍未必深入。一方面,文章的视野具有一定的局限性。刑事诉讼案外人是一个涉及范围非常广的概念。但鉴于篇幅和论述清晰程度的考量,本书对案外人的范围作了较大的限制,并将研究的重点集中在实践中主要存在的问题上,由此导致文章内容较为单一,难以针对案外人的不同形态以及所涉制度的不同种类,作出系统的理论架构。另一方面,文章的资料收集、整理具有一定的局限性。对刑事诉讼案外人财产权保护问题,国内的研究极为有限。域外国家和地区对该问题的研究虽然较为丰富,但相关材料较为零散,并不系统。笔者虽然竭尽所能收集相关资料,但仍不能保证全面。对此遗憾,笔者只能在今后的研究中进一步努力。

参考文献

一、中文类参考文献

(一)著作类

1. 高铭暄编著:《中华人民共和国刑法的孕育和诞生》,法律出版社 1981 年版。

2. 中国大百科总编辑委员会编:《中国大百科全书·法学》,中国大百科全书出版社 1984 年版。

3. 张文显:《当代西方法哲学》,吉林大学出版社 1987 年版。

4. 张文显:《法学基本范畴研究》,中国政法大学出版社 1993 年版。

5. 罗传贤:《行政程序法基础理论》,台北,五南图书出版有限公司 1993 年版。

6. 何鹏主编:《现代日本刑法专题研究》,吉林大学出版社 1994 年版。

7. 张文显:《二十世纪西方法哲学思潮研究》,法律出版社 1996 年版。

8. 关保英:《行政法的价值定位》,中国政法大学出版社 1997 年版。

9. 张文显主编:《法理学》,法律出版社 1997 年版。

10. 林山田:《刑法通论》(下册),北京大学出版社 2012 年版。

11. 龙宗智:《相对合理主义》,中国政法大学出版社 1999 年版。

12. 张小虎:《刑事法律关系的构造与价值》,中国方正出版社 1999 年版。

13. 刘荣军:《程序保障的理论视角》,法律出版社 1999 年版。

14. 陈新民:《德国公法学基础理论》(下册),山东人民出版社 2001 年版。

15. 韩忠谟:《刑法原理》,中国政法大学出版社 2002 年版。

16. 周林彬:《物权法新论——一种法律经济分析的观点》,北京大学出版社 2002 年版。

17. 黄竹胜:《司法权新探》,广西师范大学出版社 2003 年版。

18. 胡康生、郎胜主编:《中华人民共和国刑法释义》,法律出版社 2004 年版。

19. 陈卫东主编:《模范刑事诉讼法典》,中国人民大学出版社 2005 年版。

20. 胡建淼主编:《论公法原则》,浙江大学出版社 2005 年版。

21. 赵廉慧:《财产权的概念——从契约的视角分析》,知识产权出版社 2005 年版。

22. 徐大同总主编、吴春华主编:《西方政治思想史:十九世纪至二战》(第 4 卷),天津人民出版社 2005 年版。

23. 林钰雄:《刑事诉讼法》,中国人民大学出版社 2005 年版。

24. 陈光中主编:《中华人民共和国刑事诉讼法再修改专家建

议稿与论证》,中国法制出版社 2006 年版。

25. 孙立平:《博弈:断裂社会的利益冲突与和谐》,社会科学文献出版社 2006 年版。

26. 许福生:《刑事政策学》,中国民主法制出版社 2006 年版。

27. 袁曙宏等:《公法学的分散与统一》,北京大学出版社 2007 年版。

28. 陈新民:《法治国公法学原理与实践》,中国政法大学出版社 2007 年版。

29. 何帆:《刑事没收研究》,法律出版社 2007 年版。

30. 蒋永甫:《西方宪政视野中的财产权研究》,中国社会科学出版社 2008 年版。

31. 翁岳生编:《行政法》(下册),中国法制出版社 2009 年版。

32. 韩流:《被害人当事人地位的根据和限度——公诉程序中被害人诉权问题研究》,北京大学出版社 2010 年版。

33. 唐清利、何真:《财产权与宪法的演进》,法律出版社 2010 年版。

34. 樊崇义主编:《走向正义——刑事司法改革与刑事诉讼法的修改》,中国政法大学出版社 2011 年版。

35. 向燕:《刑事经济性处分研究——以被追诉人财产权保障为视角》,经济管理出版社 2012 年版。

36. 郎胜主编:《中华人民共和国刑事诉讼法修改与适用》,新华出版社 2012 年版。

37. 江伟主编:《民事诉讼法》,中国人民大学出版社 2013 年版。

38. 宋英辉等:《刑事诉讼原理》(第 3 版),北京大学出版社

2014年版。

39. 戴长林主编:《刑事案件涉案财物处理程序:以违法所得特别没收程序为重点的分析》,法律出版社2014年版。

40. 巩富文:《中国侦查监督制度研究》,法律出版社2015年版。

41. 吕峰:《财产权利与国家观念——西方自由主义财产权与国家观关系研究》,经济科学出版社2015年版。

42. 林钰雄主编,陈重言等:《没收新制(二):经济刑法的新纪元》,台北,元照出版有限公司2016年版。

43. 宋英辉、甄贞主编:《刑事诉讼法学》(第5版),中国人民大学出版社2016年版。

44. 薛姣:《论所有权的限制》,中国政法大学出版社2017年版。

45. 林来梵:《从宪法规范到规范宪法——规范宪法学的一种前言》,商务印书馆2017年版。

46. 吴光升:《刑事涉案财物处理程序研究》,法律出版社2018年版。

47. 乔宇:《刑事涉案财物处置程序》,中国法制出版社2018年版。

(二)译作类

1. [英]亚当·斯密:《国民财富的性质和原因的研究》(下卷),郭大力、王亚南译,商务印书馆1996年版。

2. [英]休谟:《人性论》(下册),关文运译,商务印书馆1980年版。

3. [英]戴维·M. 沃克:《牛津法律大辞典》,北京社会与科技发展研究所组织翻译，光明日报出版社 1988 年版。

4. [美]约翰·罗尔斯：《正义论》，谢延光译，上海译文出版社 1991 年版。

5. [英]戴维·米勒、韦农·波格丹诺编，邓正来主编：《布莱克维尔政治学百科全书》，中国政法大学出版社 1992 年版。

6. [美]加里·沃塞曼：《美国政治基础》，郑明哲等译，中国社会科学出版社 1994 年版。

7. [美]罗伯特·考特、托马斯·尤伦：《法和经济学》，张军等译，上海人民出版社、上海三联书店 1994 年版。

8.《德国刑事诉讼法典》，李昌珂译，中国政法大学出版社 1995 年版。

9. [德]黑格尔：《法哲学原理》，范扬、张企泰译，商务印书馆 1996 年版。

10. [日]土本武司：《日本刑事诉讼法要义》，董璠舆、宋英辉译，台北，五南图书出版公司 1997 年版。

11. [美]康芒斯：《制度经济学》(上册)，于树生译，商务印书馆 1997 年版。

12. [美]乔恩·R. 华尔兹：《刑事证据大全》，何家弘等译，中国人民公安大学出版社 1993 年版。

13. [英]F. H. 劳森、B. 拉登：《财产法》，施天涛等译，中国大百科全书出版社 1998 年版。

14. [德]奥特弗利德·赫费：《政治的正义性》，庞学铨、李张林译，上海译文出版社 1998 年版。

15. [美]E. 博登海默：《法理学——法律哲学与法律方法》，邓正来译，中国政法大学出版社 1999 年版。

16. [英]巴里·尼古拉斯：《罗马法概论》，黄风译，法律出版社 2000 年版。

17. [英]迈克·麦康维尔:《英国刑事诉讼法(选编)》,中国政法大学刑事法律研究中心组织编译,中国政法大学出版社 2001 年版。

18. [德]克劳思·罗科信:《刑事诉讼法》(第 24 版),吴丽琪译,法律出版社 2003 年版。

19.《所有人的正义——英国司法改革报告》,最高人民检察院法律政策研究室编译,中国检察出版社 2003 年版。

20. [美]米尔伊安·R. 达玛什卡:《司法和国家权力的多种面孔——比较视野中的法律程序》,郑戈译,中国政法大学出版社 2004 年版。

21. [日]松尾浩也:《日本刑事诉讼法》,丁相顺、张凌译,中国人民大学出版社 2005 年版。

22. [法]保罗·利科:《论公正》,程春明译,法律出版社 2007 年版。

23. [奥]凯尔森:《纯粹法理论》,张书友译,中国法制出版社 2008 年版。

24.《澳大利亚 2002 年犯罪收益追缴法》,张磊等译,中国政法大学出版社 2008 年版。

25. [英]洛克:《政府论》(下篇),瞿菊农、叶启芳译,商务印书馆 2009 年版。

26. [德]马克斯·韦伯:《经济与社会》(第 1 卷),阎克文译,上海人民出版社 2010 年版。

27.《英国 2002 年犯罪收益追缴法》,张磊等译,中国政法大学出版社 2010 年版。

28. [美]阿德里安·沃缪勒:《不确定状态下的裁判》,梁迎修、孟庆友译,北京大学出版社 2011 年版。

29.《德国刑事诉讼法典》,宗玉琨译注,知识产权出版社 2013 年版。

30.[德]马克思:《法兰西内战》,中共中央马克思恩格斯列宁斯大林著作编译局编译,人民出版社 2016 年版。

31.《日本民事诉讼法典》,曹云吉译,厦门大学出版社 2017 年版。

32.《日本刑法及特别刑法总览》,张凌、于秀峰编译,人民法院出版社 2017 年版。

33.[德]康拉德·赫尔维格:《诉权与诉的可能性:当代民事诉讼基本问题研究》,任重译,法律出版社 2018 年版。

(三)期刊论文类

1. 徐静村、谢佑平:《刑事诉讼中的诉权初探》,载《现代法学》1992 年第 1 期。

2. 陆沉:《公平正义:人类永恒的难题——对"自然法"观念的意义分析》,载《西南民族学院学报(哲学社会科学版)》1998 年第 6 期。

3. 蔡宗珍:《公法上之比例原则初论——以德国法的发展为中心》,载《政大法学评论》第 62 期(1999 年)。

4. 孙笑侠:《法的形式正义与实质正义》,载《浙江大学学报(人文社会科学版)》1999 年第 5 期。

5. 张明楷:《法治、罪刑法定与刑事判例法》,载《法学》2000 年第 6 期。

6. 杨瑛:《"收支两条线"——富国反腐的利剑》,载《审计理论与实践》2002 年第 12 期。

7. 陈瑞华:《大陆法中的诉讼行为无效制度——三个法律文

本的考察》,载《政法论坛》2003 年第 5 期。

8. 胡建淼、钱建华:《行政明确性原则初探》,载《江海学刊》2004 年第 5 期。

9. 周雪祥、肖晋:《刑事程序人道价值初论》,载《政治与法律》2005 年第 5 期。

10. 石佑启:《论私有财产权公法保护之方式演进》,载《江汉大学学报(人文科学版)》2006 年第 5 期。

11. 梁玉霞、何正华:《违法所得探析》,载《人民检察》2005 年第 12 期。

12. 石佑启:《论私有财产权的私权属性及公、私法保护》,载《江汉大学学报(社会科学版)》2007 年第 3 期。

13. 胡弘弘、邓晓静:《公民的司法参与权研究》,载《现代法学》2007 年第 6 期。

14. 欧爱民:《法律明确性原则宪法适用的技术方案》,载《法制与社会发展》2008 年第 1 期。

15. 李建明:《关于刑事诉讼参与人控告权保障制度立法的思考》,载《法商研究》2008 年第 5 期。

16. 刘清生:《论刑事违法所得的认定与追缴》,载《湖南社会科学》2009 年第 2 期。

17. 胡宝珍、陈茂华:《刑事涉案财物追缴的法律问题调研》,载《福建警察学院学报》2009 年第 5 期。

18. 张磊:《论我国经济犯罪收益追缴制度的构建》,载《政治与法律》2009 年第 5 期。

19. 吕洪刚:《正义:〈物权法〉的伦理抉择》,载《广东教育学院学报》2009 年第 2 期。

20. 王飞跃:《犯罪工具没收研究》,载《中外法学》2010 年第

4 期。

21. 李麦玲:《我国法院经费保障体制研究》,载《财会通讯》2010 年第 30 期。

22. 宋志军:《论刑事证据场域及其构造》,载《太原师范学院学报(社会科学版)》2010 年第 5 期。

23. 潘庸鲁、孙晔:《上诉权的现实与理想》,载《中国刑事法杂志》2011 年第 8 期。

24. 施业家、罗林:《中德侦查权监督机制之比较与我国侦查权监督机制的完善》,载《法学评论》2011 年第 5 期。

25. 张明楷:《论刑法中的没收》,载《法学家》2012 年第 3 期。

26. 曾淑瑜:《犯罪所得没收追征及保全程序之研究》,载《军法专刊》第 2 期(2012 年)。

27. 应松年:《行政救济制度之完善》,载《行政法学研究》2012 年第 2 期。

28. 李润华:《"供犯罪所用的本人财物"的认定与没收》,载《中国检察官》2012 年第 6 期。

29. 秦前红、涂云新:《经济、社会、文化权利的保障路径及其选择——在立法裁量与司法救济之间》,载《交大法学》2013 年第 1 期。

30. 傅郁林:《多层次民事司法救济体系探索》,载《当代法学》2013 年第 2 期。

31. 薛万庆、甄彬皓:《检察机关在违法所得特别没收程序中的举证责任》,载《河南教育学院学报(哲学社会科学版)》2013 年第 6 期。

32. 向燕:《论刑事没收及其保全的对象范围》,载《中国刑事法杂志》2013 年第 3 期。

33. 葛琳:《经费保障视野下的检察院运转——基于两个基层检察院不同经费状况的分析》,载《云南大学学报(法学版)》2013 年第 1 期。

34. 闫永黎:《刑事诉讼中的财产权干预与保障——以优位价值目标的选择为视角》,载《江西警察学院学报》2013 年第 4 期。

35. 王晓燕:《犯罪收益追缴范围探析》,载《盐城工学院学报(社会科学版)》2014 年第 2 期。

36. 林宗志:《论犯罪资产之没收与保全——以第三人正当权利保障为中心》,载《辅仁法学》第 48 期(2014 年)。

37. 吴成杰:《刑事涉案财物的审查认定及处理》,载《人民司法》2014 年第 13 期。

38. 谢丽珍、叶扬:《论犯罪工具的没收——兼评没收"供犯罪所用的本人财物"规定的不足》,载《温州大学学报(社会科学版)》2014 年第 4 期。

39. 向燕:《刑事涉案财物处置的实证考察》,载《江苏行政学院学报》2015 年第 6 期。

40. 吴光升:《案外第三人定罪没收参与模式:比较、反思与重构》,载《中国刑事法杂志》2015 年第 4 期。

41. 陈卫东、李响:《论违法所得没收特别程序中的利害关系人》,载《政法论坛》2015 年第 1 期。

42. 吴光升:《美国民事没收的无辜所有者抗辩:历史、现状与启示》,载《法治研究》2015 年第 4 期。

43. 陈重言:《第三人利得没收之立法必要及其基础轮廓——源自德国法规范与实务之启发》,载《月旦法学杂志》第 3 期(2015 年)。

44. 林钰雄:《没收之程序问题(上)——德国法之鸟瞰与借

镜》,载《月旦法学教室》第151期(2015年)。

45. 朱铁军、姜燕:《论刑事特别没收过程中对物权的保护》,载《山东审判》2015年第1期。

46. 陈醇:《非法集资刑事案件涉案财产处置程序的商法之维》,载《法学研究》2015年第5期。

47. 林钰雄:《没收之程序问题(下)——德国法之鸟瞰与借镜》,载《月旦法学教室》第152期(2015年)。

48. 吴光升:《论未定罪没收利害关系人的抗辩事由》,载《政治与法律》2015年第8期。

49. 戴治勇:《基于执法经济学对收支分离与执法激励的分析》,载《天府新论》2015年第5期。

50. 周东旭:《直面基层法院"钱袋子"》,载《中国改革》2015年第4期。

51. 董阎礼:《河南鹤壁:谁欲用案外人钱款"补窟窿"》,载《法律与生活》2016年第17期。

52. 王福华:《论民事司法成本的分担》,载《中国社会科学》2016年第2期。

53. 薛智仁:《评析减免没收条款》,载《月旦法学杂志》第252期(2016年)。

54. 黄士轩:《概观日本"关于刑事案件中没收第三人所有物程序之应急对策法"》,载《月旦法学杂志》第259期(2016年)。

55. 秦策:《刑事程序比例构造方法论探析》,载《法学研究》2016年第5期。

56. 林钰雄:《利得没收新法之审查体系与解释适用》,载《月旦法学杂志》第251期(2016年)。

57. 谢雄伟:《论刑事违法所得没收的本质、内涵与计算方法》,载《法学论坛》2016 年第 5 期。

58. 高一飞、张露:《刑事诉讼涉案财物处置公开机制的构建》,载《河南财经政法大学学报》2016 年第 6 期。

59. 李圣杰:《犯罪物没收》,载《月旦法学杂志》第 251 期(2016 年)。

60. 杨富柱、张静:《刑事“责令退赔”与第三人自愿加入债务并存时的司法处理》,载《天津法学》2016 年第 2 期。

61. 关峰、曹熙、戴书晖:《破产程序中刑民交叉的选择》,载《贸大法律评论》2016 年第 1 期。

62. 徐检波:《检察机关刑事诉讼涉案财物处理的实践难题探讨》,载《检察调研与指导》2016 年第 5 期。

63. 王士帆:《2017 年德国关于犯罪所得没收的新法——刑法基础规定综览》,载陈泽宪主编:《刑事法前沿》第八卷,社会科学文献出版社 2019 年版。

64. 谢丽珍:《论我国特别没收程序利害关系人救济程序的不足及完善》,载《温州大学学报(社会科学版)》2017 年第 5 期。

65. 方柏兴:《论刑事诉讼中的“对物之诉”——一种以涉案财物处置为中心的裁判理论》,载《华东政法大学学报》2017 年第 5 期。

66. 崔玲玲:《第三人的诉权:参诉权、撤销权和异议权》,载《重庆理工大学学报(社会科学)》2017 年第 12 期。

67. 张明楷:《法益保护与比例原则》,载《中国社会科学》2017 年第 7 期。

68. 柯明:《刑事诉讼视野下民营企业家犯罪涉案财物的处置》,载《河北法学》2017 年第 12 期。

69. 龙建明:《刑事申诉控告制度的反思与完善》,载《广西社会科学》2017 年第 7 期。

70. 陈典圣:《刑事扣押程序与强制执行程序之竞合与处理》,载《月旦裁判时报》第 61 期(2017 年)。

71. 林钰雄:《德国刑事没收程序逐条释义——第三人参与、单独宣告及事后程序》,载《法学丛刊》第 2 期(2017 年)。

72. 王志祥、柯明:《民营企业(家)涉嫌犯罪时涉案财物的确定》,载《人民检察》2017 年第 10 期。

73. 董文:《第三人涉案财产没收制度正当程序之构建——以日本—第三者所有物没收违宪判决为视角》,载《理论学刊》2018 年第 3 期。

74. 何成军、王明东:《刑事案件涉案财物保管若干问题研究——以委托第三方机构保管为视角》,载《人民法治》2018 年第 23 期。

75. 蔡可尚、吴光升:《犯罪收益没收的性质与适用》,载《刑法论丛》2018 年第 3 期。

76. 纪格非:《论刑民交叉案件的审理顺序》,载《法学家》2018 年第 6 期。

77. 张卫平:《民刑交叉诉讼关系处理的规则与法理》,载《法学研究》2018 年第 3 期。

78. 林钰雄:《第三人利得没收》,载《月旦法学教室》第 199 期(2019 年)。

79. 林钰雄:《相对总额原则——两阶段计算法》,载《月旦法学教室》第 197 期(2019 年)。

80. 林钰雄:《估算条款》,载《月旦法学教室》第 205 期(2019 年)。

81. 罗嘉威:《仲裁与诉讼的分流机制研究——以司法文明建

设为视角》,载《政法论坛》2019 年第 3 期。

82. 方柏兴:《对物强制处分的功能定位与结构重塑》,载《北京理工大学学报(社会科学版)》2019 年第 1 期。

83. 樊华中:《检察公益诉讼的调查核实权研究——基于目的主义视角》,载《中国政法大学学报》2019 年第 3 期。

84. 陈剑峰:《非法集资案件中涉案财物追缴、处置的现实困境与应对》,载《中国检察官》2019 年第 20 期。

85. 庄绪龙:《"犯罪所得投资收益"追缴的影响因素与判断规则》,载《中国法学》2019 年第 5 期。

86. 金燚:《"特殊没收"的理论反思与司法适用——以"供犯罪所用的本人财物"之没收为视角》,载《东北大学学报(社会科学版)》2019 年第 1 期。

87. 张泽华、崔军委:《涉众型经济犯罪刑事追缴、退赔与破产程序衔接路径研究——以破产程序统一受偿为视角》,载胡云腾主编:《司法体制综合配套改革与刑事审判问题研究——全国法院第 30 届学术讨论会获奖论文集(下)》,人民法院出版社 2019 年版。

88. 袁楠、王晓东:《人民法院刑事涉案财物处置难现状审视与处置机制完善——以 100 件刑事涉案财物为研究样本》,载胡云腾主编:《司法体制综合配套改革与刑事审判问题研究——全国法院第 30 届学术讨论会获奖论文集(下)》,人民法院出版社 2019 年版。

89. 林前枢、林毅高:《作案工具的认定和处理》,载《人民司法》2019 年第 29 期。

90. 陈瑞华:《刑事对物之诉的初步研究》,载《中国法学》2019 年第 1 期。

91. 王士帆、姜明谊:《德国保全没收之扣押法——德国刑诉第 111b 条至第 111p 条释义》,载《刑事政策与犯罪研究论文集》第 22 期(2019 年)。

92. 王锴:《基本权利保护范围的界定》,载《法学研究》2020 年第 5 期。

93. 苏永钦:《没收新制实施三年的检讨与展望》,载《月旦裁判时报》第 6 期(2020 年)。

94. 陈卫东:《涉案财产处置程序的完善——以审前程序为视角的分析》,载《法学杂志》2020 年第 3 期。

95. 马更新:《界限与协同:破产程序与刑事程序适用顺位辨析》,载《北京联合大学学报(人文社会科学版)》2020 年第 1 期。

96. 臧博、张妍昕:《检察机关调查核实权实践革新研究——以侦查监督为切入点》,载《北京政法职业学院学报》2020 年第 3 期。

(四)学位论文类

1. 申卫星:《期待权理论研究》,中国政法大学 2001 年博士学位论文。

2. 万毅:《财产权与刑事诉讼——以被追诉人财产权保障为视角》,四川大学 2005 年博士学位论文。

3. 胡军辉:《民事既判力扩张问题研究》,湘潭大学 2009 年博士学位论文。

4. 李长坤:《刑事涉案财物处理制度研究》,华东政法大学 2010 年博士学位论文。

5. 林宗志:《犯罪所得没收与保全制度之研究》,辅仁大学 2014 年博士学位论文。

6. 董文:《日本刑法中的没收制度研究》,山东大学 2014 年硕士学位论文。

7. 李晓:《涉众型经济犯罪案件当事人权利保障问题研究——以审判程序为视角》,北京师范大学 2017 年博士学位论文。

8. 何永福:《刑事诉讼涉案财物处置程序研究》,西南政法大学 2017 年博士学位论文。

9. 李小华:《刑事涉案财物处理中对第三人财产的保护》,西南政法大学 2018 年硕士学位论文。

(五)报纸类

1. 王铢:《侦查扣押若干问题探析》,载《检察日报》2002 年 6 月 10 日,第 3 版。

2. 罗东川:《案多人少的"瓶颈"能否打破》,载《人民法院报》2011 年 3 月 9 日,第 5 版。

3. 李晓琦:《供犯罪所用的本人财物的认定》,载《人民法院报》2011 年 8 月 11 日,第 6 版。

4. 周远征:《重庆"打黑"千亿资产处置问题凸显》,载《中国经营报》2012 年 12 月 10 日,A9 版。

5. 苗宏安:《非法集资案件资产处置程序探讨》,载《第一财经日报》2014 年 7 月 3 日,第 8 版。

6. 刘静坤:《应如何进一步规范涉案财物处理》,载《人民法院报》2014 年 2 月 17 日,第 2 版。

7. 李小平:《徐翔 200 亿资产甄别进入尾声　波及多家上市公司》,载《证券时报》2020 年 6 月 1 日,A3 版。

(六)网络资源类

1. 蒋为杰:《相当性原则在刑事涉案财物没收中的运用——刘某、王某某盗窃罪相关法律问题分析》,载中国法院网 2016 年

2 月 4 日，http://www.chinacourt.org/article/detail/2016/02/id/1804409.shtml。

2.《辽宁农民企业家孙长松被关 5 年无罪获释 盼项目重启》，载中国新闻网，http://www.chinanews.com/cj/2017/02-14/8149258.shtml。

3.《最高人民法院发布 2019 年第一季度审判执行工作数据》，载中国法院网 2019 年 5 月 15 日，www.chinacourt.org/article/detail/2019/05/id/3901093.shtml。

（七）判决类

1. 云南省高级人民法院刑事裁定书，(2014)云高刑终字第 1083 号。

2. 最高人民法院执行裁定书，(2014)执申字第 30 号。

3. 海南省海口市美兰区人民法院刑事判决书，(2015)美刑初字第 292 号。

4. 河北省唐山市中级人民法院赔偿委员会决定书，(2016)冀 02 委赔 10 号。

5. 最高人民法院执行裁定书，(2016)最高法执监 401 号。

6. 广东省高级人民法院赔偿委员会决定书，(2017)粤委赔 19 号。

7. 江西省九江市中级人民法院刑事判决书，(2018)赣 04 刑终 446 号。

8. 最高人民法院赔偿委员会决定书，(2018)最高法委赔监 208 号。

9. 福建省高级人民法院刑事判决书，(2018)闽刑终 325 号。

10. 广东省佛山市中级人民法院刑事判决书，(2018)粤 06 刑初 171 号。

11. 江西省吉安市中级人民法院刑事裁定书，(2019)赣08刑终47号。

12. 广东省高级人民法院刑事裁定书，(2019)粤刑终1473号。

13. 四川省巴中市恩阳区人民法院刑事判决书，(2019)川1903刑初25号。

14. 湖北省孝感市中级人民法院执行裁定书，(2019)鄂09执复31号。

15. 江西省寻乌县人民法院执行裁定书，(2019)赣0734执异9号。

16. 河南省平顶山市中级人民法院执行裁定书，(2019)豫04执异85号。

17. 湖北省孝感市中级人民法院执行裁定书，(2019)鄂09执异46号。

18. 四川省眉山市中级人民法院执行裁定书，(2019)川14执复35号。

19. 四川省遂宁市中级人民法院执行裁定书，(2019)川09执复39号。

20. 湖北省高级人民法院驳回申诉通知书，(2019)鄂刑申12号。

21. 辽宁省营口市鲅鱼圈区人民法院民事判决书，(2019)辽0804民再12号。

22. 河南省平顶山市中级人民法院执行裁定书，(2020)豫04执复20号。

23. 海南省高级人民法院民事裁定书，(2020)琼民终119号。

二、外文类参考文献

(一)期刊类

1. *Asset Forfeiture Law and Practice Manual* (3), Washington, D. C. ,1998.

2. Podboy, Ronald August, *Constitutional Law-search and Seizure Involving Nonsuspect Third Parties-Legislative Responses*, New Mexico Law Review,Vol. 10:2,p.443 -460 (1980).

3. Warren,Bruce,*RICO Forfeitures and the Rights of Innocent Third Parties*,California Western Law Review,Vol. 18:2,p. 345 -362 (1982).

4. Hewitt, Dennis R. , *Civil Forfeiture and Innocent Third Parties*,Northern Illinois University Law Review,Vol. 3:2,p. 323 -356 (1983).

5. Margaret Mainusch,*Protecting Third Party Property Rights in RICO Forfeitures*,Hofstra Property Law Journal,Vol. 2:1,p. 237 -262 (1988).

6. Nick H. Varsam,*Assets Held Hostage: Pretrial Restraint of Third-party Property under Criminal RICO*,Washington University Law Quarterly,Vol. 67:4,p. 1187 -1218 (1989).

7. Michael F. Zeldin,Roger G. Weiner,*Innocent Third Parties and Their Rights in Forfeiture Proceedings*,American Criminal Law Review,Vol. 28:4,p. 844 (1991).

8. Piety, Tamara R. , *Scorched Earth: How the Expansion of Civil Forfeiture Doctrine Has Laid Waste to Due Process*,University of Miami Law Review,Vol. 45:4,p. 917 -948 (1991).

9. Zeldin, Michael F., Jane W. Moscowitz, *Innocent Third Parties in Federal Forfeiture Proceedings: What Are Their Rights*, Criminal Justice, Vol. 8:1, p. 11-63 (1993).

10. Myron M. Sheinfeld et al., *Civil Forfeiture and Bankruptcy: The Conflicting Interests of the Debtor, Its Creditors and the Government*, American Bankrutcy Law Journal, Vol. 69, p. 99 (1995).

11. Kelly Rees, *Confiscating the Proceeds of Crime: The Effect on Legitimate Creditors and Bona Fide third Parties*, Journal of International Banking Law, Vol. 11, p. 351-358 (1996).

12. Anup Malani, *The Scope of Criminal Forfeiture under RICO: The Appropriate Definition of "Proceeds"*, The University of Chicago Law Review, Vol. 66:4, p. 1302-1304 (1999).

13. Cassella, Stefan D., *Civil Asset Forfeiture Reform Act of* 2000 *Creates a Uniform Innocent Owner Defense to Most Civil Forfeiture Cases Filed by the Federal Government*, Kentucky Law Journal, Vol. 89:3, p. 653 (2000).

14. Cassella, Stefan D., *The Civil Asset Forfeiture Reform Act of* 2000: *Expanded Government Forfeiture Authority and Strict Deadlines Imposed on All Parties*, Journal of Legislation, Vol. 27:1, p. 97-152 (2001).

15. Barnet Todd, *Legal Fiction and Forfeiture: An Historical Analysis of the Civil Asset Forfeiture Reform Act*, Duquesne Law Review, Vol. 40:1, p. 89 (2001).

16. Craig Peyton Gaumer, *When Two Worlds Collide*, American Bankruptcy Institute Journal, Vol. 21, p. 14 (2002).

17. Kevin E. Davis, *The Effects of Forfeiture on Third Parties*, McGill Law Journal, Vol. 48:2, p. 185 – 223 (2003).

18. Cassella, Stefan D., *Criminal Forfeiture Procedure: An Analysis of Developments in the Law regarding the Inclusion of a Forfeiture Judgment in the Sentence Imposed in a Criminal Case*, American Journal of Criminal Law, Vol. 32:1, p. 55 – 104 (2004).

19. Joshua A. Krane, *Property, Proportionality and Instruments of Crime*, National Journal of Constitutional Law, Vol. 29, p. 159 – 187 (2011).

20. Johan Boucht, *Extend Confiscation and the Proposed Directive on Freezing and Confiscation of Criminal Proceeds in the EU: On Striking a Balance between Efficiency, Fairness and Legal Certainty*, European Journal of Crime, Criminal Law and Criminal Justice, Vol. 21, p. 127 – 162 (2013).

21. Adam Crepelle, *Probable Cause to Plunder: Civil Asset Forfeiture and the Problems it Creates*, Wake Forest Journal of Law and Policy, Vol. 7:2, p. 315 – 364 (2017).

22. Isidoro Blanco Cordero, *Modern Forms of Confiscation and Protection of Third Parties*, in Katalin Ligeti and Michele Simonato, Chasing Criminal Money: Challenges and Perspectives on Asset Recovery in the EU, Hart Publishing, 2017.

(二)判决类

1. *U. S. v. U. S. Coin and Currency*, 401 U. S. 715 (1971).

2. *Shadwick v. City of Tampa*, 407 U. S. 345 (1972).

3. *United States v. Robinson*, 414 U. S. 218 (1973).

4. *Schneckloth v. Bustamonte*,412 U. S. 218 (1973).

5. *Calero-Toledo v. Pearson Yacht Leasing Co.* ,416 U. S. 663 (1974).

6. *U. S. v. Marx*,844 F. 2d 1303 (1988).

7. *United States v.* 3639 – *2nd St.* , *N. E.* , 869 F. 2d 1093 (1989).

8. *United States v. Schifferli*,895 F. 2d 987,990 (1990).

9. *In re Sixty Seven Thousand Four Hundred Seventy Dollars*, 901 F. 2d 1540 (1990).

10. *Marshall Leasing*, *Inc. v. United States*, 893 F. 2d 1096 (1990).

11. *United States v. Salerno*,932 F. 2d 117 (1991).

12. *Sammons v. Taylor*,967 F. 2d 1533 (1992).

13. *Onwubiko v. United States*,969 F. 2d 1392 (1992).

14. *United States v.* 92 *Buena Vista Ave*, 507 U. S. 111 (1993).

15. *Austin v. U. S.* ,113 S. Ct. 2801 (1993).

16. *Alexander v. U. S.* ,509 U. S. 544 (1993).

17. *U. S. v. Bieri*,21 F. 3d 819 (1994).

18. *United States v. Chandler*,36 F. 3d 358 (1994).

19. *United States v. One* 1973 *Rolls Royce*, 43 F. 3d 794 (1994).

20. *In re Moffitt*, *Zwerling & Kemler*, *P. C.* ,846 F. Supp. 463 (1994).

21. *United States v. Field*,62 F. 3d 246,247 (1995).

22. *U. S. v. Riley*,78 F. 3d 367 (1996).

23. *Bennis v. Michigan*,516 U. S. 442 (1996).

24. *U. S. v. Lester*,85 F. 3d 1409 (1996).

25. *Permanent Trustee Co. Ltd. v. Western Australia*, 127 A Crim R 171 (2002).

26. *United States v. All Funds in Account Nos.* 747. 034/278 (Banco Espanol de Credito),295 F. 3d 23(2002).

27. *United States v. Ford*,64 Fed. Appx. 976 (2003).

28. *Pacheco v. Serendensky*,393 F. 3d 348 (2004).

29. *U. S. v. Wahlen*,459 F. Supp. 2d 800 (2006).

30. *United States v. Jarvis*,499 F. 3d 1196 (2007).

31. *In re Rodriguez*,2008 WL 8448043 (2008).

32. *Queensland v. Harper*,[2009] QSC 267.

33. *U. S. v. One Rural Lot Identified as FINCA No.* 5991 *Located in Barrio Pueblo*,726 F. Supp. 2d 61 (2010).

34. *U. S. v. Dorman*,38 F. Supp. 3d 1328 (2014).